✔民間事業者向け ✔わ　　　い

個人情報
保護法ガイド

弁護士 **持田大輔**

ビジネス教育出版社

はじめに

　情報通信技術の進展に伴い、情報やデータを利活用した様々なサービスが社会を豊かにしていく一方で、最近では個人情報やプラバシーをめぐるトラブルも増えてきています。

　ビジネスを進める際、個人情報やプライバシーの保護をおろそかにしてしまうと、炎上してしまったり、自社のレピュテーション（信用）を毀損してしまうことがあります。

　本書は、初めて個人情報保護法を学ぶビジネスパーソンの方と、総務や法務の実務担当者の方を念頭に、個人情報保護法のアウトラインと実務を進める際に必要となる基本的な内容について概説をしたものです。

　本書は、著者がこれまでに行ってきたセミナーや社内研修、実務担当者の方との勉強会の資料を基に執筆をしました。個人情報保護法には、「個人データ」や「要配慮個人情報」など、様々な概念が出てきますが、初めて学ぶ方でもイメージがしやすいように、具体例を交えながら説明をしています。また、第2部以降では、よく質問を受ける点や注意が必要な点（実務担当者の方が誤解しがちな点や見落としがちな点）についても、意識的に取り上げるようにしています。

　今後、個人情報の重要性は、ますます高まっていくことが予想され、個人情報保護法の基本的な考え方を理解しておくことは、ビジネスパーソンにとって必要なビジネススキルの1つとなっていくものと思われます。

　本書がみなさまにとって少しでもお役に立つ書籍となれば、大変嬉しく思います。

　なお、本書の執筆に際しては、同僚の数藤雅彦弁護士、栗原佑介先生（慶應義塾大学大学院政策・メディア研究科特任准教授）、内海節子弁護士、廣瀬ちひろさん、横松章生さんをはじめとして多くの方に原稿段階から目を通していただき、多数の有益なご助言をいただきました。また、本書の編集を担当していただいた株式会社ビジネス教育出版社の高山芳英さんには、文字

通り多大なご支援をしていただきました。

　文責が著者一人にあることを確認しつつ、この場を借りて、厚く御礼申し上げます。

2024年1月吉日

弁護士　持 田 大 輔

ナビゲーション　〜本書の構成と読み方〜

　中身の説明に入る前に、本書の構成と読み方について説明します。

　個人情報保護法は、**個人情報等を取り扱う際に守るべきルール**を定めた法律です。内閣府に設けられた個人情報保護委員会が監督しており、違反した場合には、同委員会から指導や助言等を受けることがあります。また、ルールの実効性を確保するため、罰則（刑事罰）についても規定されています。

　従来は、民間部門と行政部門とで、個人情報保護法、行政機関個人情報保護法、独立行政法人等個人情報保護法と異なる法律によりルールが定められていましたが、令和３年の改正により、個人情報保護法に一元化されました。その結果、以前に比べ、条文数も増え、内容も複雑化してしまった面があることは否めません。

　もっとも、民間の事業者としては、まずは、**第１章**の総則に規定されている「個人情報」などの**基本的な概念（定義）**と**第４章**の「**個人情報取扱事業者等の義務等**」のアウトラインを押さえておけば、大丈夫です。

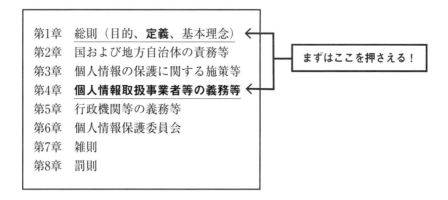

```
第1章　総則（目的、定義、基本理念）←
第2章　国および地方自治体の責務等
第3章　個人情報の保護に関する施策等                 まずはここを押さえる！
第4章　個人情報取扱事業者等の義務等 ←
第5章　行政機関等の義務等
第6章　個人情報保護委員会
第7章　雑則
第8章　罰則
```

　個人情報保護法は、個人情報等の①**取得**、②**利用**、③**保管**、④**提供**、⑤**本人からの開示請求等への対応**という場面に応じて、個人情報取扱事業者が個

人情報等を取り扱う際に守るべきルールを定めています。

①取得　②利用　③保管　④提供　⑤開示等への対応

　このため、個人情報保護法を学ぶ際には、「**個人情報**」などの基本的な概念を押さえたうえで、①から⑤の場面ごとに、どのようなルールが定められているのかを確認していくことが効率的に学ぶためのコツとなります。本書では、最初に基本的な概念の定義や考え方を確認したうえで、場面ごとに順を追って説明していきます。

３部構成

　個人情報保護法は、「**個人情報**」や「**個人データ**」、「**保有個人データ**」、「**要配慮個人情報**」など様々な概念を使い分けており、それぞれについて場面に応じたルールを定めています。

　これまでのセミナーなどの経験を踏まえると、初めから細かく説明をしてしまうと、特に初めて学ぶ方にとっては、消化不良の部分が残ってしまうことも多く見られます。

　そこで本書では、大きく**３部構成**とし、まず**第１部**では、初めて個人情報保護法を学ぶビジネスパーソンの方を念頭に、個人情報保護法の基本的なルールのアウトライン（全体像）について説明していきます。第１部では、読みやすさを重視して、条文やガイドラインの引用も省略しています。

　そのうえで、**第２部**では、総務や法務の実務担当の方、さらには第１部を読み終え、もう一歩進んで個人情報保護法を学んでみたい読者の方を念頭に、第１部で取り上げた基本的なルールについて、個人情報保護委員会が定めるガイドラインやQ&Aの内容を中心に、実務上の注意点を説明していきます。

　そして**第３部**では、個人情報を加工した場合の取扱いや学術研究機関等に

関する特例、個人情報とプライバシーとの関係、一部の分野別ガイドラインについて、概要を紹介していきます。

　個人情報保護法について最低限知っておきたいアウトラインを確認したい方は、まずは第1部を読んでいただければ十分です。第1部の末尾に簡単なチェックリストを載せてありますので、必要に応じて活用してみてください。すでに実務を担当されており、個人情報保護法についてある程度内容を把握されている方は、目次を手掛かりに第2部以降の気になるトピックから読んでいただいても大丈夫です。

　第2部以降は、少し細かい議論も含まれますが、最後までお付き合いいただければ幸いです。

注意点

　最後に注意点を2つほど。まず、本書はタイトルに「民間事業者向け」とある通り、個人情報保護法で定められたすべての内容を解説するものではありません。たとえば、行政機関等の義務（第5章）など、説明を割愛している部分があります。また、法律には細かな例外がつきものですが、まずは基本を理解していただくことを優先して、枝葉の説明を省略している部分もあります。

　個人情報保護法については、優れた入門書や体系書、専門書が多数公刊されています。より詳しく学びたい場合には、是非、ご自身で紐解いてみてください。

　次に、個人情報保護法に関しては、施行令や規則に加え、個人情報保護委員会が定めるガイドラインやQ&Aも、実務上、重要な指針となっています。また、分野によっては、業法等によって個人情報の取扱いについて規定されていたり（保険業法施行規則212条2項1号など）、「金融分野における個人情報保護に関するガイドライン」など特定の分野ごとに個別のガイドライン等が定められていることもあります。

　ガイドライン等では、法令上、必ずしも明確ではない部分について、個人

情報保護委員会等の行政解釈が示されるなどしています。このため、実務を進めるうえでは、法令だけではなく、各種ガイドラインについても目を配る必要があります。本書でも、基本的な事項については、ガイドラインの内容を踏まえて説明をしていますが、すべてを網羅しているわけではありませんので、実務を行う際には各ガイドラインやQ&Aを適宜参照してください。

1　主な法令等

略語	名称
法、個人情報保護法	個人情報の保護に関する法律
施行令	個人情報の保護に関する法律施行令
規則	個人情報の保護に関する法律施行規則
令和2年改正法	個人情報の保護に関する法律等の一部を改正する法律（令和2年法律第44号）
令和3年改正法	デジタル社会の形成を図るための関係法律の整備に関する法律（令和3年法律第37号）
マイナンバー法	行政手続における特定の個人を識別するための番号の利用等に関する法律
次世代医療基盤法	医療分野の研究開発に資するための匿名加工医療情報に関する法律
特定電子メール法	特定電子メールの送信の適正化等に関する法律（平成14年法律第26号）
GL、GL通則編	個人情報保護委員会「個人情報の保護に関する法律についてのガイドライン（通則編）」（平成28年11月）（令和4年9月一部改正）
GL外国提供編	個人情報保護委員会「個人情報の保護に関する法律についてのガイドライン（外国にある第三者への提供編）」（平成28年11月）（令和4年9月一部改正）
GL確認記録編	個人情報保護委員会「個人情報の保護に関する法律についてのガイドライン（第三者提供時の確認・記録義務編）」（平成28年11月）（令和4年9月一部改正）
GL加工情報編	個人情報保護委員会「個人情報の保護に関する法律についてのガイドライン（仮名加工情報・匿名加工情報編）」（平成28年11月）（令和4年9月一部改正）
Q&A	個人情報保護委員会「『個人情報の保護に関する法律についてのガイドライン』に関するQ&A」（平成29年2月16日）（令和5年3月31日に更新）
マイナンバー GLQ&A	「特定個人情報の適正な取扱いに関するガイドライン（事業者編）」及び「（別冊）金融業務における特定個人情報の適正な取扱いに関するガイドライン」に関するQ&A（平成26年12月11日）（令和4年4月1日更新）
金融GL	個人情報保護委員会・金融庁「金融分野における個人情報保護に関するガイドライン」（最終改正：令和5年3月27日）
金融実務指針	個人情報保護委員会・金融庁「金融分野における個人情報保護に関するガイドラインの安全管理措置等についての実務指針」（最終改正：令和4年3月24日）
金融GLQ&A	個人情報保護委員会事務局・金融庁「金融機関における個人情報保護に関するQ&A」（令和5年3月）

略語	名称
電気通信GL	個人情報保護委員会・総務省「電気通信事業における個人情報保護に関するガイドライン」（令和5年3月13日最終改正）
電気通信GL解説	個人情報保護委員会・総務省「電気通信事業における 個人情報保護に関するガイドライン」（令和4年3月、令和5年3月更新）
放送GL	総務省「放送受信者等の個人情報保護に関するガイドライン」（令和4年3月31日改正）
個人遺伝情報GL	個人情報保護委員会・経済産業省「経済産業分野のうち個人遺伝情報を用いた事業分野における個人情報保護ガイドライン」（平成29年3月29日）（令和5年3月31日一部改正）
医療・介護ガイダンス	個人情報保護委員会・厚生労働省「医療・介護関係事業者における個人情報の適切な取扱いのためのガイダンス（平成29年4月14日）（令和5年3月29日一部改定）」
職安指針	職業紹介事業者、求人者、労働者の募集を行う者、募集受託者、募集情報等提供事業を行う者、労働者供給事業者、労働者供給を受けようとする者等がその責務等に関して適切に対処するための指針（平成11年労働省告示第141号）（最終改正：令和4年、厚生労働省告示第198号）
健康情報留意事項	「雇用管理分野における個人情報のうち健康情報を取り扱うに当たっての留意事項」（平29.5.29 個情749・基発0529第3別添）
GDPR	General Data Protection Regulation（欧州一般データ保護規則）
意見募集結果（通則編）	「『個人情報の保護に関する法律についてのガイドライン（通則）編の一部を改正する告示』に関する意見募集結果」別紙2-1（2021年8月2日公表）
意見募集結果（外国にある第三者への提供編）	「『個人情報の保護に関する法律についてのガイドライン（外国にある第三者への提供編）の一部を改正する告示』に関する意見募集結果」別紙2-2（2021年8月2日公表）
意見募集結果（通則編・2016年）	『個人情報の保護に関する法律についてのガイドライン（通則）編（案）に関する意見募集結果』別紙2-1（2016年11月30日公表）
意見募集結果（規則・政令・概要）	「個人情報の保護に関する法律施行令及び個人情報保護委員会事務局組織令の一部を改正する政令」及び「個人情報の保護に関する法律施行規則の一部を改正する規則」に関する意見募集結果・概要（2021年3月24日公表）
意見募集結果（規則・政令）	「個人情報の保護に関する法律施行令及び個人情報保護委員会事務局組織令の一部を改正する政令（案）」及び「個人情報の保護に関する法律施行規則の一部を改正する規則（案）」に関する意見募集結果（2021年3月24日公表）

略語	名称
意見募集結果 （補完的ルール）	「個人情報の保護に関する法律についてのガイドライン（EU域内から十分性認定により移転を受けた個人データの取扱い編）（案）」に関する意見募集結果・別紙2（2018年9月7日）
意見募集結果 （金融GL等）	「金融分野における個人情報保護に関するガイドライン」及び「金融分野における個人情報保護に関するガイドラインの安全管理措置等についての実務指針」の一部改正（案）に対する意見募集結果・別紙1（2022年3月24日）
意見募集結果（電気通信事業法施行規則）	電気通信事業法施行規則等の一部を改正する省令案等に対する意見募集の結果・（審議会への必要的諮問事項以外の事項に係るもの）（2023年1月16）
事務局レポート	個人情報保護委員会事務局レポート「仮名加工情報・匿名加工情報 信頼ある個人情報の利活用に向けて－制度編・事例編－〔第2版〕」（2022年3月、同年5月更新）
GCP省令	医薬品の臨床試験の実施の基準に関する省令
サービサー法	債権管理回収業に関する特別措置法

※GL通則編、外国提供編、確認記録編、加工情報編を総称して「共通GL」と表記することがあります。

2 主な文献・裁判例集

略語	名称
宇賀	宇賀克也『新・個人情報保護法の逐条解説』（有斐閣、2021年）
瓜生	瓜生和久『一問一答 平成27年改正個人情報保護法』（商事法務、2015年）
佐脇	佐脇紀代志『一問一答 令和2年改正個人情報保護法』（商事法務、2020年）
冨安ほか	冨安泰一郎・中田響『一問一答 令和3年改正個人情報保護法』（商事法務、2021年）
判時	判例時報（判例時報社）
判タ	判例タイムズ（判例タイムズ社）
判自	判例地方自治（ぎょうせい）

目　次

第 1 部 　個人情報保護法のアウトライン

第 **3** 部　**個人情報を加工する場合や学術研究機関等の特例など**

第 **1** 部

個人情報保護法の
アウトライン

第1部では、初めて個人情報保護法を学ぶビジネスパーソンの方を念頭に、個人情報保護法の基本的な内容・考え方について、アウトラインを説明していきます。

　ここでは、みなさんに個人情報保護法の全体像をつかんでもらおうと考えています。粒の粗さは承知のうえで、まずは大きな地図をお示しできればと思います。

　ナビゲーションで説明したとおり、初めに「**個人情報**」などの基本的な概念を確認したうえで、①**取得**、②**利用**、③**保管**、④**提供**、⑤**本人からの開示請求等への対応**という場面ごとに、どのようなルールが定められているのかについて、順を追って説明していきます。

　なお、大きな地図ですので、場面ごとのルールの説明については、原則論を中心に、例外の説明は最小限にとどめていますが、「**個人情報**」の考え方については、少し詳しく説明しています。

　「**個人情報**」とは何かを理解することは、個人情報保護法を学ぶ出発点であるとともに、初めて学ぶ方がつまずいてしまいがちなところだからです。

　それでは、始めていきましょう。

（注：本文中の【10】などの記載は、第2部以降の該当箇所を示しています）

1 個人情報等の定義

　個人情報等の取扱いに関するルールの説明に入る前に、まずは前提となる「個人情報」、「個人情報データベース等」、「個人データ」及び「個人情報取

扱事業者」について、内容を確認していきます。

（1）個人情報とは？

「個人情報」と聞いて、みなさんはどのような情報を思い浮かべるでしょうか。名刺を思い浮かべる方もいれば、クレジットカード番号を思い浮かべる方もいるかもしれません。

個人情報保護法では、「個人情報」について、以下のとおり、定義をしています。

> この法律において「個人情報」とは、**生存する個人に関する情報であって**、次の各号のいずれかに該当するものをいう。
> ①　当該情報に含まれる氏名、生年月日その他の記述等…により**特定の個人を識別することができるもの**（他の情報と容易に照合することができ、それにより特定の個人を識別することができることとなるものを含む。）
> ②　**個人識別符号が含まれるもの**

下線部をみていただくとわかるとおり、「個人情報」とは、**生存する個人に関する情報であって、①特定の個人を識別することができるもの**、または**②個人識別符号が含まれるもの**をいいます。

```
生存する個人に関する情報 ─┬─ ①特定の個人を識別することができるもの
                          │    （容易照合性がある場合を含む）
                          │
                          └─ ②個人識別符号が含まれるもの
```

以前は、「個人情報」について、公的部門と民間部門とで異なる定義がされていましたが、令和3年の改正によって、個人情報の定義自体は統一されました。

　以下、少し詳しくみていくことにします。

ア　生存する個人に関する情報

　まず、「**生存する個人に関する情報**」である必要があります。「**生存する個人に関する情報**」であれば、文字だけではなく、映像や音声も含まれますし、個人の属性や行動、さらには個人に対する評価など、個人と関係するすべての情報が含まれます。

　時々、新聞やインターネットなどで公開されている情報やビジネス上の情報については、「個人情報にはあたらないのではないですか？」と質問を受けることがあります。

　しかし、公開情報やビジネス上の情報であっても、この後で説明する「特定の個人を識別することができる」情報であれば、「個人情報」にあたります。暗号化等によって秘匿化されているか否かも問いません。また、国籍の有無も問いませんので、「個人」には外国人も含まれます。

　これに対し、あくまで「**個人**」に関する情報のみが対象とされていることから、企業の財務情報や法人その他の団体そのものに関する情報（法人・団体情報）は、「個人情報」には含まれません。

　もっとも、役員や従業員等の情報（いわゆる雇用管理情報）は、「個人情報」に該当します。

イ　「特定の個人を識別することができる」とは？

　次に、「**特定の個人を識別することができる**」とは、社会通念上、一般人の判断力や理解力をもって、生存する具体的な人物と情報との間に同一性を認めることができることをいいます（これを**個人識別性**といいます）。

　本人の氏名は、個人識別性があるため、氏名単体で個人情報にあたります。

生年月日は、単体では個人識別性は認められませんが、本人の氏名と組み合わせた場合には、当該生年月日を含めた情報全体が個人識別性を有し、個人情報にあたります。

　たとえば、多くの会社では、従業員の人事情報をデータで管理していると思います。そこには、従業員の氏名、住所、入社日などに加え、現在までの所属や役職、さらに会社によっては、人事評価、賞罰歴などが記載されていることがあります。これらはすべて「**生存する個人に関する情報**」であり、氏名等によって「**特定の個人を識別することができる**」情報ですので、「個人情報」にあたります。

　ここで重要なのは、上記の例では、氏名だけではなく、入社日や人事評価、賞罰歴等を含めた**情報全体**が「個人情報」とされる点です（「当該情報に含まれる氏名…等…により特定の個人を識別することができるもの」）。

従業員番号：00704
氏名：個人太郎　生年月日：1988年6月4日
住所：東京都港区新橋1-1-1
入社日：2012年4月1日
所属：営業部グローバル戦略課
役職：課長代理
人事評価：※※※※
賞罰歴：※※※※

　もちろん、氏名は単体でも個人情報にあたりますが、上記の例では、氏名だけではなく**情報全体**が「個人情報」となります。ここは、誤解をされている方も多いところですので、注意してください。

ウ　名前までわからない場合

　セミナーや社内研修をしていると、よく「名前がわからなければ、個人情報にはあたらないのではないですか？」と質問を受けることがあります。

　しかし、先ほど定義を確認したとおり、氏名や生年月日は、あくまで例示されているに過ぎません。氏名まではわからなくても、**特定の個人を識別することができる場合**、すなわち、一般人の判断力や理解力をもって、特定の個人と情報との間に同一性を認めることができる場合には、「個人情報」にあたります。平たくいえば、名前まではわからなくても、「この人」だと誰のことかわかる場合には、「個人情報」にあたります（文献などでは、「**氏名到達性までは必要ない**」と言われることもあります）。

　たとえば、防犯カメラや、タクシーの助手席背面に設置された決済用のタブレット端末の付属カメラで、利用客の顔画像（容貌）を撮影（取得）する場合を考えてみましょう。

　この場合、撮影された人の氏名まではわからないことも多いと思います。

　しかし、氏名まではわからなくても、顔が写っている以上、通常、特定の個人であることは識別することができるので、撮影（取得）した顔画像（カメラ画像）は、「個人情報」にあたります（【02】）。

　このため、ガイドラインにおいても、顔画像については、「個人情報」にあたることを前提にルールが定められています。

　このように、氏名だけでなく「特定の個人を識別できるもの」が個人情報にあたるため、実際にはかなり広い範囲の情報が個人情報に含まれることになります。

エ　他の情報と容易に照合することができ、それにより特定の個人を識別することができる場合

　ここで話が終わると簡単なのですが、**個人識別性**については、もう一つ、押さえておかなければならない内容があります。

　先ほど確認した定義の①のカッコ内を見ていただくとわかるとおり、その

情報単体では、特定の個人を識別することができなくても、「**他の情報と容易に照合することができ**」（これを**容易照合性**といいます）、それによって「**特定の個人を識別することができる**」場合には、その情報も個人情報にあたる点です。

　他の情報と容易に照合することができるとは、通常の業務における一般的な方法で他の情報と容易に照合できる状態をいいます。

　たとえば、アパレル事業を営むA社では、管理部において、会員登録している顧客の氏名、住所、生年月日、メールアドレス、会員番号等を顧客データベースとして管理しており、それとは別に、営業部において、会員番号とともに購買履歴やオンラインサイトの閲覧履歴を管理しているとします。この場合、営業部が保有する情報（会員番号、購買履歴、閲覧履歴）には、それ自体から直接、特定の個人を識別できる情報はないため、これらの情報をみても、特定の個人を識別することはできません。しかし、会員番号を媒介として、通常の業務における一般的な方法で、顧客データベースと購買履歴等とを容易に照合できるのであれば、それにより特定の個人を識別することができるため、A社においては、顧客データベースはもちろん、同データベースとは別に営業部において管理している購買履歴等の情報についても、すべて「個人情報」にあたることになります。これは、データベースだけでなく、名簿など紙媒体の場合も同様です。

　平たくいうと、特定の個人に紐づけて管理している情報については、すべて個人情報にあたることになります。

容易照合性のイメージ

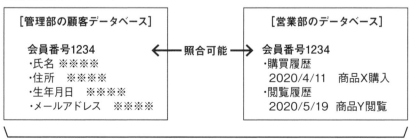

オ 個人識別性を理解する際のポイント

　ここまでの説明をまとめると、特定の個人を識別できるものとして個人情報とされる情報には、情報自体に識別性がある場合（定義①本文）と、その情報には識別性は認められないものの、容易照合性を理由に個人識別性が認められ個人情報とされる場合（定義①カッコ書き）の**2種類がある**ことがわかると思います。

　このように、個人識別性については、容易照合性を理由として個人識別性が認められる場合があることから、ある情報が個人情報にあたるかを考える際には、その情報のみを確認するだけでは足りず、**容易照合性の有無を含めて判断すること**が求められます。

　ここは、「個人情報」とは何かを理解するうえで、とても大切なところですので、しっかりと押さえるようにしてください。

　そしてもう1つ。容易に照合することができるかどうか（容易照合性の有無）は、**実態に即して個々の事例ごと（事業者ごと）に判断**されます。

　このため、ある情報（単体では個人を識別することができない情報）について、事業者Aにおいては、容易照合性が認められ、特定の個人を識別することができ、個人情報にあたることがある一方、事業者Bにおいては、容易照合性が認められず、個人情報にはあたらないことがあり得ます。

　容易照合性が認められない場合とは、たとえば、同一事業者内においても、各取扱部門が独自に取得した個人情報を取扱部門ごとに設置されているデータベースにそれぞれ別々に保管している場合において、双方の取扱部門やこれらを統括すべき立場の者などが、規程上も運用上も、双方のデータベースを取り扱うことが厳格に禁止されていて、特別の費用や手間をかけることなく、通常の業務における一般的な方法で双方のデータベース上の情報を照合することができない状態にある場合などです。

　このように、単体では個人を識別することができない情報が「個人情報」にあたるかどうかは、一律に決まるわけではなく、事業者ごとに異なる場合があり得ます。

ある情報について、他社では個人情報として扱っていないからといって、自社でも個人情報として扱わなくてよいのだとは、すぐにはいえませんので注意してください。

カ　「個人識別符号」とは？

　次に、個人識別符号について、みていきます。先ほど確認したとおり、個人情報保護法では、生存する個人に関する情報であって、「個人識別符号」が含まれるものについても「個人情報」と定義しています（定義②）。

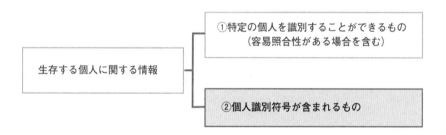

　「個人識別符号」とは、その情報単体から特定の個人を識別できるものとして政令に定められた文字、番号、記号その他の符号をいいます。

　個人識別符号には、①特定の個人の身体の一部の特徴をコンピュータ処理できるように変換した符号と、②サービスの利用や書類等において対象者ごとに割り振られる符号の２種類があります。

　平たくいうと、①は電子計算機用に生体情報をデジタルデータに変換したもの、②は公的機関が発行する番号というイメージです。

① 特定の個人の身体の一部の特徴を電子計算機の用に供するために変換した符号で特定の個人を識別できるもの（法2条2項1号）	② 対象者ごとに異なるものとなるように役務の利用、商品の購入または書類に付される符号で特定の個人を識別できるもの（法2条2項2号）
・DNA を構成する塩基の配列 ・顔の骨格及び皮膚の色並びに目、鼻、口その他の顔の部位の位置及び形状によって定まる容貌 ・虹彩の表面の起伏により形成される線状の模様 ・発声の際の声帯の振動、声門の開閉並びに声道の形状及びその変化 ・歩行の際の姿勢及び両腕の動作、歩幅その他の歩行の態様 ・手のひら又は手の甲若しくは指の皮下の静脈の分岐及び端点によって定まるその静脈の形状 ・指紋又は掌紋	・旅券（パスポート）の番号 ・基礎年金番号 ・運転免許証の番号 ・住民票コード ・個人番号（マイナンバー） ・国民健康保険、後期高齢者医療制度及び介護保険の各被保険者証の符号 ・雇用保険被保険者証の被保険者番号 ・健康保険の保険者番号及び被保険者等記号・番号 ・在留カードの番号 ・特別永住者証明書の番号 <div align="right">ほか</div>

注：①については、本人を認証することができるようにしたものに限ります。

　個人識別符号は、情報それ自体から特定の個人を識別することができる情報のため、個人識別符号単体としてはもちろん、個人識別符号が含まれる情報については、一律に「個人情報」とされるのが特徴です。

キ　携帯電話番号やクレジットカード番号、メールアドレスなど

　ここで押さえていただきたいのは、携帯電話番号やクレジットカード番号、メールアドレス、会員 ID 等は、**個人識別符号に含まれていない**点です。

　個人識別符号ではない以上、これらの情報が無条件にすべて「個人情報」とされるわけではありません。

　ただし、注意していただきたいのは、これらの情報も「個人情報」にあたる場合があることです。

　どのような場合か、すぐに思い浮かぶでしょうか。先ほど説明したとおり、メールアドレスや会員 ID 自体から特定の個人を識別できる場合や、これらの情報が他の情報（たとえば氏名）と併せて1つのデータとして保存されて

いて特定の個人を識別できる場合、さらには、他の情報と容易に照合することにより特定の個人を識別できる場合には、これらの情報も「個人情報」にあたります。

　ここは、はじめて学ぶ方がつまずいてしまいがちなところですので、質問を受けることが多いメールアドレスを例に、具体的に考えてみることにしましょう。

ク　メールアドレスは「個人情報」？

　セミナーや社内研修をしていると、「メールアドレスは個人情報にあたりますか？」という質問をよく受けます。

　結論からいえば、以下のとおり、ケースバイケースで判断をすることになります。

　まず、メールアドレスは「個人識別符号」ではありませんので、それ単体として、無条件にすべて「個人情報」とされるわけではありません。

　しかし、たとえば「**kojin_taro@xxx.com**」のように、メールアドレスに氏名が含まれている場合には、メールアドレス自体から特定の個人（xxx 社に所属する**コジンタロウ**）を識別することができますので、「個人情報」にあたります。

　また「**abcd1234@xxx.com**」のように、メールアドレス自体からは特定の個人を識別することができない場合でも、通常、メールアドレスのみが単体で保存されることは少なく、氏名と併せて１つのデータ（情報）としてアドレス帳などに保存・管理されていることがほとんどだと思います。この場合も、特定の個人を識別することができますので、メールアドレスを含む情報全体が「個人情報」にあたります。

　さらに、特定の個人を識別できないメールアドレスが単体で、特定の個人を識別することができない状態で保存されている場合でも、先ほど説明した**容易照合性**が認められ、特定の個人を識別することができる場合には、「個人情報」にあたります。たとえば、メールアドレスに顧客番号が付されてい

て、氏名と連絡先、顧客番号が記載された顧客管理名簿が別にあり、顧客管理名簿を見るとそのメールアドレスがどの顧客のメールアドレスであるかを識別することができる場合など、通常の業務の過程で他の情報と容易に照合でき、それにより特定の個人を識別することができる場合には、「個人情報」にあたります。

そして、これらのいずれにもあたらない場合、メールアドレスは、個人情報にはあたらないことになります（携帯電話番号やクレジットカード番号、会員 ID なども考え方は同じです）。

ケ 「個人情報」にあたるかの検討プロセス

これまでの説明をまとめると、「個人情報」にあたるか否かは、①生存する個人に関する情報か、②個人識別符号、あるいは個人識別符号が含まれる情報か、③情報自体に個人識別性があるか、④容易照合性があり、特定の個人を識別することができるか、というプロセスで検討するとわかりやすいと思います。

実務的には、①の個人に関する情報かどうかや、④の容易照合性があるかどうかの判断で、頭を悩ませる場合も少なくありませんが、まずは上記の検討プロセスを押さえていただければと思います。

コ マイナンバー法（番号法）との関係

マイナンバーが「個人識別符号」とされている関係で、個人情報保護法とマイナンバー法（番号法）の関係について、質問を受けることがあります。

マイナンバー法は、個人情報保護法の特別法にあたります。マイナンバーも「個人情報」ですので、原則として個人情報保護法の適用がありますが、マイナンバー法で個人情報保護法と異なる定めがある事項については、マイナンバー法が個人情報保護法よりも優先して適用されることになります。

（2）個人情報データベース等と個人データ

　次に「**個人情報データベース等**」と「**個人データ**」について確認をしていきます。

　特定の個人情報を検索することができるように体系的に構成した集合物を「**個人情報データベース等**」といいます（【06】）。これには、コンピュータ（電子計算機）を用いて検索するものだけでなく、紙媒体にインデックスを付したものも含まれます。このため、データベースや表計算ソフトに個人情報を入力・保存したもの（従業員の人事管理情報や顧客リスト）や、メールソフトに保管されているアドレス帳（メールアドレスと氏名を組み合わせた情報を入力している場合）だけでなく、業務用の五十音順にファイリングした名刺入れなども「**個人情報データベース等**」にあたります。

　そして、個人情報データベース等を構成している個人情報のことを「**個人データ**」といいます。

　たとえば、名刺交換で受け取った名刺は「**個人情報**」ですが、それを検索できるようにデータベースに入力したり、五十音順の名刺ファイルに保存したりすると、そのデータベースやファイルが「**個人情報データベース等**」となり、個人情報データベース等に入力・保存された個人情報を「**個人データ**」と呼ぶわけです。

ア　「個人情報」と「個人データ」は別の概念

　ここで押さえていただきたいのは、「**個人情報**」と「**個人データ**」とは、**別の概念**とされている点です。

　なぜ、別の概念として定義されているかというと、「**個人情報**」と「**個人データ**」とで、取り扱う際の義務の内容に差を設けているからです。

　たとえば、受け取った名刺をデータベースに入力するなど、取得した個人情報を容易に検索できるよう体系的に構成した場合、扱いやすく、利便性が増す一方で、その個人情報が不適切に扱われたり、漏えいした場合に生じるリスクも増えます。すなわち、データベース化された情報は、便利な半面、

権利侵害のリスクも高まります。

　このため、法は「個人情報データベース等」に含まれる個人情報を「個人データ」と、「個人情報」とは別の概念として定義し、下記表のとおり、「個人情報」に比べ「個人データ」を取り扱う際の義務を加重しています。裏返しで説明すると、「個人情報データベース等」を構成していない個人情報（いわゆる**散在情報**）については、「個人データ」にはあたらないため、「個人データ」に関する義務が課されないようになっています。

	個人情報	個人データ
利用目的の特定（法17条）	○	○
利用目的による制限（法18条）	○	○
不適正な利用の禁止（法19条）	○	○
適正な取得（法20条）	○	○
利用目的の通知等（法21条）	○	○
正確性の確保等（法22条）	－	○
安全管理措置（法23条）	－	○
従業者の監督（法24条）	－	○
委託先の監督（法25条）	－	○
漏えい等の報告等（法26条）	－	○
第三者提供の制限（法27条）	－	○
外国への第三者提供の制限（法28条）	－	○
第三者提供に係る記録の作成等（法29条）	－	○
第三者提供を受ける際の確認等（法30条）	－	○

イ　個人情報データベース等から出力された情報

　なお、いったん「個人データ」とされた個人情報、すなわち個人情報データベース等に組み込まれた個人情報は、その後、個人情報データベース等から1件だけ出力された場合でも、「個人情報」に戻るわけではなく、「個人データ」とされ、取り扱う際には上記の義務が課されます。

　たとえば、個人情報データベース等から紙面に出力された帳票等に印字された個人情報や、個人情報データベース等からUSBメモリなどの外部記録

媒体に保存された個人情報は、それ自体が容易に検索可能な形で体系的に整理された一部ではなくても、「個人データ」とされます。出力行為自体が「個人データ」の「取扱い」の結果といえるからです。

　この点も誤解しがちなところですので、注意してください。

（3）個人情報取扱事業者

　最後に、「**個人情報取扱事業者**」について、みていきます。個人情報データベース等を事業の用に供している者を「**個人情報取扱事業者**」といいます（なお、国の機関や地方公共団体、独立行政法人等などは除かれます。【07】）。

ア　「事業の用に供している」とは？

　「**事業**」とは、一定の目的をもって反復継続して行われる同種の行為であって、社会通念上事業と認められるものをいい、営利・非営利は問いません。そして、「**事業の用に供している**」とは、事業者が行う事業のために個人情報を利用していることをいい、利用の方法について、特に限定はされていません。

　このため、従業員の情報や顧客の情報を「個人情報データベース等」として保有し、事業の用に供している民間事業者は、それだけで「個人情報取扱事業者」にあたります。通常、事業者は、従業員や顧客の個人情報を検索可能な形式で体系的に管理しているため、個人情報データベース等によって、従業員や顧客の情報を管理していることになります。先ほど確認したとおり、営利・非営利は問いませんので、NPO法人やマンションの管理組合についても、個人情報データベース等を事業の用に供していれば、「個人情報取扱事業者」にあたります。

　また、法人であることも要件とされていないため、個人（フリーランスや士業、研究者個人など）や組合（学会など）であっても、個人情報データベース等を事業の用に供している場合には、「個人情報取扱事業者」にあたります。

イ　少数の個人情報しか取り扱わない場合

　以前は、過去6か月以内のいずれの時点でも、5,000人以下の個人情報しか取り扱っていない事業者については、個人情報取扱事業者の定義から除外されていましたが、平成27年の改正で、この規定は廃止されました。

　現在では、少数の個人情報しか取り扱わない小さな会社や個人事業主であっても、個人情報データベース等を事業の用に供している事業者は、すべて「個人情報取扱事業者」とされます。その結果、事実上、国内で個人情報を取り扱うほとんどの民間事業者が「個人情報取扱事業者」にあたり、個人情報保護法が定める様々な義務を負うのが実情です。

　このため、個人情報保護法は、みなさんにとって、とても身近な法律といえます。

　個人情報保護法には、これまでに説明したもの以外にも、「**保有個人データ**」、「**要配慮個人情報**」、「**匿名加工情報**」、「**仮名加工情報**」、「**個人関連情報**」などの重要な概念が出てきますが、これらについては第1部の後半で改めて説明します。

　ここからは、ナビゲーションで説明した①**取得**、②**利用**、③**保管**、④**提供**、⑤**本人からの開示請求等への対応**という場面ごとに、個人情報等を取り扱う際のルールのアウトラインについて、みていくことにしましょう。

①取得　②利用　③保管　④提供　⑤開示等への対応

2 取得に関するルール

　はじめに、**取得**に関するルールのアウトラインについて、みていきます。

①取得　②利用　③保管　④提供　⑤開示等への対応

取得に関するルールのポイントは、①利用目的の特定、②特定した利用目的の通知・公表・明示、③偽りその他不正な手段による取得の禁止の3つです。

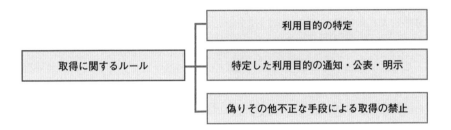

取得に関するルール
- 利用目的の特定
- 特定した利用目的の通知・公表・明示
- 偽りその他不正な手段による取得の禁止

（1）利用目的の特定

まず、個人情報を取り扱うにあたっては、その利用目的を「**できる限り特定**」しなければなりません（【08】）。

たとえば、商品の販売やサービスの提供に伴い、顧客から氏名、住所、メールアドレスなどを取得する場合であれば、「○○事業における商品の発送、関連するアフターサービス、新商品・サービスに関する情報のお知らせのために利用いたします」などと利用目的を特定します。

利用目的を特定させることなく、自由に個人情報を取り扱うことを認めてしまうと、本人の権利や利益を害するリスクが高まります。また、何にでも自由に使われてしまうとなると、そもそもみなさんも怖くて他人に個人情報を渡せないと思います。

このため、法は、個人情報取扱事業者に対し、個人情報を取り扱うにあたっては、利用目的をできる限り特定することを求め、みだりに取り扱われることを制限しています。

なお、いわゆるプロファイリングなど、本人が合理的に予測・想定できないような個人情報の取扱いを行う場合には、どのような取扱いが行われているかを本人が予測・想定できる程度に利用目的を特定しなければなりません。プロファイリングを行う場合には、そのような分析処理を行うことを含めて、利用目的を特定する必要があります。

（2）特定した利用目的の通知等

　個人情報取扱事業者は、個人情報を取得した場合、あらかじめその利用目的を公表している場合を除き、速やかに、その利用目的を本人に「**通知**」するか、「**公表**」する必要があります（【09】）。

　また、契約書などの書面による記載、あるいはウェブサイトのユーザー登録画面への入力などによって、本人から直接個人情報を取得する場合には、あらかじめ、本人に対し、特定した利用目的を「**明示**」しなければなりません。

　このように、特定した利用目的の通知や公表、明示を義務付けているのは、利用目的を本人の知り得るところとし、個人情報の取扱いの透明性を確保するとともに、本人が安心して自己に関する個人情報を提供することができるようにするためです。

　もっとも、常に利用目的の通知等を要求すると、支障や弊害が生じることもあります。そこで、本人または第三者の生命、身体、財産その他の権利利益を害するおそれがあり、本人の同意を得ることが困難な場合や、取得の状況からみて利用目的が明らかであると認められる場合などについては、利用目的の通知等をしなくてよいとされています（【10】）。

　たとえば、前者の例としては、従業員に急病その他の事態が生じたときに、本人の血液型や家族の連絡先などを医師や駆け付けた救急隊員などに提供する場合、後者の例としては、ビジネスの場で今後の連絡のために名刺交換をする場合などが挙げられます。

（3）不正な手段による取得の禁止（適正取得）

取得に関するルールの3つ目として、「**偽りその他不正の手段**」によって個人情報を取得することも、法律上、禁止されています（【11】）。

たとえば、誰が個人情報を取得するのか、主体を偽ったり、利用目的を隠したり、偽の利用目的を告げて個人情報を取得する場合などです。不正の手段で個人情報が取得されたことを知り、または容易に知ることができるにもかかわらず、その個人情報を取得する場合や、十分な判断能力を有していない子どもから、家族の同意を得ることなく、取得状況から考えて関係のない家族の収入事情など家族の個人情報を取得する場合も、不正な手段による取得にあたります。

（4）取得に際して本人の同意

なお、「個人情報を取得する際、本人の同意を得る必要はありませんか？」という質問を受けることがあります。個人情報保護法上は、後で説明をする**要配慮個人情報**を取得する場合を除き、個人情報を取得する際に、本人の同意を得る必要はありません。

利用目的を特定したうえで、通知等をしていれば、本人の同意を得ることなく、個人情報を取得することができます。そして、特定した利用目的の範囲で個人情報を利用することになります。

ただし、他の法令や特定分野ガイドライン等において、個人情報等の取得に際し、本人の同意の取得が義務付けられている場合があります。この場合は、取得に際し、本人の同意を得る必要がありますので注意してください。

3 利用に関するルール

次に、**利用**に関するルールのアウトラインについて、みていきます。

①取得　②利用　③保管　④提供　⑤開示等への対応

　利用に関するルールのポイントは、①**利用目的による制限**と②**不適正利用の禁止**の２つです。

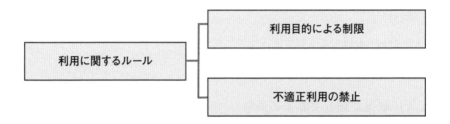

（1）利用目的による制限

　利用に関するルールの１つ目は、**利用目的による制限**です。個人情報取扱事業者は、あらかじめ本人の同意を得ることなく、特定された利用目的の達成に必要な範囲を超えて、個人情報を取り扱うことが禁止されています。

　目的外利用を自由に認めてしまうと、利用目的を特定させた趣旨が失われてしまうからです。

　このため、特定した利用目的の達成に必要な範囲を超えて、個人情報を取り扱う場合は、あらかじめ本人の同意を得る必要があります。

　もっとも、利用目的の通知等と同様に、目的外利用を一切認めないと支障や弊害が生じることがあります。そこで、例外的に、法令に基づく場合や、人の生命、身体または財産の保護のため必要があり、本人の同意を得ることが困難な場合など、一定の場合については、本人の同意を得ることなく、利用目的として特定した範囲を越えて、個人情報を取り扱うことが認められています（【12】）。

　たとえば、刑事訴訟法に基づく警察の捜査関係事項照会に対応する場合

や、大規模災害や事故等の緊急時に、被災者や負傷者の情報を家族や行政機関、地方自治体などに提供する場合などです。

　なお、特定した利用目的を変更する場合については、原則として、本人の同意を得る必要がありますが、変更前の利用目的と関連性を有すると合理的に認められる範囲であれば、本人の同意を得ることなく、利用目的を変更することが認められています（【14】）。

　たとえば、「当社が提供する新商品・サービスに関する情報のお知らせ」という利用目的について、「既存の関連商品・サービスに関する情報のお知らせ」を追加する場合などは、本人の同意を得ることなく、利用目的を変更することができます。

（2）不適正利用の禁止

　利用に関するルールの２つ目は、**不適正利用の禁止**です。利用目的による制限に加え、違法または不当な行為を助長し、または誘発するおそれがある方法により個人情報を利用すること（**不適正利用**）も禁止されています（【15】）。

　「違法」とは、個人情報保護法やその他の法令に違反する行為をいい、「不当な行為」とは、直ちに違法とはいえないものの、個人情報保護法やその他の法令の制度趣旨または公序良俗に反するなど、社会通念上適正とは認められない行為をいいます。

　たとえば、官報に掲載されている破産者情報を、本人に対する違法な差別が不特定多数の者によって誘発されるおそれがあることが予見できるにもかかわらず、それを集約してデータベース化し、インターネット上で公開する行為や、採用選考を通じて個人情報を取得した事業者が、性別、国籍等の特定の属性のみにより、正当な理由なく本人に対する違法な差別的取扱いを行うために個人情報を利用する場合などが不適正利用にあたります。

　ここでは、個人情報保護法だけではなく、その他の法令に違反する行為や、直ちに違法とはいえないものの、社会通念上適正とは認められない行為も対

象とされている点に注意してください。

4 保管に関するルール

次に、**保管**に関するルールのアウトラインについて、みていきます。

①取得 ②利用 ③保管 ④提供 ⑤開示等への対応

　保管に関するルールのポイントは、①**安全管理措置の構築**、②**従業者及び委託先の監督**、③**漏えい等の報告等**、④**正確性の確保と消去**の４つです。

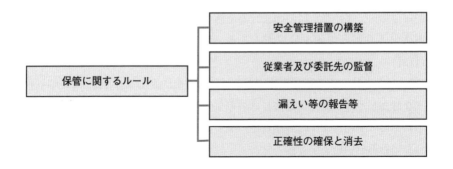

保管に関するルール

- 安全管理措置の構築
- 従業者及び委託先の監督
- 漏えい等の報告等
- 正確性の確保と消去

（１）安全管理措置の構築

　個人情報取扱事業者は、取り扱う個人データの漏えいや滅失その他の個人データの安全管理のために、必要かつ適切な措置（この措置を**安全管理措置**といいます）を講じる必要があります（【16】）。

　「**安全管理措置**」と聞くと、難しそうな印象を持たれるかもしれませんが、平たくいえば、個人データを安全に管理するために、セキュリティ体制を構築することを求めるものです。

取り扱う個人データの漏えいや滅失等を防ぐ観点からは、セキュリティ体制を整備することが不可欠だからです。

　具体的には、基本方針を策定し、内部のルールを整備したうえで、組織、人、物理、技術の4つの側面からセキュリティ対策を講じるとともに、個人データを外国で取り扱う場合には、その国の個人情報保護に関する制度等を把握し、個人データの安全管理のために必要かつ適切な措置を講じること（**外的環境の把握。【17】**）が求められます。

　安全管理措置は、事業の規模及び性質、個人データの性質及び量、個人データを記録した媒体等に起因するリスク等に応じて必要かつ適切な内容とすることが求められます。

　このため、必ずしも大企業と中小企業とで同じ措置を講じることが求められるわけではなく、中小規模事業者に対しては、安全管理措置について、軽減された措置を講ずることも認められています。また、外的環境の把握は、たとえば、外国事業者が運営するクラウドサービスで個人データを取り扱う場合や、外国にある支店・営業所に個人データを取り扱わせる場合に必要となります。

（2）従業者及び委託先の監督

　個人情報取扱事業者は、従業者に個人データを取り扱わせるにあたっては、個人データの安全管理が図られるように、従業者に対して必要かつ適切な監督を行わなければなりません（【18】）。

　セキュリティ体制をどれだけ構築したとしても、その適正な運用は、結局のところ、個人データを取り扱う「人」（従業者）にかかっており、個人データを安全に管理するためには、従業者の規範意識も不可欠だからです。このため、従業者への教育や啓発、研修など適切な監督を行うことが求められています。

　「従業者」には、雇用関係にある従業員（正社員、契約社員、嘱託社員、パート社員、アルバイト社員等）だけではなく、取締役、執行役、理事、監査役、

監事、派遣社員等も含まれます。

　また、個人情報取扱事業者は、たとえば、ダイレクトメールの宛先印刷を外部の業者に委託する場合など、個人データの取扱いを外部に委託することがあります。

　委託に際し、あらかじめ本人の同意を得る必要はありませんが、委託した場合には、委託された個人データの安全管理が図られるように、委託先に対する必要かつ適切な監督（適切な委託先の選定、委託契約の締結、委託先における個人データの取扱状況の把握）を行う必要があります（【19】）。委託先が再委託を行う場合、委託元としては、委託先が再委託先に対し適切な監督を行っているか自ら確認することが望ましく、再委託先が不適切な取り扱いをした場合についても、委託元である事業者が法的責任を負うことがあります。

（3）漏えい等が生じた場合の報告等

　個人情報取扱事業者は、取り扱う個人データの漏えい、滅失、毀損等が生じたときは、事案の内容等に応じて、①事業者内部における報告及び被害の拡大防止、②事実関係の調査及び原因の究明、③影響範囲の特定、④再発防止策の検討及び実施、⑤個人情報保護委員会への報告及び本人への通知について必要な措置を講じる必要があります（【20】）。

　漏えい等が委員会の規則で定める重大な事態に該当する場合、本人の権利利益を害するおそれが大きいとして、⑤の個人情報保護委員会への報告と本人への通知が法的な義務とされています（【21】）。

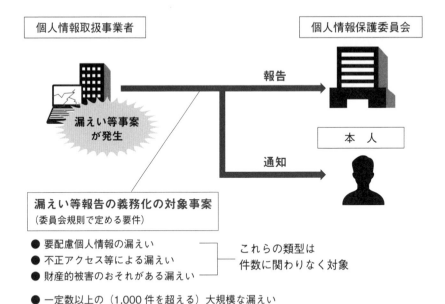

個人情報保護委員会「令和２年改正及び令和３年改正案について」(令和３年５月７日) 10頁を基に作成

　個人情報保護委員会への報告は、速報と確報の２段階に分けて実施する必要があります。

　これに対し、事実関係及び再発防止策の公表については、速やかに行うことが望ましいとされているものの、法的な義務とはされていません(【22】)。

　もっとも、本人への通知を行う際、連絡先の情報が古いなどの理由から、通知を行うことができない場合もあります。そのような場合には、本人の権利利益を保護するため、必要な代替措置を講ずることによる対応が認められています。たとえば、事案の公表をしたうえで、問い合わせ窓口を用意し、本人が自らの個人データが漏えい等の対象となっているかを確認できるようにすることが認められています。

　このため、公表については、法的な義務ではないものの、本人への通知が困難な場合については、代替措置として検討することがあります。

（4）正確性の確保と消去

　個人情報取扱事業者は、利用目的の達成に必要な範囲内において、個人データを正確かつ最新の内容に保つよう努めることが求められます（【23】）。

　内容が不正確な状態で利用されることは、個人情報取扱事業者の利益にならないだけでなく、本人に対しても不測の不利益を及ぼす可能性があるためです。

　もっとも、常に最新化することまでは求められず、それぞれの利用目的に応じて、必要な範囲内で正確性・最新性を確保すれば足ります。

　また、現在では、コストをかけずに大量の情報を保有し続けることが容易になっているため、個人データが不要となった後も保有をされ続けるのではないかという不安も高まっています。

　そこで、個人データを利用する必要がなくなったときは、当該個人データを遅滞なく消去するように努めることも求められています。「消去」とは、当該個人データを個人データとして使えなくすることをいい、当該データを削除することのほか、当該データから特定の個人を識別できないようにすることも含みます。

　なお、他の法令により保存期間が定められている場合には、定められた期間、該当する個人データを保存する必要があります。たとえば、労働基準法では、労働者名簿や賃金台帳について、3年間の保存義務が定められています。

5 提供に関するルール

　次に、個人データの第三者への**提供**に関するルールのアウトラインについて、みていきます。

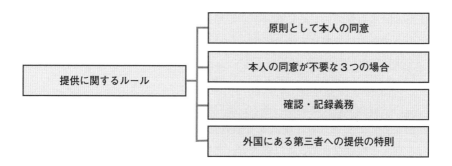

①取得 ②利用 ③保管 ④提供 ⑤開示等への対応

　提供に関するルールのポイントは、①原則として本人の同意を得る必要があること、②例外的に本人の同意を得ることなく第三者提供できる場合が3つあること、③提供者・受領者に所定事項の確認・記録義務が課されること、④外国にある第三者への提供については特則が定められていることの4つです。

提供に関するルール

| 原則として本人の同意 |
| 本人の同意が不要な3つの場合 |
| 確認・記録義務 |
| 外国にある第三者への提供の特則 |

（1）第三者提供のための本人の同意

　個人情報取扱事業者は、原則として、あらかじめ本人の同意を得ることなく、個人データを第三者に提供することはできません（【24】）。

　個人データが本人の意思にかかわりなく第三者に提供されると、本人の予期しないところで個人データが利用されたり、他のデータと結合されるなど、本人に不測の不利益を及ぼすおそれがあるためです。

（2）第三者提供に本人の同意が不要な3つの場合

　もっとも、以下のアからウの3つの場合については、本人の同意を得ることなく、個人データを第三者に提供することが認められています。

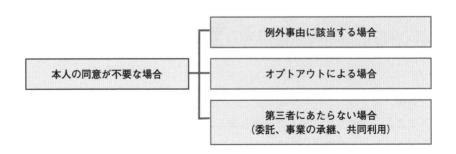

ア　法律が定める例外事由のいずれかに該当する場合

　まず、目的外利用の場合と同様に、法令に基づく場合や、人の生命、身体または財産の保護のために必要がある場合など、法27条1項が定める例外事由のいずれかに該当する場合です（【25】）。

イ　オプトアウトによる場合

　また、個人情報保護法は、本人の求めがあれば事後的に第三者への提供を停止することを前提に、提供する個人データの項目などを公表等したうえで、本人の同意なく第三者に個人データを提供することを認めています。これを**オプトアウトによる第三者提供**といいます（【26】）。

　オプトアウトによる第三者提供は、たとえば、住宅地図に関する事業などにおいて利用されています。

　ただし、後で説明する要配慮個人情報やオプトアウトにより提供を受けた個人データ、不正の手段により取得された個人データについては、オプトアウトによる第三者提供は認められていません。

ウ　第三者にあたらない場合

　3つ目として、委託に伴う提供、合併その他の事由による事業の承継に伴い個人データが提供される場合、共同利用による提供については、提供先は第三者にはあたらないとされています（【27】から【29】）。

提供先は、個人情報取扱事業者とは別の主体として、形式的には第三者にあたるものの、本人との関係においては提供主体である個人情報取扱事業者と一体のものとして取り扱うことに合理性があるため、実質的に評価し、第三者にあたらないとされています。

　先ほど、**保管**に関するルール（委託先の監督）のところで、「委託に際して本人の同意を得る必要はありません」と説明したのは、このためです。

（3）確認・記録義務

　個人情報取扱事業者は、個人データを第三者に提供したとき、原則として、「いつ、誰の、どのような情報を、誰に」提供したかについて記録を作成し、一定期間、保存する必要があります（【30】）。

　また、提供を受ける側は、「相手方」と「相手方の取得経緯」について確認をしなければならず、確認後、取得経緯に加え、「いつ、誰の、どのような情報を、誰から」提供されたか記録を作成し、保存する義務を負います（【31】）。

　確認・記録義務は、流出した個人情報が転々流通することを防ぐとともに、取引記録を残すことにより、流通経緯のトレーサビリティ（追跡可能性）を確保するため設けられました。

　漏えい等が生じた場合、個人情報保護委員会が流通経緯の調査を実施することがあり、調査を受けた事業者は、記録・保存している情報に基づいて回答をすることになります。

　なお、本人に対する商品（物品）やサービス（役務）の提供に関連して個人データを第三者に提供したり、または提供を受けた場合については、契約書等の書面をもって、記録に代えることが認められています。

　また、提供元や提供先に過大な負担とならないように、法令や解釈により、確認・記録義務の例外も認められています（【32】）。

（4）外国にある第三者への提供についての特則

　外国にある第三者への個人データの提供（越境移転）については、通常の第三者提供に関する規制に加え、特則が定められています（【33】）。

　外国にある第三者については、個人情報保護制度が整備されていなかったり、あるいは、いわゆるガバメントアクセスを広く認める制度となっている場合があるなど、必ずしも我が国と同程度の水準で個人データの保護が確保されるとは限りません。

　このため、外国にある第三者に個人データを提供する際には、個人データの第三者提供に関する規制とは別に、越境移転に関する規制が設けられており、提供をする際には、双方の規制に留意する必要があります。

　まず、個人データを外国にある第三者に提供する場合、原則として、あらかじめ「外国にある第三者への個人データの提供を認める旨の本人の同意」を得る必要があります（【34】）。

　たとえば、個人データを海外の子会社に提供する場合、子会社へ提供することの同意では足りず、外国に所在する子会社に提供することの同意を得る必要があります。

　そして、同意を得ようとする場合には、あらかじめ、当該外国における個人情報の保護に関する制度など参考となるべき情報を本人に提供することが求められます。

　例外的に、上記内容の本人の同意を得ることなく、外国にある第三者に個人データを提供することができるのは、

①提供先の第三者が日本と同等の水準の個人情報保護制度を有している国（認定国）に所在する場合
②提供先の第三者が委員会の規則で定める基準に適合する体制を整備している場合
③法が定める例外事由のいずれかに該当する場合

の3つです。

　①は欧州経済領域（EEA）加盟国と英国（【35】）、②は契約やグループ内規程などで日本の個人情報保護法を遵守する体制が整備されている企業、またはアジア太平洋経済協力（APEC）の越境プライバシールールシステム（CBPR）の認証を受けている事業者へ提供する場合などです（【36】）。

　上記①または②に該当する場合、越境移転規制の対象である「外国」と「第三者」からそれぞれ除外されるため、「外国にある第三者への個人データの提供を認める旨の本人の同意」を得る必要はありません。もっとも、「第三者への提供」であること自体に変わりはありませんので、（1）（2）で見た通常の第三者提供に関するルールに沿い、第三者提供をする必要があります。

　すなわち、本人の同意を得るか、オプトアウトによる提供によるか、委託・事業の承継・共同利用に伴って提供するかのいずれかの方法による必要があります。

6 開示請求等への対応に関するルール

　次に、本人からの**開示請求等への対応**に関するルールのアウトラインについて、みていきます。

　開示請求等への対応に関するルールのポイントは、**①公表等の義務**、**②保有個人データ及び第三者提供記録の開示**、**③内容の訂正、追加または削除**、**④利用停止等**の4つです。

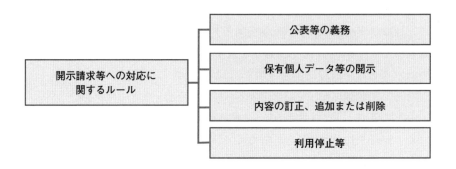

開示請求等への対応に関するルール	公表等の義務
	保有個人データ等の開示
	内容の訂正、追加または削除
	利用停止等

（1）公表等の義務

　個人情報取扱事業者は、「**保有個人データ**」に関し、自らの氏名または名称などの項目を本人の知り得る状態に置く必要があります（【38】）。

　「**保有個人データ**」とは、個人情報取扱事業者が、本人またはその代理人から請求される開示、内容の訂正、追加または削除、利用の停止、消去及び第三者への提供の停止を行える権限を有する「個人データ」をいいます（なお、存否を明らかにすることで公益等が害されるものについては、「保有個人データ」から除かれます。【37】）。

　本人の知り得る状態に置く方法として、実務上は、必要な項目を記載したプライバシーポリシーをウェブサイトに掲載して対応することが多くみられます。もっとも、「本人が知り得る状態」には、本人の求めに応じて遅滞なく回答する場合も含まれるため、必ずしも公表が必須というわけではなく、個別の問い合わせに応じて回答できるよう準備しておくことも認められています。

　また、個人情報取扱事業者は、本人から自分に関する**保有個人データ**の利用目的の通知を求められたときは、本人に対し、遅滞なく、これを通知する必要があります（【38】）。

　これから説明するとおり、本人には、開示や内容の訂正等、さらには利用停止等を請求する権利が認められています。これらの権利行使の実効性を確

保するとともに、保有個人データの取扱いに関する透明性を確保するため、個人情報取扱事業者には一定の事項を「本人の知り得る状態」に置くことなどが義務付けられています。

（2）保有個人データ等の開示

本人は、個人情報取扱事業者に対し、自分に関する保有個人データ、または個人データに係る第三者提供記録の開示を請求することができます（【39】、【40】）。保有個人データの開示請求とは、たとえば、医療機関に対し、自分のカルテの開示を求めたり、EC事業者に対し、購入履歴の開示を求めたりする場合などです。

本人から開示請求を受けたときは、個人情報取扱事業者は、本人に対し、遅滞なく、当該保有個人データまたは当該第三者提供記録を開示する必要があります。

なお、本人や第三者の生命、身体、財産その他の権利利益を害するおそれがある場合など、一定の場合については、全部または一部を開示しないことが認められています。

（3）内容の訂正、追加等

本人は、自分に関する保有個人データの内容が事実でないとき、当該保有個人データの内容の訂正、追加または削除（訂正等）を請求することができます（【41】）。

不正確な状態で自分に関する保有個人データが取り扱われることによって、本人の権利や利益が害されるのを防ぐためです。

たとえば、引っ越しをして住所が変わったり、結婚をして名字（姓）が変わった際に、新しい情報に訂正を求める場合などです。

なお、訂正等は、内容が事実でないときに認められる権利です。評価の前提となった事実の誤認は対象となりますが、評価自体は訂正等の対象になりません。

（4）利用停止等

　本人は、自分に関する保有個人データが、利用目的による制限や不適正利用の禁止に違反して取り扱われていたり、適正取得に違反して取得されていたり、第三者提供の制限に違反して第三者提供されているときには、停止や消去を請求することができます（なお、第三者提供の制限違反については、提供の停止のみ請求することができます。【42】）。

　また、本人は、自分に関する保有個人データや第三者提供記録について、その個人情報取扱事業者が利用する必要がなくなった場合や、重大な漏えい等が生じた場合、その他自己の権利または正当な利益が害されるおそれがある場合にも、その保有個人データの利用の停止や消去を請求することができます。

　今後は、保有個人データについて、本人が主体的に関与していくことが増えてくると予想され、事業者としては、平時から本人による権利行使を想定した準備を進めておくことが求められます。

　なお、前記（2）から（4）の開示、訂正等、利用停止等の請求は、法的な権利ではあるものの、いきなり訴訟を提起することはできず、個人情報取扱事業者に対し、事前に事業者の窓口等を通じて、当該請求を行う必要があるとされています（【43】）。

　以上が、①**取得**、②**利用**、③**保管**、④**提供**、⑤**本人からの開示請求等への対応**という場面ごとのルールのアウトラインになります。

　最後に、「**要配慮個人情報**」、「**匿名加工情報**」、「**仮名加工情報**」、「**個人関連情報**」を確認したうえで、**適用除外**と**個人情報保護委員会の監督権限・罰則**について触れ、第1部を終えることにします。

7 その他の重要概念と適用除外など

（1）要配慮個人情報とは？

要配慮個人情報とは、本人の人種、信条、社会的身分、病歴、犯罪の経歴、犯罪により害を被った事実その他本人に対する不当な差別、偏見その他の不利益が生じないようにその取扱いに特に配慮を要するものとして政令で定める記述等が含まれる個人情報をいいます（【44】）。

たとえば、「アイヌ」や「在日韓国・朝鮮人」などの情報、「統合失調症を患っている」などの病気に関する情報、前科、健康診断の結果などが要配慮個人情報にあたります。

要配慮個人情報については、**取得時**と**提供時**について、**個人情報とは異なるルール**が定められていること、そして**漏えい等の発生時に報告等が必要となる**点が特徴です（【45】）。

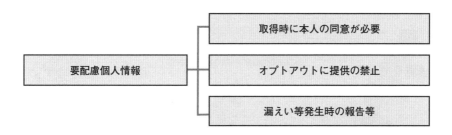

要配慮個人情報は、原則として、あらかじめ本人の同意を得なければ、取得することができません。本人の同意を得ることなく、要配慮個人情報が取得されたという理由によって、保有個人データの利用停止等の請求を受けた場合、その請求に理由があると判明したときは、原則として、遅滞なく、利用停止等を行う必要があります。

また、要配慮個人情報は、オプトアウトによる第三者提供ができません。このため、要配慮個人情報を第三者に提供する場合には、法律が定める例外

事由に該当する場合を除き、本人の同意を得るか、委託、事業の承継、共同利用による必要があります。

　なお、要配慮個人情報が含まれる個人データの漏えい等が発生し、または発生したおそれがある事態が生じた場合には、それが1人の個人データであったとしても、個人情報保護委員会への報告等をする必要があります（【21】）。

（2）匿名加工情報とは？

　匿名加工情報とは、個人情報に含まれる記述などの一部や個人識別符号を削除することによって、特定の個人を識別することができないように個人情報を加工し（**非識別化**）、復元できないようにした（**非復元化**）ものをいいます（【49】）。

　匿名加工情報に関するルールは、ビッグデータの利活用の観点から、平成27年の改正により導入されました。

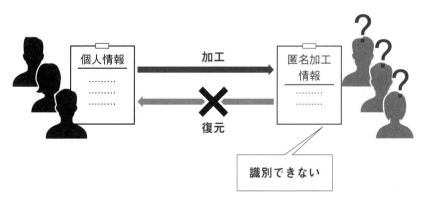

個人情報保護委員会「匿名加工情報・仮名加工情報パンフレット」（令和5年4月）1頁を基に作成

　匿名加工情報の取扱いについては、適切な加工義務、加工方法等に関する安全管理措置、所定事項の公表義務、さらには本人を識別するための照合の禁止など、一定のルールが課されます（【50】）。

その一方で、匿名加工情報は、**本人の同意なく、目的外利用や第三者提供を行うことが認められています**。このため、複数の事業者間でのデータ取引やデータ連携など、匿名加工情報を利活用することにより、イノベーションの促進等に資するとされています。

　たとえば、生命保険会社が保険契約等を通じて集めた検診データ等を匿名加工し、外部の研究機関に第三者提供し、共同研究を行っているケースや、個人がスマートフォン等を通じて Wi-Fi を利用する際に取得される位置情報（フリー Wi-Fi のアクセスポイントの位置情報）を匿名加工し、各種分析のために研究機関等に第三者提供するケースなどが挙げられます。

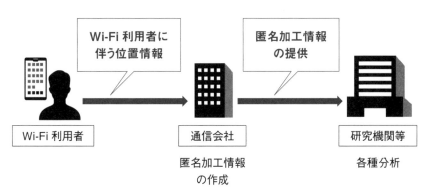

個人情報保護委員会「匿名加工情報・仮名加工情報パンフレット」（令和5年4月）5頁を基に作成

　なお、匿名加工情報を作成するためには、匿名加工情報を作成する意図を持って、規則が定める基準に従い加工する必要があります。このため、個人情報を、法令上の加工基準に基づかずに、安全管理措置の一環としてマスキング等によって匿名化した場合には、匿名加工情報としては扱われません。実務上、データを入手したり、提供をする際、任意の方法で匿名化されたデータが使われることがありますが、これらのデータが匿名加工情報にあたるとは限りません。一般的に使用されている「匿名化」という言葉と、匿名加工情報を作成するための加工には、違いがあることに注意してください。

（3）仮名加工情報とは？

　仮名加工情報とは、一定の措置を講じて、他の情報と照合しない限り特定の個人を識別することができないように個人情報を加工した情報をいいます（【51】）。

　仮名加工情報は、令和２年の改正により、個人情報と匿名加工情報の中間的な概念として新たに導入されました。

個人情報保護委員会「匿名加工情報・仮名加工情報パンフレット」（令和５年４月）１頁を基に作成

　先ほど確認をした匿名加工情報は、本人かどうか一切わからない程度まで加工する必要がありますが（非識別化）、仮名加工情報は、他の情報と照合しない限り特定の個人を識別することができない程度の加工、別の言い方をすると、容易照合性の余地を残す加工で足ります。

　このため、たとえば、氏名、年齢、購入日時、金額、旅券番号、購入店舗及びクレジット番号からなる購買情報（個人情報）について、氏名を仮IDに置換し、旅券番号及びクレジット番号を削除すれば、その他の項目については、そのままの状態で仮名加工情報として利用することができ、本人を識別しない限り、個人単位での分析をすることができます。

個人情報

氏名	年齢	年月日	時刻	金額	旅券番号	店舗	クレジットカード番号
山田一郎	55歳	20XX 04 02	09:50	940円	TH012	霞ヶ関店	5567 2356 …
佐藤次郎	29歳	20XX 05 29	15:10	1220円	TY560	赤坂見附店	4787 9877 …
伊藤三郎	45歳	20XX 11 14	21:34	670円	TY390	赤坂見附店	1445 7564 …
…	…	…	…	…	…	…	…

↓

仮名加工情報

YH2356	55歳	20XX 04 02	09:50	940円		霞ヶ関店	
YD4890	29歳	20XX 05 29	15:10	1220円		赤坂見附店	
XJ3375	45歳	20XX 11 14	21:34	670円		赤坂見附店	
…	…	…	…	…			

●特定の個人を識別することができる記述等の全部又は一部の削除又は置換
例）氏名などを仮IDに置換

●個人情報に含まれる個人識別符号の全部を削除又は置換
例）旅券番号の削除

●不正に利用されることにより財産的被害が生じるおそれのある記述等の削除又は置換
例）クレジットカード番号の削除

※置換…復元することのできる規則性を有しない方法により、他の記述等に置き換えること

個人情報保護委員会「民間事業者向け個人情報保護法ハンドブック」21頁を基に作成

　仮名加工情報は、本人を識別しない内部での分析・利用であることが前提とされており、第三者への提供は原則として禁止されています（【53】）。

　その一方で、**①利用目的の変更の制限を受けず**（新たな目的で利用可能）、**②漏えい等の報告義務等の適用もなく、③開示や利用停止等の請求の対象外**とされており、事業者の負担が一部軽減されています。

　このため、たとえば、AI（人工知能）による分析を利用目的とせずに収集した個人データがある場合、本人の同意を得なければ、AIによる分析目的で利用すること（目的外利用）はできませんが、仮名加工情報とすることで、本人の同意を得ずに分析すること（新たな目的での利用）が可能となります。

　また、上記②や③の特徴を踏まえ、すでに利用目的を達成した個人情報に

ついて、将来的に統計分析に利用する可能性を考慮し、消去するのではなく、仮名加工情報として加工したうえで保管するなどの活用もされています。

　仮名加工情報は、匿名加工情報と同様に、仮名加工情報を作成する意図の下、法令上定められた加工基準にしたがって加工を行うことで規制が緩和された制度です。もっとも、匿名加工情報がビッグデータの流通を目的として導入されたものであるのに対し、仮名加工情報は、データの流通ではなく、既に保有しているデータについて、柔軟な利活用を認める観点から導入された点が異なります。

（4）個人関連情報とは？

　個人関連情報とは、生存する個人に関する情報であって、個人情報、仮名加工情報及び匿名仮名情報のいずれにも該当しないものをいいます（【46】）。

　たとえば、Cookie（クッキー）等の端末識別子を通じて収集されたある個人のウェブサイトの閲覧履歴や、ある個人の商品購買履歴・サービス利用履歴、ある個人の位置情報などがこれにあたります（なお、冒頭で説明したとおり、これらの情報については、個人情報にあたる場合があり、個人情報にあたる場合には、個人関連情報にはあたらないことになります）。

　個人関連情報は、個人情報、仮名加工情報及び匿名加工情報のいずれにもあたらないものですので、保有すること自体については、特に規制はされていません。

　例外的に、個人関連情報を第三者に提供する場面において、提供元では個人データに該当しないものの、提供先において、提供先が保有するデータベースと紐づけるなどして**個人データとして取得することが想定されるとき**は、本人の同意が得られていることなどを確認することが義務付けられます（【47】、【48】）。

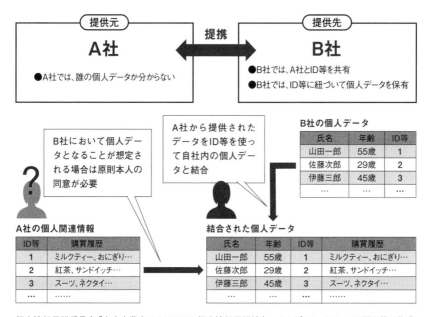

個人情報保護委員会「中小企業向けはじめての個人情報保護法」〜シンプルレッスン〜12頁を基に作成

　最近では、インターネット上に蓄積された様々なデータを管理・分析するためのプラットフォームであるDMP（Data Management Platform）の普及等を背景として、個人情報（個人データ）ではないユーザーの属性情報や閲覧履歴等を、提供先において他の情報と照合することにより個人データとされることをあらかじめ知りながら、他の事業者に提供することがあります。

　たとえば、広告主がプラットフォーム上での広告配信のため、プラットフォーム提供事業者に対し、Cookie IDや広告ID等の識別子等を提供し、プラットフォーム提供事業者において、自社が保有するデータベースの中から同じ識別子等を持つユーザーの情報を突合・抽出し、購買履歴等を付加したうえで、ユーザーの興味関心に応じた広告配信（ターゲティング広告）を行う事例などです。

こうした本人の関与しない個人情報の収集方法が広まることを防止するため、令和２年の改正により、個人関連情報の第三者提供に関する規制が導入されました。

（5）適用除外等

　現状、国内において個人情報を取り扱うほとんどの民間事業者が「個人情報取扱事業者」にあたりますが、憲法が保障する基本的人権への配慮から、一定の場合について、適用除外や特例が定められています。

　まず、民間部門の個人情報取扱事業者等であっても、表現の自由や宗教の自由等への配慮から、以下の機関が、以下の利用目的で個人情報等を取り扱うときには、個人情報取扱事業者としての義務は課されません。

機関（対象者）	利用目的
放送機関、新聞社、通信社その他の報道機関（報道を業として行う個人を含む。）	報道の用に供する目的
著述を業として行う者	著述の用に供する目的（著述には、学術書や実用書など人の知的活動の成果といえるものを書き表すことが該当します）。
宗教団体	宗教活動（これに付随する活動を含む。）の用に供する目的
政治団体	政治活動（これに付随する活動を含む。）の用に供する目的

　また、令和３年の改正により、学術研究機関等が学術研究目的で個人情報を取り扱う場合については、特例が定められました。

　学問の自由への配慮から、利用、取得及び提供に係るルールのうち、研究データの利用や流通を直接制約し得る義務（目的外利用の制限、要配慮個人情報の取得及び第三者提供の制限）に関して、学術研究機関等が学術研究目的で取り扱う必要がある場合については、個人の権利利益を不当に侵害するおそれがある場合を除き、本人の同意を要しないなどの例外が定められています（【54】）。

その一方で、学術研究機関等は、個人情報保護法の遵守とともに、学術研究目的で行う個人情報の適正な取扱いを確保するために必要な措置を自ら講じ、当該措置の内容を公表するよう努めることとされています。

なお、特例は、あくまで学術研究機関等が学術研究目的で取り扱う必要がある場合に限り、認められるものです。単に製品開発を目的として個人情報を取り扱う場合については、当該活動は学術研究目的にはあたらず、特例の適用を受けることはできません。

（6）認定個人情報保護団体

次に、認定個人情報保護団体とは、特定の業界や事業分野ごとの個人情報等の適正な取扱いの確保を目的として、個人情報保護委員会の認定を受けた民間団体をいいます。

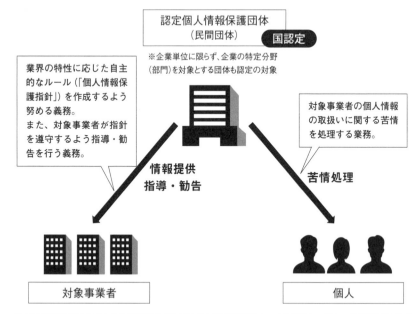

個人情報保護委員会「中小企業向けはじめての個人情報保護法」〜シンプルレッスン〜12頁を基に作成

たとえば、プライバシーマークを取得している事業者全般に関する認定団体として、一般財団法人日本情報経済社会推進協会（JIPDEC）があります。

　認定個人情報保護団体は、対象事業者の個人情報等の取扱いに関する本人等からの苦情処理を行ったり、業界や分野の特性に応じて自主的なルールとして個人情報保護指針を定めるなどしています。認定個人情報保護団体が作成・届出を行い、個人情報保護委員会が公表した個人情報保護指針については、当該団体が対象事業者に対し必要な指導、勧告等の措置を講じることができ、措置を講じたにもかかわらず、対象事業者が遵守しないときは、当該対象事業者を認定業務の対象から除外することが認められています。

（7）個人情報保護員会の監督権限と罰則

　最後に、個人情報保護委員会の監督権限と罰則について、みていきます。

　個人情報保護法の義務規定に違反し、不適切な個人情報等の取扱いを行っている場合、個人情報保護委員会には、任意の聞き取り調査のほか、①報告徴収、立入検査、②指導、助言、③勧告、命令及び緊急命令、さらには④事業者が命令に違反した場合の公表といった監督権限が認められています。

　①と②は現に違反行為があったことを要件としていませんので、違反行為の疑いにとどまる場合でも対象とされます。また、①の報告徴収・立入検査は、事業者等だけでなく、その他関係者に対しても行うことができます。

　以前は、外国事業者に対する報告徴収・命令はできないとされていましたが、令和２年の改正により外国事業者も罰則を伴う報告徴収・命令の対象とされました。

　なお、命令違反以外の場合についても、個人情報保護委員会は、事案の性質等に応じて、国民への情報提供等の観点から、監督権限の行使について、公表を行うことがあります。最近では、不正アクセスによる情報流出の事案について、組織的安全管理措置及び技術的安全管理措置についての指導が公表されるなどしています。

　また、個人情報保護法では、規制の実効性を確保するため、以下のとおり、

罰則についても規定しています。

		懲役刑	罰金刑
個人情報保護委員会からの命令への違反	行為者	1年以下	100万円以下
	法人等	－	1億円以下
個人情報データベース等の不正提供等	行為者	1年以下	50万円以下
	法人等	－	1億円以下
個人情報保護委員会への虚偽報告等	行為者	－	50万円以下
	法人等	－	50万円以下

　個人情報データベース等の不正提供等とは、たとえば、事業者の従業員が顧客名簿を不正に外部記録媒体にコピーし、それを使い自らの副業の営業活動を行う場合や、顧客名簿を名簿業者に売却する場合などです。

　表をみてもらうとわかるとおり、法人（法人でない団体で代表者または管理人の定めのあるものを含みます）等の代表者や使用人その他の従業者が、その法人等の業務に関して違反行為をしたとき、行為者だけではなく、その法人等に対しても罰金刑が科されます（これを**両罰規定**といいます）。

　なお、事業者の違法な個人情報の取扱いに対する課徴金については、令和２年の改正時に議論はされたものの、導入は見送られています。

　以上が、民間事業者として、押さえておきたい個人情報保護法の基本的なルールのアウトラインになります。

　実務担当者ではない一般のビジネスパーソンの方については、まずはここまでの内容を押さえていただければ、十分だと思います。

　簡単なチェックリストを載せておきますので、特に初めて学ぶ方は、このチェックリストを使いながら、個人情報保護法のアウトラインを押さえていただければと思います。

チェックリスト

【個人情報等】

☐　個人情報とは、生存する個人に関する情報であって、①特定の個人を識別することができるもの、または②個人識別符号が含まれるものをいう。

☐　氏名（名前）までわからなくても、「特定の個人を識別することができる」情報（個人識別性がある情報）は、個人情報にあたる。

☐　その情報単体では特定の個人を識別することができなくても、「他の情報と容易に照合することができ」、それによって特定の個人を識別することができる場合（容易照合性が認められる場合）には、その情報も個人情報にあたる。

☐　個人識別符号の例としては、パスポート番号や年金番号、マイナンバー、運転免許証の番号などがある。

☐　特定の個人情報を検索することができるように体系的に構成した情報の集合体を「個人情報データベース等」という。

☐　個人情報データベース等を構成している個人情報のことを「個人データ」といい、「個人情報」とは別の概念として整理されている。

☐　個人情報データベース等を事業の用に供している者を「個人情報取扱事業者」という。

【取得に関するルール】

☐　個人情報を取り扱うにあたっては、利用目的を「できる限り特定」しなければならない。

☐　個人情報取扱事業者は、個人情報を取得した場合、あらかじめその利用目的を公表している場合を除き、速やかに、その利用目的を、本人に「通知」するか、「公表」する必要がある。また、本人から直接個人情報を取得する場合には、利用目的を「明示」する必要がある。

☐　個人情報を取得する主体を偽ったり、利用目的を隠したり、虚偽の利用

目的を告げて個人情報を取得する場合など、「偽りその他不正の手段」によって個人情報を取得することは、禁止されている。

□　個人情報保護法上は、要配慮個人情報を取得する場合を除き、個人情報を取得する際に、本人の同意を得る必要はない。

【利用に関するルール】

□　あらかじめ本人の同意を得ることなく、特定された利用目的の達成に必要な範囲を超えて、個人情報を取り扱うことは禁止されている。法令に基づく場合など、一定の場合には、本人の同意を得ることなく、利用目的を越えて個人情報を取り扱うことができる。

□　違法または不当な行為を助長し、または誘発するおそれがある方法により個人情報を利用することも禁止されている。

【保管に関するルール】

□　個人情報取扱事業者は、取り扱う個人データの漏えいや滅失その他の個人データの安全管理のために、必要かつ適切な措置（安全管理措置）を講じなければならない。

□　個人情報取扱事業者は、従業者に個人データを取り扱わせるに当たっては、当該個人データの安全管理が図られるよう、当該従業者に対する必要かつ適切な監督を行わなければならない。また、個人データを外部に委託した場合は、委託先についても必要かつ適切な監督を行わなければならない。

□　個人情報取扱事業者は、取り扱う個人データの漏えい、滅失、毀損等が生じたときは、個人情報保護委員会規則で定めるところにより、当該事態が生じた旨を個人情報保護委員会に報告し、本人に対し通知する必要がある。

□　個人情報取扱事業者は、利用目的の達成に必要な範囲内において、個人データを正確かつ最新の内容に保つとともに、利用する必要がなくなった

ときは、当該個人データを遅滞なく消去するよう努めなければならない。

【提供に関するルール】

☐　個人情報取扱事業者は、原則として、あらかじめ本人の同意を得ることなく、個人データを第三者に提供してはならない。

☐　本人の同意を得ることなく、第三者提供できる場合として、①法が定める例外事由に該当する場合、②オプトアウトによる場合、③第三者にあたらない場合（委託、事業承継、共同利用）の3つがある。

☐　第三者提供をした場合、トレーサビリティ（追跡可能性）を確保する観点から、提供者・受領者の双方に確認・記録義務が課される。

☐　外国にある第三者への提供については、異なるルール（特則）が定められている。

【開示請求等への対応に関するルール】

☐　個人情報取扱事業者は、保有個人データに関し、一定の事項の公表義務等を負う。

☐　本人には、自分に関する保有データ等について、開示請求、内容が事実でない場合の訂正、追加または削除等の請求、法令違反や自己の権利または正当な利益が害されるおそれがある場合に利用停止等を請求する権利が認められている。

【要配慮個人情報】

☐　要配慮個人情報とは、本人の人種、信条、社会的身分、病歴、犯罪の経歴、犯罪により害を被った事実その他本人に対する不当な差別、偏見その他の不利益が生じないようにその取扱いに特に配慮を要するものとして政令で定める記述等が含まれる個人情報をいう。原則として、本人の同意を得ることなく取得することができず、また、オプトアウトによる第三者提供ができない。

第 **2** 部

個人情報保護法の
基本と実務対応

第2部では、総務や法務の実務担当者の方、さらには第1部を読み終え、もう一歩進んで個人情報保護法を学んでみたい方を念頭に、「**個人情報**」などの基本的な概念と①**取得**、②**利用**、③**保管**、④**提供**、⑤**開示請求等への対応**という場面ごとのルールについて、個人情報保護委員会が公表しているガイドライン（GL）の内容を中心にポイントとなる点や注意点を説明していきます。

　第2部では、実務担当者として押さえておいて欲しい内容については、本文で説明することとし、応用的な問題や最近のトピック等については、**コラム**や**事例紹介**として取り上げています。

　GLやQ&Aの基本的な内容を確認されたい方は、**コラム**や**事例紹介**はいったん飛ばし、まずは本文を読み進めていただければと思います。

　第1部で説明した個人情報保護法のアウトライン（大きな地図）に、少しずつ情報を付け足していく、そんなイメージで読み進めていただければ大丈夫です。

1 「個人情報」などの基本概念

　この章では、「**個人情報**」、「**個人情報データベース等**」、そして「**個人情報取扱事業者**」と「**域外適用**」について、内容を確認していきます。

　個人情報の考え方については、第1部で説明をしたため、第2部では、いくつかの具体例を通じて、理解を深めていきたいと思います。

　この章の構成は、以下のとおりです。

- **01** 死者に関する情報と統計情報
- **02** 人の容貌（顔画像）が写っているカメラ画像等の映像情報
- **03** Cookie などの端末識別子
- **04** 位置情報
- **05** 個人情報の考え方と注意点
- **06** 個人情報データベース等
- **07** 個人情報取扱事業者と域外適用

　なお、「**保有個人データ**」については第6章【37】で、「**要配慮個人情報**」と「**個人関連情報**」については第7章【44】から【48】で、「**匿名加工情報**」と「**仮名加工情報**」については、第3部【49】から【53】で、それぞれ取り上げます。

01 死者に関する情報と統計情報

1 個人情報の定義

　初めに、もう一度、個人情報の定義から確認しておきましょう。「個人情報」とは、生存する個人に関する情報であって、①特定の個人を識別することができるもの（他の情報と容易に照合することができ、それにより特定の個人を識別することができることとなるものを含む）、または②個人識別符号が含まれるものをいいます（法2条1項1号・2号）。

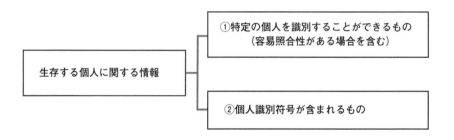

　「特定の個人を識別することができる」とは、社会通念上、一般人の判断力や理解力をもって、生存する具体的な人物と情報との間に同一性を認めることができることをいい（Q&A1-1）、情報自体に識別性が認められる場合に加え、「他の情報と容易に照合すること」により特定の個人を識別することができる場合（容易照合性がある場合）も、個人情報にあたります（法2条1項1号括弧書き）。

　また、個人識別符号とは、情報単体から特定の個人を識別できるものとして施行令に定められた文字、番号、記号その他の符号をいい、指紋認証などの生体認証（バイオメトリクス認証）データや、旅券（パスポート）の番号、マイナンバー、運転免許証の番号などが該当します（GL 通則編2-2）。

2 死者に関する情報

個人情報保護法は、個人情報を「生存する個人に関する情報」に限定しているため、死者に関する情報は、保護の対象になりません[1]。

もっとも、死者に関する情報は、同時に遺族等の個人情報となる場合があります。たとえば、死者の家族関係に関する情報は、死者に関する情報であると同時に生存する遺族に関する情報である場合があります。また、死者（被相続人）の財産に関する情報は、生存する相続人の相続財産に関する情報として、相続人の個人情報となる場合があります（GL 通則編2-1※2、Q&A1-21。コラム01）。

3 統計情報

統計情報とは、集団の傾向や性質等を数量的に把握するため、複数人の情報から共通要素に関する項目を抽出し、同じ分類ごとに集計した情報をいいます（GL 加工情報編3-1-1）。

統計情報は、特定の個人との対応関係が排斥されている限り、「個人に関する情報」ではないため、個人情報にはあたりません（Q&A1-17）。

このため、統計情報については、自由に利用することができます。また、統計情報への加工を行うこと自体を利用目的とする必要もないことから（Q&A2-5）、統計情報は自由に作成することができます。

もっとも、統計情報の作成過程において、ある項目の値を所定範囲ごとに区切る場合、その範囲の設定の仕方によってはサンプルが著しく少ない領域（たとえば、高齢者や高額利用者、過疎地における位置情報等）が生じる可能性があり、このような場合については、特定の個人の情報であると識別されやすくなることがあり得ます。また、単に統計情報とされていればよいと

---

1 なお、たとえば、臨床研究法10条や再生医療等の安全性の確保等に関する法律15条など、他の法令等には、死者に関する情報を含め「個人情報」を定義しているものもあります。

いうものではなく、特定の個人との対応関係が十分に排斥できるような形で統計情報とされていることが重要とされており、注意が必要です[2]。

コラム 01：死者の財産についての情報と相続人の「個人に関する情報」

> 　死者の財産に関する情報は、生存する相続人の相続財産に関する情報として、相続人の個人情報となる場合があります。もっとも、具体的にどのような情報が相続人の個人情報となるかについては、その情報の内容と当該個人との関係を個別に検討して判断する必要があります。
>
> 　被相続人（死者）が預金口座の開設時に銀行に対し提出をした印鑑届書について、相続人の１人が自己の個人情報にあたるとして開示を求めた事案があります。
>
> 　最高裁は、相続財産についての情報が被相続人に関するものとしてその生前に「個人に関する情報」にあたるものであったとしても、そのことから直ちに、当該情報が当該相続財産を取得した相続人等に関するものとして、「個人に関する情報」にあたるということはできないと判示しました。そのうえで、印鑑届書に含まれる情報の内容と、開示請求をした相続人との関係を個別に検討し、印鑑届書に記載された情報は、相続人（原告）の個人情報にはあたらないとし、開示請求を棄却しています（最一判平成31・3・18判時 2422号31頁）。

コラム 02：学習済みパラメータの個人情報該当性

> 　「個人に関する情報」という要件に関しては、AI（Artificial Intelligence：人工知能）の学習段階において、複数人の個人情報を機械学習の学習用データセットとして用いて生成した学習済みパラメータ（重み係数）が、個人情報にあたるかという問題があります。

2　事務局レポート制度編57頁以下。なお、同レポートでは、特定の個人の行動の傾向等を数量的に把握するために、当該特定の個人についての複数の情報を集計して統計情報を作成した場合は、当該特定の個人との対応関係が排斥された情報とはいえないと指摘されています。

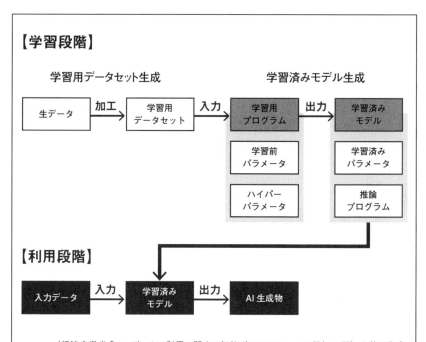

【学習段階】

学習用データセット生成　　　　　　　学習済みモデル生成

生データ → 加工 → 学習用データセット → 入力 → 学習用プログラム → 出力 → 学習済みモデル

学習前パラメータ　　　　　学習済みパラメータ

ハイパーパラメータ　　　　　推論プログラム

【利用段階】

入力データ → 入力 → 学習済みモデル → 出力 → AI 生成物

（経済産業省「AI・データの利用に関する契約ガイドライン－ AI 編」12頁）を基に作成

　Q&A では学習済みパラメータは、学習済みモデルにおいて特定の出力を行うために調整された処理・計算用の係数であり、当該パラメータと特定の個人との対応関係が排斥されている限り、「個人に関する情報」に該当するものではないため、「個人情報」にも該当しないとされています（Q&A1−8）。

　なお、金融議会資金決済ワーキング・グループ報告書（2022年1月）では、「共同機関」が、ある一つの銀行などからの委託を受けて、当該銀行などの利用者の個人情報を機械学習の学習用データセットとして用いて、当該銀行等のために生成した学習済みパラメータ（重み係数）を、共同機関内で共有し、他の銀行等からの委託を受けて行う分析にも活用

する場合には、一般論として、当該パラメータと特定の個人との対応関係が排斥されている限りにおいては、「個人情報」にも該当しないと考えられ、銀行等は、あらかじめその利用者同意を得ることなく、当該パラメータを共同機関内で共有し、他の銀行等の分析に活用することができると考えられる」との考え方が示されています（9〜10頁）。

02 人の容貌（顔画像）が写っている カメラ画像等

1 顔画像と顔認証データ

　カメラで撮影をして得られる写真や動画のうち、本人[3]を識別できるカメラ画像（映像情報）は、個人情報にあたります。

　第1部で確認をしたとおり、個人識別性とは、氏名到達性を意味するものではありません。このため、映像に人の容貌（顔画像）が写っている場合であれば、容貌から特定の個人を識別することはできるため、画質が低いなどの理由により誰なのかを識別できない場合を除き、個人情報にあたります[4]。

　たとえば、店内の客を意図して撮影している防犯カメラに偶然写り込んだ店外の歩行客など、被写体として意図した人物ではなく、たまたま写り込んだ人物であっても、本人を識別することができれば、個人情報にあたります。

　また、撮影した画像を基に、顔の骨格、皮膚の色、目・鼻・口その他の顔

3　個人情報によって識別される特定の個人をいいます（法2条4項）。

4　なお、映像に人の容貌（顔画像）が映っていない場合でも、容易照合性が認められる場合には、個人情報にあたります。たとえば、医療機関において手術動画を撮影する場合、術野しか撮影しておらず（氏名や患者の番号等は映像上記録せず）、撮影日付のみで管理しているときでも、医療機関には手術記録を含む診療に関する諸記録の作成・保存義務があり（医療法21条1項9号、医療法施行規則20条10号）、日付や手術内容を基に手術記録と照合することで特定の個人（患者）を識別することはできるため、撮影した動画は個人情報にあたると考えられます。

の部位の位置及び形状から抽出した特徴情報が、本人を認証することを目的とした装置やソフトウェアによる本人認証が可能な水準にある場合（Q&A1−23）、当該特徴情報（顔認証データ）は、個人識別符号にあたり（法2条2項1号）、個人情報にあたります。

これに対し、カメラ画像から抽出した性別や年齢といった属性情報や、人物を全身のシルエット画像等に置き換えて作成した店舗等における移動軌跡データ（人流データ）は、抽出元のカメラ画像や個人識別符号など、特定の個人を識別することができる情報（識別情報）と容易に照合することができる場合を除き、個人情報にはあたりません（Q&A1−12）。

2　カメラ画像等の注意点

特定の個人を識別可能なカメラ画像や顔認証データを、検索することができるように体系的に構成し、「個人情報データベース等」とした場合、個々のカメラ画像や顔認証データを含む情報は、「個人データ」にあたるため、安全管理措置（法23条）を講じたり、第三者提供規制（法27条）などに対応することが必要となります。

カメラ画像等については、典型的な防犯カメラや、エントランスに設置された体温測定のためのサーマルカメラ[5]のケースは別として、誰がどのような目的で撮影しているのか、撮影したデータがどのように使われるのか、本人からは分かりづらかったり、あるいは、撮影されている事実を認識できるとも限らず、拒絶することも難しいなどの特徴があります[6]。また、個人情報保護法とは別に、肖像権やプライバシー等の観点から配慮が必要となる場合

5　施設や店舗等に出入りする人の顔画像を撮影し、体温測定を行うサーマルカメラについては、特定の個人を識別できる顔画像を取得し、そこから抽出した顔特徴量を用いて体温測定結果が表示されていると考えられるため、顔画像や顔特徴量を即座に削除したとしても、個人情報の取得に該当します（個人情報保護委員会（別紙）個人情報保護法相談ダイヤルに多く寄せられている質問に対する回答（令和3年3月19日）問4）。

6　その他、顔特徴データについては、不変性が高く、個人の行動の追跡が可能となるといった点も指摘されています。

もあります。

このため、Q&Aにおいては、このような特徴等を踏まえた注意点や望ましい措置について言及されています（Q&A1－12、1－13、1－14、1－15、1－16、1－41、5－4、7－50、9－13、10－8）。

たとえば、カメラ画像を取得してこれを防犯目的のみに利用し、撮影した画像から顔特徴データの抽出を行わない場合（従来型の防犯カメラの場合）については、カメラの設置状況等から利用目的が防犯目的であることが明らかである場合には、「取得の状況からみて利用目的が明らか」（法21条4項4号）であるため、利用目的の通知・公表は不要とされますが、防犯カメラが作動中であることを店舗等の入り口や設置場所等に掲示するなど、防犯カメラにより自らの個人情報が取得されていることを本人において容易に認識可能とするための措置を講ずることが望ましいとされています（Q&A1－13）。

また、防犯カメラによりカメラ画像・映像データを取得し、そこから顔特徴データを抽出して防犯目的で利用する場合（顔識別機能付きカメラシステムを利用する場合）については、撮影をされる本人の立場からは、このような取扱いが行われることについて、合理的に予測・想定はできないと考えられます。このため、従来型防犯カメラの場合と異なり、本人が予測・想定できるように犯罪防止目的であることだけではなく、顔識別機能を用いていることも明らかにして、利用目的を特定し、これをあらかじめ公表するか、取得後、速やかに本人に通知・公表する必要があるなどとされています（Q&A1－14）。

3　カメラ画像利活用ガイドブック等

カメラ画像の利活用については、「**カメラ画像利活用ガイドブック ver3.0**」（IoT推進コンソーシアム、総務省、経済産業省、2022年3月）が公表され

ています[7]。

　ガイドブックは、特定の個人の識別につながる可能性のある情報を取得し、利活用するケースとして、

　①店舗内設置カメラ（属性の推定）
　②店舗内設置カメラ（人物の行動履歴の生成）
　③店舗内設置カメラ（リピート分析）
　④屋外に向けたカメラ（人物形状の計測）
　⑤屋外に向けたカメラ（写り込みが発生し得る風景画像の取得を行うケース）
　⑥駅構内設置カメラ（人物の滞留状況の把握を行うケース）

という６つのケースを想定し、８つの場面（コミュニケーション、企画時、設計時、事前告知時、取得時、取扱い時、管理時、継続利用時）における配慮事項について、事業者が実施すべき対応例について説明しています。

　ガイドブックは、個人情報保護法を遵守するだけではなく、プライバシーの保護、さらには、プライバシーガバナンス（【55】）の重要性についても強調しており、今後、IoT（Internet of Things）の普及に伴い、様々な機器によって人々の動きを解析したデータを利活用することが一般化した際、カメラ以外の様々なセンサー（音声認識センター、赤外線センサー、温度センサー、感圧センサー等）から取得する情報を利活用する際にも参考になるとされています（同９頁）。

　もっとも、ガイドブックは、カメラ画像から取得した情報を別途保有する会員情報等と紐付けるなどして、特定の個人に向けたサービスの提供やマーケティングを行うケースについては検討対象から除外しています。このため、これらのケースについては、ガイドブックの配慮事項を踏まえつつ、具

7　「カメラ画像利活用ガイドブック　事前告知・通知に関する参考事例集」（2019年５月）も公表されています。

体的なサービスの内容に応じて、個人情報保護法を遵守するとともに、プライバシーの保護等にも配慮する必要があります。

　また、犯罪予防等のためのカメラ画像の利用については、「**犯罪予防や安全確保のためのカメラ画像利用に関する有識者検討会報告書**」及び「**犯罪予防や安全確保のための顔識別機能付きカメラシステムの利用について**」（個人情報保護委員会、2023年3月）が公表されています。報告書等では、肖像権やプライバシーに関する留意点に加え、顔識別機能付きカメラシステムを利用する際の個人情報保護法上の留意点等が示されています。他分野のデータ保護や利活用を考える際にも示唆に富む内容が示させており、実務上参考になります。

コラム 03　同姓同名と個人識別性

> 　個人識別性に関しては、時々、「同姓同名の可能性はどのように考えるのですか？」と質問を受けることがあります。
> 　特定の個人として識別できるか（個人識別性）は、あくまで一般人の判断力や理解力を基準に同一性を認めることができるかを問うものです。同姓同名の人が存在する可能性もありますが、社会通念上、氏名のみでも、特定の個人を識別することができるものと考えられているため、氏名単体でも個人情報にあたります（Q&A1－2）。

コラム 04　ハッシュ化すれば「個人情報」にはあたらない？

> 　個人識別性に関して、「ハッシュ化をしていれば、個人情報にはあたらないのではないですか？」と質問を受けることもあります。
> 　ハッシュ化とは、元のデータから一定の計算アルゴリズムに従ってハッシュ値と呼ばれる規則性のない文字列に置き換える処理をいいます。匿名加工情報や仮名加工情報を作成する際、仮IDを付す場合にハッシュ関数を

用いる方法も認められています（GL加工情報編3－2－2－1、2－2－2－1－1）

　もっとも、第1部で説明したとおり、個人情報には、他の情報と容易に照合することができ、それにより特定の個人を識別することができる場合も含まれます。このため、氏名等を仮IDに置き換えた場合の氏名と仮IDの対応表や、氏名等の仮IDへの置き換えに用いた置き換えアルゴリズムと乱数等のパラメータの組み合わせを保有している場合には、容易に照合することができるため、ハッシュ化した後のデータも個人情報にあたります。

　なお、ハッシュ関数等を用いて氏名・住所など個々人に固有の記述等から仮IDを生成しようとする際、元の記述に同じ関数を単純に用いてしまうと、元となる記述等を復元することができる規則性を有することとなる場合があります。このため、GLでは、「元の記述に乱数等の他の記述を加えたうえで、ハッシュ関数等を用いる等の手法を検討すること」が推奨されるとともに、匿名加工情報の作成後に、仮IDへの置き換えに用いたハッシュ関数等と乱数等の他の記述等の組み合わせを保有し続けることが禁止されています（GL加工情報編2－2－2－1－1、3－2－2－1※、3－2－3－1、Q&A15－14）。

　このように、単にハッシュ化をしただけでは、個人情報であることに変わりはありません。いわゆる**リクナビ事件**（**事例紹介①**）に関する個人情報保護委員会による勧告及び指導においても、「ハッシュ化すれば個人情報に該当しないとの誤った認識」について指摘がされています[8]。

　同じことは、たとえば症例報告書（GCP省令47条）など、医療分野におけるいわゆる「匿名化（コード化）された情報」（氏名や保険者番号など個人を識別することができる情報を削除または別のコードに置換した情報）にも当てはまり注意が必要です。

8　個人情報保護委員会「個人情報の保護に関する法律に基づく行政上の対応について」（令和元年12月4日）。

03 Cookie などの端末識別子

1　Cookie（クッキー）とは？

　Cookie とは、ユーザーがウェブサイトにアクセスした際、ウェブサーバがユーザーのコンピュータ（ブラウザ・端末）に預ける小さなファイル（情報）のことをいいます。

　ユーザーが特定のウェブサイトにアクセスすると、ブラウザはウェブサーバからの指示にしたがって Cookie を生成し、その中に当該ウェブサーバが指定する情報を保存します。通常は、同じブラウザ・端末であることを確認するための「Cookie ID」と呼ばれる端末識別子が保存されます。これによって、ユーザーがウェブサイト内で遷移したり、あるいは別のウェブサイトに移動しても、ブラウザ・端末が Cookie ID をウェブサーバに送信することで、ウェブサイト側においては、セッション管理やユーザーが誰か（厳密には同じブラウザ、あるいは当該ブラウザをインストールしている端末）を知ることができる仕組みです。

　Cookie は、発行元によって、First Party Cookie と Third Party Cookie に分類されます。

First Party Cookie	ユーザーが訪問している Web サイトのドメインから直接発行されている Cookie のこと
Third Party Cookie	ユーザーが訪問している Web サイトのドメイン以外から発行されている Cookie のこと

　Cookie は、ログイン機能や EC サイトにおける「買い物カゴ」機能、ターゲティング広告やウェブサイトの分析など、様々な用途で利用されています。

2 Cookie の個人情報該当性

　現状、Cookie などの端末識別子は「個人識別符号」とはされておらず、また、情報単体では個人識別性を有していない（ブラウザや端末を識別できるに過ぎない）ため、単体として個人情報にあたるわけではありません。

　もっとも、たとえば、会員 ID でログインしたユーザーと Cookie や広告ID などの端末識別子を紐づけて管理している場合には、通常、ユーザー登録時に氏名等を取得しており、容易照合性が認められ、特定の個人を識別することができることから、Cookie などの端末識別子を含む情報全体が個人情報にあたることになります（この場合、Cookie を通じて収集された閲覧履歴等も個人情報となります。Q&A8-1）。

　このように、Cookie などの端末識別子については、データを取得した事業者において、氏名等の他の情報と容易に照合することにより、特定の個人を識別することができるか否かによって、個人情報にあたる場合と、あたらない場合の両方があり得るため、個別の事案ごとに判断する必要があります。

　また、容易照合性が認められず、個人情報にあたらない場合でも、Cookieなどの端末識別子は、通常、**個人関連情報**（【46】）として（Q&A8-1）、第三者へ提供したり、あるいは第三者から提供を受ける際に、規制を受ける場合があります。

3 利用者情報の外部送信規律（電気通信事業法）

　Cookie については、令和 4 年 6 月に電気通信事業法が改正され、Cookieを規制対象に含む**利用者情報の外部送信規律**が新たに導入されました（令和5 年 6 月16日より施行されています）。

（1）利用者情報の外部送信

　先ほど、Cookie について説明したとおり、ウェブサイトやアプリケーショ

ンを利用する際、利用者自身が認識していない状態で、利用者の端末から外部に対し利用者の情報が送信されている場合があります。

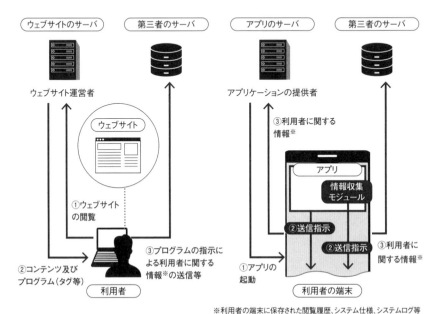

※利用者の端末に保存された閲覧履歴、システム仕様、システムログ等

総務省「外部送信規律について」（2023年3月）5～6頁を基に作成

　外部送信された情報に基づき、たとえば、ターゲティング広告が配信されたり、目にする情報が選別されるなど、利用者が影響を受けることがあります。そこで、外部送信される情報の透明性を高めるとともに、利用者に確認の機会を与えるため、利用者情報の外部送信規律が導入されました。

（2）利用者情報の外部送信規律の概要

　この改正によって、電気通信事業を営む者[9]のうち、利用者の利益に及ぼ

9　「電気通信事業を営む者」に該当するかについては、総務省「電気通信事業参入マニュアル（追補版）ガイドブック」（令和5年1月30日改定）を参照。

す影響が少なくない電気通信役務（4類型）[10]を提供する者が、利用者の端末に対し、当該端末に記録された利用者情報を外部送信させる場合、あらかじめ、送信される利用者情報の内容等について、①通知または利用者が容易に知り得る状態に置くこと、②利用者の同意を取得すること、③オプトアウトの措置を講ずることのいずれかを実施することが義務付けられました（改正法27条の12）。

　利用者情報とは、利用者の電気通信設備（端末設備）に記録されている情報をいい、Cookie に保存された ID や広告 ID 等の識別符号、利用者が閲覧したウェブページの URL などの利用者の行動に関する情報、利用者の氏名、利用者以外の者の連絡先情報などが含まれます（なお、利用者には、法人も含まれます）。

　メールサービスやメッセージ媒介サービスなど他人の通信を媒介する者に加え、SNS や電子掲示板、動画共有サービス、オンラインショッピングモール、オンライン検索サービス、ニュースの配信サイトなど、広い範囲のオンラインサービス・ウェブサイトが外部送信規律の対象とされます（特に規則22条の2の27第4号に注意が必要です）。

　個人情報保護法上は、個人情報ではない Cookie データは、個人関連情報として、提供先の第三者が個人データとして取得することが想定されるときに限り、規制の対象とされるだけですが、電気通信事業法では、提供行為の有無を問わず、利用者情報の外部送信が広く規律の対象とされますので[11]、注意が必要です[12]。

10　電気通信事業法施行規則22条の2の27

11　ただし、電気通信役務を提供するために必要となる情報や、電気通信役務を提供する者が利用者に送信した識別符号であって当該事業者に送信される情報は、適用除外とされています（電気通信事業法27条の12第1号・2号）。First Party Cookie に保存された ID は後者に、First Party Cookie に保存された ID 以外の情報は、原則として前者に該当すると考えられます。

12　現在、Third Party Cookie の代替策として様々な技術が出てきていますが、たとえば、自社のサーバでデータを一旦蓄積した後に外部事業者にデータを送信して広告配信や行動分析を行う仕組み（Meta（旧 Facebook）社のコンバージョン API など）を導入する場合においても、対象役務を提供する際に、当該利用者の電気通信設備を送信先とする情報送信指令通信を行おうとするときは、外部送信規律の適用対象となり得るものとされています（意見募集結果（電気通信事業法施行規則）No. 3−6−2）。

コラム 05　海外における Cookie 規制

　Cookie については、海外の規制についても、留意する必要があります。

　たとえば、GDPR では、「個人データ」（Personal Data）とは、識別された自然人または識別可能な自然人（データ主体）に関する情報を意味し、「識別可能な自然人」とは、特に、氏名、識別番号、位置データ、オンライン識別子のような識別子を参照することによって、または、当該自然人の身体的、生理的、遺伝的、精神的、経済的、文化的または社会的な同一性を示す一つまたは複数の要素を参照することによって、直接的または間接的に識別されうる者をいうとされています（GDPR 4 条 1 号）。

　GDPR における「個人データ」は、位置データやオンライン識別子を含むなど、個人情報保護法上の「個人情報」よりも広く、Cookie や IP アドレスなども「個人データ」として規制を受けます。

　GDPR は、その取扱いが EU 域内で行われるものであるかを問わず、EU 域内の管理者または処理者の拠点の活動の過程における個人データの取扱いについて適用されます（同 3 条 1 項）。また、EU 域内に拠点がない場合でも、①有償無償かを問わず、EU 域内のデータ主体に対する物品またはサービスの提供（offering）、または② EU 域内で行われるデータ主体の行動の監視（monitoring）を行う場合には、適用されます（同 3 条 2 項 (a)(b)）[13]。

　このため、国内の事業者においても、GDPR の域外適用が想定される場合には、個人情報保護法の遵守に加えて、GDPR への対応も必要となります。

　また、EU では、電気通信分野における個人データの処理とプライバシーの保護について、e プライバシー指令も定められています。同指令は、ユーザーの端末機器の情報（Cookie など）を保存し、または端末機器の中に保存されている情報にアクセスするためには、厳密に必要とされる技術的な場合（いわゆる必須 Cookie など）を除き、明確かつ包括的な情報提供に基づくユーザーの事前同意を必要としており（同指令 5 条 3 項）、同指令に基づき、加盟国は国内法を整備しています。

13　GDPR の地理的適用範囲については、「Guidelines 3 /2018 on the territorial scope of the GDPR（Article 3）- Version 2.1」が公表されており、個人情報保護委員会のウェブサイトにおいて、仮日本語訳が掲載されています。

現在、規制の厳格化を目的として、ｅプライバシー指令に代わるｅプラ
イバシー規則案（GDPR の特別法。規則のため加盟国に直接適用されます）
の立法作業が進められており、成立した場合、GDPR と同様に、EU 域内
に拠点がない事業者に対しても、一定の場合に域外適用される可能性があ
るため、動向に注意する必要があります。

04 位置情報

1　位置情報とは？

　位置情報とは、移動体端末を所持する者の位置を示す情報をいい、基地局
に係る位置情報、GPS 位置情報、Wi-Fi 位置情報などがあります。

　基地局に係る位置情報とは、携帯電話事業者が通話やメール等の通信を成
立させる前提として取得している情報をいい、GPS 位置情報とは、複数の
GPS 衛星から発信される電波を携帯電話等の移動体端末が受信して、衛星
と移動体端末の距離等から当該移動体端末の詳細な位置を示す情報をいいま
す。

　また、Wi-Fi 位置情報とは、Wi-Fi のアクセスポイントと移動体端末間の
通信を位置情報の測位に応用することによって、利用者によるインターネッ
ト接続の前後を問わず取得される位置情報をいいます。

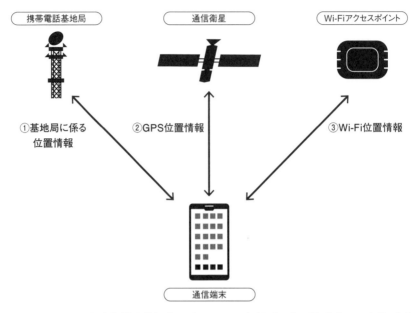

総務省「位置情報プライバシーレポート」（平成26年7月）参考2−5を基に作成

2　位置情報の個人情報該当性

　ある一時点の位置情報は、それ単体では特定の個人を識別することができる情報ではないため、個人情報にあたりません。

　もっとも、事業者が位置情報を取得する場合、一定の契約関係等を前提に、本人と紐づく情報を保有していることも多いため、位置情報自体に個人識別性がなくても、特定の個人を識別できる情報と容易に照合できる場合には、それらの情報と併せて、位置情報も個人情報にあたることになります。

　また、容易照合性が認められず、個人情報にあたらない場合でも、ある個人の位置情報は、Cookie などの端末識別子と同様に、**個人関連情報**（【46】）として、第三者へ提供したり、あるいは第三者から提供を受ける際に、規制を受ける場合があります。

現在、位置情報については、自社で取得した位置情報を自社のサービス等で利用する場合だけではなく、第三者に提供したり、あるいは第三者が取得した位置情報の提供を受けて自社で利用する場合も増えてきており、いずれの類型においても、個人情報保護法に従った取扱いをする必要があります。

3　位置情報の注意点

　位置情報の注意点としては、以下の点が挙げられます。

（1）プライバシー性が高いこと

　時刻と紐づく位置情報の連続したデータからは、ある地点から別の地点への移動経路だけではなく、様々な事実を推測することが可能です。たとえば、夜間に同じ場所に滞留している位置情報からは自宅を、日中に同じ場所に滞留している位置情報からは職場や学校等を推測することが可能です。また、頻繁に訪れる場所等から生活習慣や趣味・嗜好を推察することもできます。

　このため、位置情報は、プライバシー性が高く、取り扱う際には、プライバシーについても配慮することが求められます。

（2）特定の個人を識別できる場合もあり得ること

　また、技術的には、このような位置情報を継続的かつ網羅的に取得・蓄積することが可能であり、情報が蓄積されればされるほど、他人と重複する可能性は低くなり、一意な情報となるという特徴があります[14]。現在では、たとえば、GPS 情報を利用した場合、技術的には50センチメートル四方以内での位置の特定が可能です。また、最近では、2D の位置情報（緯度・経度）に加えて、気圧データを用いるなどの方法により、高さ（垂直情報）の特定も可能となってきています。

14　事務局レポート制度編73頁。なお、都市部と地方、昼間と夜間等、環境や状況に応じて同じ範囲から取得できる位置情報の数が変わるといった特徴もあります。

第1部でも説明したとおり、個人情報にあたるかは、あくまで特定の個人を識別できるかどうかで判断され、氏名到達性までは求められません。このため、位置情報が連続的に蓄積されるなどして特定の個人を識別できる場合には、氏名等の識別情報と紐づけられるまでもなく、位置情報単体として個人情報にあたる可能性があることに注意する必要があります（GL 通則編2－8（※））。

（3）通信の秘密の対象となる場合もあること

　最近では、たとえば、アプリケーションを通じて、スマートフォンの位置情報を取得したうえで、他のデータと組み合わせてデータ分析をしたり、あるいはオンラインサービスを提供するケースが増えているところ、位置情報については、通信の秘密の対象となる場合とならない場合があります。

類型		概要	通信の秘密該当性
基地局に係る位置情報	個々の通信の際に利用される基地局の位置情報	個々の通信の際に把握される利用者の基地局に係る位置情報。	該当 （通信時に取得される）
	位置登録情報	移動体端末が着信等を行うため、移動体端末がどの基地局のエリア内に所在するかを明らかにするため、自動的に取得される位置情報。	非該当 （通信の前提として取得される）
GPS位置情報		携帯端末のGPS機能により端末の具体的所在地を示す情報。利用者が当該情報を取得する機能・サービスを利用する際に取得される。	非該当 （利用者が当該情報を取得する機能・サービスを利用する際に取得されるが、設定によりバックグラウンドで取得されることもある）
Wi-Fi位置情報	端末利用者とアクセスポイント設置者との間の通信に基づく位置情報	端末がアクセスポイントと接続し、外部と通信を行う前提として、端末がMACアドレス等をアクセスポイントに送信することにより把握可能な位置情報。	非該当 （通信の前提として取得される）
	端末利用者がアクセスポイントから外部と通信を行うことで把握される位置情報	端末が特定のアクセスポイントと接続し、外部と通信を行うことにより、把握可能な位置情報。	該当 （通信時に取得される）

総務省「位置情報プライバシーレポート」（平成26年7月）8頁図表2－3を基に作成

　通信の秘密に該当する位置情報を、通信以外の目的に利用したり、第三者

に提供したりする場合、本人から有効な同意（原則として「個別具体的かつ明確な同意」）を取得する必要があります。利用規約等による包括的な同意では、原則として許されないと考えられており[15]、同意取得の方法については慎重に検討する必要があります。

このように、位置情報については、個人情報保護法に加え、前述したプライバシーの問題や、通信の秘密の保護の対象になるか否かなど、個人情報保護法以外の点にも留意しながら、具体的な取扱いの実態を踏まえ、その取扱いについて検討をすることが求められます。

コラム06　通信の秘密に関する注意点

憲法21条2項後段が通信の秘密を保障していることを受け、電気通信事業法4条1項は「電気通信事業者の取扱中に係る通信の秘密は、侵してはならない」と規定し、違反行為について罰則を定めています（同法179条）。

まず、電気通信事業法4条1項は、電気通信事業者を含めて何人も「電気通信事業者の取扱中に係る通信の秘密」を侵してはならないとするものです。

次に、通信の秘密については、知得・窃用・漏えいの3つの行為が侵害行為にあたると解されています。「知得」とは、積極的に通信の秘密を知ろうとする意思の下で知ることをいい、「窃用」とは、発信者または受信者の意思に反して利用すること、「漏えい」とは、他人が知り得る状態に置くことをいいます。特に「漏えい」について、個人情報保護法上の「漏えい」（外部に流出すること。【20】）とは異なり、むしろ「提供」（自己以外の者が利用可能な状態に置くこと。【24】）に近い点にも注意が必要です。

その他、本文で説明をした有効な同意について、原則として「個別具体的かつ明確な同意」が必要と解されていることや、法人等の情報も保護の対象となること、通信の秘密の範囲は広い（個別の通信に係る通信内容のほか、個別の通信に係る通信の日時、場所、通信当事者の氏名、住所・居所、電話番号等の当事者の識別符号等これらの事項を知られることによって通

15　例外的に、包括的な同意でも許容されるケースも含め、総務省「同意取得の在り方に関する参照文書」（令和3年2月）を参照。

信の意味内容を推知されるような事項全てが含まれる）ものの、「個別の通信」に係るものしか保護の対象ではない点にも注意する必要があります。

コラム07　家電製品の稼働状況など物の状態を示すデータ

IoT（Internet of Thing：モノのインターネット化）の進展に伴い、AIスピーカーや家電製品などを通じて様々なデータを取得したうえで、収集した大量かつ多様なデータをAIを使って分析し、ビジネスで利用することが増えてきています。

このうち、家電製品の稼働状況など物の状態を示すデータについて、どのように考えるべきか、問題となることがあります。

国会審議では、物の状態を示すデータについて、「例えば、冷蔵庫とかテレビのような家電製品の稼働状況等を精査、取得したようなものにつきましては、生存する個人に関する情報とは言えず、それ単体では個人情報には該当するものではないと考えております。しかしながら、物を利用する者の氏名等と一緒に取得されている、あるいは、事業者が物の利用者に係る別の個人情報を保有し、容易照合性がある状態になれば、これはまた個人情報に該当するものと考えられます」と回答されています（平成27年5月8日第189回国会衆議院内閣委員会・第4号）。

なお、上記データが個人情報（個人データ）に該当しない楊合でも、別途、プライバシー保護の観点から対応が必要となる点に注意する必要があります。たとえば、ISO/IEC27400 Cybersecurity IoT security and privacy Guidelinesは、IoT機器におけるプライバシーリスク対応のための管理策等を示すなどしています。また、一般社団法人電子情報技術産業協会（JEITA）からは、「スマートホーム　IoT データプライバシーガイドライン」が公表され、利用者のプライバシー保護の観点で事業者が講ずべき措置等が示されています。

05 個人情報の考え方と注意点

1 個人情報の考え方

　第1部で、特定の個人を識別できるものとして個人情報とされる情報には、①情報自体に個人識別性がある場合と、②その情報には個人識別性は認められないものの、容易照合性を理由に個人識別性が認められ個人情報とされる場合の2種類があることを説明しました。

　このように、「特定の個人を識別することができる」情報には、「他の情報と容易に照合することができ、それにより特定の個人を識別することができることとなるもの」も含まれるため（法2条1項1号括弧書き）、ある情報が「個人情報」にあたるかを考える際には、容易照合性の有無を踏まえた判断が必要となります。

　そして、容易照合性の有無は、個々の事業者ごとに実態に即して個別的に判断されるため、情報単体として個人識別性を有しない情報が個人情報にあたるかは、容易照合性の有無によって事業者ごとに異なる場合があります。

　以下、容易照合性の判断要素を確認したうえで、実務上、問題となることが多い同一事業者内における部門間での容易照合性の考え方と、個人情報該当性を判断する際の注意点について、みていきます。

2 容易照合性の判断要素

　容易照合性の有無を判断する際の考慮要素としては、

- 保有する各情報にアクセスできる者の存否
- 社内規程の整備等の組織的な体制
- 情報システムのアクセス制御等の技術的な体制

などが挙げられ、これらを総合的に勘案し、取り扱う個人情報の内容や利用の方法など、事業者の実態に即して個々の事例ごとに判断されます（瓜生13頁）。

3　同一事業者内の別の取扱部門間での容易照合性

　もっとも、実務上、問題となることが多い、同一事業者内における別の取扱部門間での容易照合性の有無について、Q&A では、

- 「事業者の各取扱部門が独自に取得した個人情報を取扱部門ごとに設置されているデータベースにそれぞれ別々に保管している場合において、双方の取扱部門やこれらを統括すべき立場の者等が、規程上・運用上、双方のデータベースを取り扱うことが厳格に禁止されていて、特別の費用や手間をかけることなく、通常の業務における一般的な方法で双方のデータベース上の情報を照合することができない状態である場合は、『容易に照合することができ』ない状態である」

との考え方が示されています（Q&A1-18）。

　まず、上記 Q&A では、「事業者の各取扱部門が独自に」個人情報を取得することが前提となっています。このため、たとえば、ある部門で個人情報を取得し、氏名等を仮 ID に置き換えたり、削除するなどの処理をしたうえで、別の部門に当該情報を共有した場合については、そもそも前提が異なるため、容易照合性は否定されないと考えられます。

また、各取扱部門が独自に個人情報を取得し、それぞれ別々に保管している場合であっても、上記 Q&A では、「規程上・運用上」とされていることから、単に社内規程上、アクセス権限が分かれているだけで、運用上は分かれていない場合には、容易照合性を否定することはできないと考えられます。

　照合が「容易」か否かは解釈に委ねられていますが、Q&A で示された解釈を前提とする限り、取得の経緯や運用の実態を踏まえずに、安易に「通常の業務における一般的な方法で双方のデータベース上の情報を照合することができない」と判断することにはリスクが伴いますので、注意が必要です。

4　個人情報該当性を判断する際の注意点

（1）取得時だけではなく、取扱いのたびに判断する必要がある

　次に、GL では、個人情報に該当する例として、

> • 「個人情報を取得後に当該情報に付加された個人に関する情報（取得時に生存する特定の個人を識別することができなかったとしても、取得後、新たな情報が付加され、または照合された結果、生存する特定の個人を識別できる場合は、その時点で個人情報に該当する。）」

が挙げられています（GL 通則編2-1。下線は加筆）。

　上記下線部分からもわかるとおり、情報の取得時に個人識別性や容易照合性が認められず、個人情報にあたらない場合でも、取得後に新たな情報が付加され、特定の個人を識別することができるようになった場合や、容易照合性が認められるようになった場合には、その時点から個人情報となり、各種の義務が課されることになります。

　このため、実務担当者としては、ある情報が個人情報にあたるかについて

は、情報の取得時だけではなく、情報の取扱いのたびに判断（確認）することが求められます。

（2）ある情報が複数人の個人情報に該当する場合

【01】で、死者に関する情報が同時に遺族等の個人情報となる場合があることを説明しました。集合写真を思い浮かべてもらえればわかるように、ある情報が複数人の個人情報にあたることがあります。

たとえば、いわゆるレセプト（保険診療に係る診療報酬明細書及び調剤報酬明細書）には、被保険者等について検査をしたデータや、それに対して医師が判断した傷病名、診療行為などが記載されているところ、レセプトに医師の氏名が明記されていたり、医療機関名から容易に特定の医師を識別できる場合には、当該レセプトは、被保険者等の個人情報にあたるだけではなく、医師の個人情報にもあたります（「健康保険組合等における個人情報の適切な取扱いのためのガイダンス」（個人情報保護委員会・厚生労働省、令和4年3月一部）Ⅱ.1）。

このように、個人情報該当性を判断する際には、ある情報が複数人の個人情報にあたる場合があること（そして、繰り返しになりますが、個人情報にあたるかは、特定の個人を識別できるかどうかで判断され、氏名到達性までは求められないこと）にも注意してください。

コラム08　個人情報該当性の判断は第三者提供規制を検討する際の出発点

個人情報保護法では、提供する情報が個人データであれば、個人データの第三者提供規制（法27条、法28条）が適用されるのに対し、提供する情報が個人関連情報であれば、個人関連情報の第三者提供規制（法31条1項）が適用されるため、何を提供するのかによって適用される第三者提供規制の内容が異なります。

このため、第三者提供を検討する際には、個別の事案ごとに、提供する情報が提供元において個人データであるか、あるいは個人関連情報であるかを判断することが求められます。

※規制の対象とされるのは「提供先において個人データとなることが想定される場合」に限定されます（【46】）。

　最近では、たとえば、健康経営の観点から、ヘルスケアアプリを用いて、従業員の健康状態等に関する情報・データを会社が取得している場合があります。アプリを利用する際、従業員が氏名等を入力して会員登録をしている場合には、アプリの提供事業者において、従業員の個人情報を取得していることになり、データを会社に連携する場合、基本的には個人データを第三者提供していると考えられます[16]。これに対し、氏名等の個人情報を入力せずに利用できるアプリの場合、提供事業者が取得する従業員の情報は、個人情報ではなく、個人関連情報にあたり、会社とのデータの連携は、個人関連情報の第三者提供になります。

　このように、個人情報保護法上は、何を提供しているかによって、適用される規制の内容が変わるため、第三者提供規制を検討する前提として、ある情報の個人情報該当性、さらには、各「データベース等」を構成しているか否か（散在情報ではないか）を判断することが求められます。

16　アプリの提供事業者が会社に提供しているのか、本人が会社に提供している（会社による直接取得）かは、具体的な事実関係次第で論点となり得ます。

06 個人情報データベース等

1 個人情報データベース等

　個人情報データベース等とは、個人情報を含む情報の集合体であって、次の①または②のいずれかに該当するものをいいます（法16条1項）。

①特定の個人情報を電子計算機を用いて検索することができるように体系的に構成したもの
②電子計算機を用いなくても、特定の個人情報を容易に検索することができるように体系的に構成したもの（具体的には、個人情報を一定の規則に従って整理することにより特定の個人情報を容易に検索することができるように体系的に構成した情報の集合物であって、目次、索引その他検索を容易にするためのものを有するもの）

　たとえば、労働基準法では、事業者に対し、労働者名簿や賃金台帳の作成（同法107条、108条）及び保存（同法109条）を義務付けています。特定の個人情報を検索することができるように体系的に構成されている場合、労働者名簿や賃金台帳も「個人情報データベース等」にあたります。
　GLでは、個人情報データベース等にあたるものして、以下の例が挙げられています（GL通則編2-4）。

- 電子メールソフトに保管されているメールアドレス帳（メールアドレスと氏名を組み合わせた情報を入力している場合）
- インターネットサービスにおいて、ユーザーが利用したサービスに係るログ情報がユーザーIDによって整理され保管されている電子ファイル

> （ユーザーID と個人情報を容易に照合することができる場合）
> - 従業者が、名刺の情報を業務用パソコン（所有者を問わない）の表計算
>   ソフト等を用いて入力・整理している場合（下線は加筆）
> - 人材派遣会社が登録カードを、氏名の五十音順に整理し、五十音順のイ
>   ンデックスを付してファイルしている場合

　最近では、テレワークが広まったこともあり、従業員が私物のスマートフォンにおいて顧客の連絡先等を管理するなど、業務に使用しているケースもみられます。この場合、スマートフォンは、「個人情報データベース等」にあたり、登録された顧客の個人情報は、「個人データ」にあたります[17]。

2　個人情報データベース等の注意点

　個人情報データベース等の注意点としては、以下の点が挙げられます。

（1）個人情報データベース等から除外されるもの

　次の①から③のいずれにも該当するものは、利用方法からみて個人の権利利益を害するおそれが少ないため、政令により個人情報データベース等から除外されています（法16条1項括弧書き、施行令4条1項）。

①不特定かつ多数の者に販売することを目的として発行されたものであっ
　て、かつ、その発行が法または法に基づく命令の規定に違反して行われ
　たものでないこと
②不特定かつ多数の者により随時に購入することができ、またはできたも

17　このため、事業者としては、従業員の私物のスマートフォンに対しても、安全管理措置（物理的安全管理措置の③電子媒体等を持ち運ぶ場合の漏えい等の防止）を講ずる必要があります（【16】）。

のであること

③生存する個人に関する他の情報を加えることなくその本来の用途に供しているものであること。

　具体的には、市販されている電話帳、住宅地図、職員録、カーナビゲーションシステム（Q&A1－46）などです

（2）議事録などデータ内を全文検索すると個人名を検索できる場合

　たとえば、取締役会議事録など、出席者名が記載されている文書作成ソフト形式の議事録等については、全文検索をすれば、個人情報を容易に検索できる場合があります。

　Q&Aでは、文書作成ソフトで作成された議事録は、会議出席者の氏名が記録されているとしても、特定の個人情報を検索することができるように「体系的に構成」されているものとはいえないため、個人情報データベース等には該当しないとされています（Q&A1－40）[18]。

　このため、データ内部を検索すると個人情報を検索できる場合でも、特定の個人情報を検索することができるように「体系的に構成」されているとはいえない議事録等については、個人情報データベース等にはあたらないことになります。

　このことは、防犯カメラやビデオカメラなどにより記録された映像情報についても同じように考えられています。すなわち、本人が識別できる映像情報であれば、個人情報にあたるものの、記録した日時について検索することが可能であっても、特定の個人に係る映像情報を検索することができるように「体系的に構成」されたものでない限り、「個人情報データベース等」には該当しないとされています（Q&A1－41）。

18　金融GLQ&Aでは、「通常のコンピュータであれば、氏名等の文字を手がかりにしてテキスト情報に含まれる個人情報を検索することができますが、それだけでは「個人情報データベース等」には該当しません。個人情報としてのそれぞれの属性（氏名、生年月日等）に着目して検索できるように体系的に構成されている必要があります」と指摘されています（同Q&AⅡ－5）。

コラム 09 「個人情報データベース等」に該当しない場合

「個人データ」とは、個人情報データベース等を構成している個人情報のことをいい（法16条3項）、「保有個人データ」とは、本人から開示等の請求を受けた場合に、開示等をする権限を有する個人データのことをいいます（法16条4項）。

このため、「個人情報データベース等」から除外されたり、「個人情報データベース等」にあたらない場合、それらを構成している個人情報は、「個人データ」や「保有個人データ」にはあたらないことになります（いわゆる散在情報）。

第1部で説明をした保管に関するルールや提供に関するルールは「個人データ」を対象としたルールです。また、開示請求等への対応に関するルールは「保有個人データ」を対象としたルールです。このため、「個人情報データベース等」から除外されたり、「個人情報データベース等」にあたらないものを構成している個人情報（散在情報）に対しては、これらのルールは適用されないことになります。

たとえば、市販の電話帳や職員録について、第三者に譲渡（提供）する場合でも、掲載されている本人の同意を得る必要はありません。

コラム 10　特定の個人情報を検索できるように体系的に構成しないという選択

このように、特定の個人情報を検索することができるように「体系的に構成」し、データベース化をすると、「個人情報データベース等」となり、組み込まれた個人情報は「個人データ」とされ、個人データや保有個人データを対象とする各種規制を受けることになります。

別の言い方をすると、「個人情報データベース等」にあたらなければ、それを構成する個人情報（散在情報）には、個人データや保有個人データを対象とする規制はかからないことになります（【37】も参照）。

　このため、実務上、たとえば、IoT家電で各種データを収集したり、あるいはアプリケーション等で個人に関する情報を収集する際に、あえて特定の個人情報を検索することができるように体系的に構成しないという方針が検討されることがあります。

　そのような方針自体は、個人情報保護法に違反するものではありませんが、以下の点に留意する必要があります。

　まず、そのような方針を選択した場合でも、取得する情報が個人情報にあたれば、個人情報を対象とした利用目的の特定（法17条）や通知等（法18条）、不適正利用の禁止（法19条）、適正取得（法20条）といった規制は課されます。また、第3部で説明をするとおり、個人情報保護法とは別に、プライバシーの観点からの配慮が必要となる場合も多く、その際、実務上、個人情報保護法とパラレルに、取得、利用、保管、提供という場面に応じて取扱いの可否やルールを検討し、定めることもあります（なお、アプリケーションの場合、プラットフォーマーが定めるデベロッパー向け規約等を遵守する必要もあり、国内法よりも厳しい規制となっていることが多くあります）。

　このため、上記の方針を検討する際には、これらの点についても考慮をしたうえで、検討することが大切です。

07 個人情報取扱事業者と域外適用

1　個人情報取扱事業者

　個人情報取扱事業者とは、個人情報データベース等を事業の用に供している者をいいます（法16条2項）[19]。

第1部において、国内で個人情報を取り扱うほとんどの民間事業者が個人情報取扱事業者にあたり、個人情報保護法の適用を受けると説明しました。

　外国の法令に準拠して設立され外国に所在する法人（外国法人）であっても、たとえば、日本国内に事務所や支店を設置し、日本国内で個人情報を取り扱っている場合など、実態として日本国内で「個人情報データベース等」を事業の用に供していると認められるときは、当該外国法人は、「個人情報取扱事業者」にあたり、個人情報保護法が適用されることになります[20]。

2　域外適用とは？

　これに対し、日本国内で「個人情報データベース等」を事業の用に供していると認められない、すなわち、外国において個人情報を取り扱っている場合でも、当該事業者に対し、個人情報保護法が適用される場合があります（これを**域外適用**といいます）。

　域外適用については、外国の事業者だけではなく、日本の事業者が外国にある支店や営業所等において個人情報を取り扱う場合についても問題となることがあります。

3　域外適用の対象となる場合

　域外適用の対象となるのは、外国にある個人情報取扱事業者等が、日本の居住者など国内にある者に対する物品または役務の提供に関連して、国内にある者を本人とする個人情報およびこれに係る個人関連情報、仮名加工情報または匿名加工情報を、外国において取り扱う場合です（法171条）。

19　国の機関、地方公共団体、独立行政法人等及び地方独立行政法人は除かれます（同項但書）。

20　この場合、越境移転規制（法28条）との関係では、当該外国事業者の事務所や支店は「外国にある第三者」にあたらず、当該事務所等に個人データを提供する場合は、通常の第三者提供規制（法27条）が適用されることになります（GL外国提供編2-2、【33】）。

外国にある個人情報取扱事業者等には、外国にのみ活動拠点を有する個人情報取扱事業者等（日本から海外に活動拠点を移転した個人情報取扱事業者等を含む）だけでなく、例えば、日本に支店や営業所等を有する個人情報取扱事業者等の外国にある本店や、日本に本店を有する個人情報取扱事業者等の外国にある支店や営業所なども含まれます（GL 通則編8※1）。

GL では、域外適用の対象となる事例として、以下の例が挙げられています（GL 通則編8）。

- 外国のインターネット通信販売事業者が、日本の消費者に対する商品の販売・配送に関連して、日本の消費者の個人情報を取り扱う場合
- 外国のメールサービス提供事業者が、日本の消費者に対するメールサービスの提供に関連して、日本の消費者の個人情報を取り扱う場合
- 外国のホテル事業者が、日本の消費者に対する現地の観光地やイベント等に関する情報の配信等のサービスの提供に関連して、日本にある旅行会社等から提供を受けた日本の消費者の個人情報を取り扱う場合
- 外国の広告関連事業者が、日本のインターネット通信販売事業者に対し、当該インターネット通信販売事業者による日本の消費者に対するキャンペーン情報の配信等のサービスの提供に関連して、当該インターネット通信販売事業者が保有する日本の消費者の個人データと結び付けることが想定される個人関連情報を提供する場合
- 外国のアプリ提供事業者が、日本の消費者に対するサービスの提供に関連して、新サービスの開発のために、日本の消費者の個人情報を用いて作成された仮名加工情報を取り扱う場合
- 外国のインターネット通信販売事業者が、日本の消費者に対する商品の販売またはサービスの提供に関連して、傾向分析等を行うために、日本の消費者の個人情報を用いて作成された匿名加工情報を取り扱う場合
- 外国のプラットフォーム事業者が、日本の利用者と日本のサービス提供者間または日本の利用者と外国のサービス提供者間のサービス提供を相互のメッセージのやりとりを通じて仲介することに関連して、日本の利用者の個人情報を取り扱う場合（電気通信 GL 解説1－2）

域外適用を受ける外国事業者が個人情報保護法に違反した場合、個人情報保護委員会は指導、助言、勧告または命令等を行うことができます。

4　域外適用の注意点

　域外適用の注意点としては、以下の点が挙げられます。

（1）対象の拡大

　以前は、外国にある事業者が国内にある者に対する物品または役務の提供に関連して、その者を本人とする個人情報を直接取得して取り扱う場合に限り、域外適用が認められていましたが、令和2年の改正により、直接取得の場合だけではなく、本人以外の第三者から提供を受けて取り扱う場合（間接取得の場合）についても域外適用の対象とされました。

　このため、たとえば、日本国内の親会社が本人から直接個人情報を取得した後、外国にある子会社に本人の同意等を根拠として第三者提供を行い、当該外国子会社が日本国内の本人に対し物品または役務の提供を行う場合にも、外国子会社は域外適用の対象とされます。

　また、外国にある個人情報取扱事業者が、日本国内のユーザー向けのアプリの開発・運営のために、日本国内の事業者から日本国内のユーザーを本人とする個人データの取扱いの委託を受けて外国で取り扱う場合も、当該外国にある個人情報取扱事業者による当該個人データの取扱いは、日本国内にある者に対する物品またはサービスの提供に関連するものであると考えられることから、個人情報保護法の域外適用の対象となります（Q&A11-4）。

（2）域外適用の対象とならない場合

　これに対し、たとえば、外国にある親会社が、子会社の従業員情報の管理のため、日本の子会社の従業員を取り扱う場合については、「国内にある者に対する物品または役務の提供」にあたらないため、外国にある親会社に個

人情報保護法は適用されません。

　もっとも、上記の例で、日本にある子会社が外国にある親会社に対して従業員の個人データを提供する行為は、外国にある第三者への個人データの提供にあたるため、子会社においては、従業員本人の同意を取得するなど、越境移転規制（法28条）に従った措置を講ずる必要があります（GL 通則編8 ※5）。

（3）国内の事業者の外国支店等が当該外国において個人情報を取り扱う場合

　国内の事業者の外国支店や営業所等が当該外国において個人情報を取り扱う場合についても、域外適用が問題となる場合があります。

　前提として、国内の事業者における個人情報等の取扱いであれば、当然に個人情報保護法が適用されるわけではありません。国内の事業者であっても、外国において個人情報を取り扱う場合には、個人情報保護法が適用されるか、域外適用の要件を検討する必要があります。

　たとえば、国内に本店を有するゲーム会社の韓国支店において、韓国国内に所在するユーザーに向けてサービスを提供し、当該ユーザーの個人情報を取得する場合、「国内にある者」への役務提供に関連して個人情報を取り扱うものではないため、かかる個人情報の取扱いに対し、個人情報保護法が域外適用されることはありません（この場合、韓国の法令が適用されることになります）。

　これに対し、たとえば、国内に本店を有する旅行会社の韓国支店において、日本からの旅行者向けに、トラブル発生時の緊急対応などのサポートサービスを提供しており、日本からの旅行者の個人情報を取り扱っている場合には、「国内にある者に対する…役務の提供に関連して」という要件を満たすため、個人情報保護法が域外適用されると考えられます。

　このように、域外適用の対象となる「外国にある個人情報取扱事業者等」には、「日本に本店を有する個人情報取扱事業者等の外国にある支店や営業

所」なども含まれるため（GL 通則編8※1）、日本の事業者が外国にある支店や営業所等において個人情報を取り扱う場合についても、問題となることがある点に注意する必要があります。

コラム 11　仮名加工情報取扱事業者などの考え方

　個人情報保護法では、個人情報取扱事業者に加え、仮名加工情報取扱事業者（法16条5項）、匿名加工情報取扱事業者（同条6項）、個人関連情報取扱事業者（同条7項）についても規定されています。

　これらは、個人情報取扱事業者の定義における「個人情報データベース等」の部分を、それぞれ「仮名加工情報データベース等」、「匿名加工情報データベース等」、「個人関連情報データベース等」に置き換えたもので、それらを事業の用に供している者をいいます。このため、個人情報取扱事業者とパラレルに考えれば足ります。

2 取得に関するルール

　この章では、①取得、②利用、③保管、④提供、⑤開示請求等への対応の5つの場面のうち、個人情報の**取得**に関するルールについて、確認していきます。

　第1部で説明したように、**取得に関するルール**のポイントは、**利用目的の特定、特定した利用目的の通知・公表・明示、偽りその他不正な手段による取得の禁止**の3つでした。

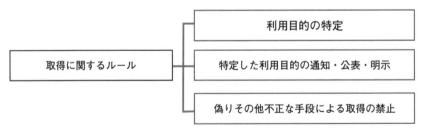

　この章の構成は、以下のとおりです。

【08】利用目的の特定は、質問を受けることも多く、実務上、重要なテーマですので、少し詳しく説明しています。

08 利用目的の特定

1 利用目的の特定

個人情報を取り扱うにあたっては、その利用目的をできる限り特定する必要があります（法17条1項）。

「できる限り」 とは、個人情報取扱事業者において、個人情報をどのような目的で利用するかについて明確な認識を持つことができ、また、本人において、自らの個人情報がどのような事業の用に供され、どのような目的で利用されるのかについて一般的かつ合理的に予測・想定できる程度に利用目的を特定することをいいます（Q&A2-1）。

このため、「事業活動に用いるため」や「マーケティング活動に用いるため」、「学術研究のため」、あるいは「お客様のサービス向上のため」などの抽象的または一般的な記載では、利用目的をできる限り特定したことにはなりません。

GLでは、利用目的を特定している事例として、以下の例が挙げられています（GL通則編3-1-1）。

> ・事業者が商品の販売に伴い、個人から氏名・住所・メールアドレス等を取得するに当たり、「○○事業における商品の発送、関連するアフターサービス、新商品・サービスに関する情報のお知らせのために利用いたします。」等の利用目的を明示している場合

特定した利用目的の通知等（【09】）と異なり、利用目的の特定については、省略することが認められていません。このため、個人情報を取り扱うにあたっては、必ず利用目的を特定する必要があります。「利用」とは、取得及び廃棄を除く取扱い全般を意味し、保管しているだけでも利用にあたります（Q&A2-3）。

個人情報を利用するサービスが複数ある場合、サービスごとに個人情報の利用目的を特定し、通知等をすることも認められています。

なお、取得した個人情報を統計情報や匿名加工情報、仮名加工情報に加工することについては、加工を行うこと自体を利用目的とする必要はないとされています（Q&A2-5、15-7、14-9）。

2　利用目的の特定に関する注意点

利用目的の特定に関する注意点として、以下の点が挙げられます。

（1）第三者へ提供する場合

取得した個人情報を第三者に提供することを想定している場合、利用目的の特定にあたっては、第三者に提供することが明確に分かるように特定する必要があります（GL通則編3-1-1。なお、**事例紹介①**も参照）。

当初の利用目的に第三者提供が含まれていない場合、事後、本人の同意を得ることなく、第三者提供を利用目的に含めること（利用目的を変更すること）はできません。

（2）本人が合理的に予測・想定できないような個人情報の取扱いを行う場合

最近では、ウェブサイトの閲覧履歴や購買履歴等の情報を分析して、本人の趣味・嗜好に応じた広告を配信すること（ターゲティング広告）や、行動履歴等の情報を分析して信用スコアを算出し、当該スコアを第三者へ提供す

ることが増えてきています。

　このように、本人から得た情報から本人に関する行動・関心等の情報を分析する処理を行う場合（いわゆる「プロファイリング」を行う場合）など、**本人が合理的に予測・想定できないような個人情報の取扱いを行う場合**には、どのような取扱いが行われているかを本人が予測・想定できる程度に利用目的を特定しなければならず（GL通則編3−1−1※1）、かかる取扱いを行うことを含めて、利用目的を特定する必要があります。

　たとえば、プロファイリングを行う場合については、「分析結果をどのような目的で利用するかのみならず、前提として、かかる分析処理を行うことを含めて利用目的を特定する必要がある」とされています（Q&A2−1）。

	特定していない例	特定している例
ターゲティング広告を行う場合	「新商品・サービスに関する広告のために利用いたします」	「取得した閲覧履歴や購買利益等の情報を分析して、趣味・嗜好に応じた新商品・サービスに関する広告のために利用いたします」
信用スコアを算出し、提供する場合	「個人情報を第三者に提供いたします」	「取得した行動履歴等の情報を分析し、結果をスコア化したうえで、当該スコアを第三者へ提供いたします」

(GL通則編3-1-1) [21]、[22]

　このため、プロファイリングを行う場合には、事前にどのような情報を用いて、どのような分析処理を行うのか把握しておかないと、利用目的を適切に特定することができない点に注意してください。

　なお、本人が、自らの個人情報がどのように取り扱われることとなるか、利用目的から合理的に予測・想定できる限り、必ずしも個別具体的な情報分析

---

[21]　第165回個人情報保護委員会（令和2年10月14日）「改正法に関連する政令・規則等の整備に向けた論点について」（公表事項の充実）12頁も参照。

[22]　実務的には、本人に与える影響等を踏まえ、本人の予測可能性への配慮から、プロファイリングによって生じる結果等について、具体例を付すなどしている場合もあります。

の技術的な手法まで含めて利用目的を特定する必要はないとされています[23]。

　また、GL上、プロファイリングは、**例示**に過ぎない点にも注意が必要です。プロファイリング以外にも、一連の個人情報の取扱いの中で、本人が合理的に予測・想定できないような個人情報の取扱いを行う場合には、個人情報がどのように取り扱われているかを含め、利用目的を特定する必要があります。

　たとえば、店舗等に設置された防犯カメラによりカメラ画像を取得し、そこから顔認証データを抽出してこれを防犯目的で利用する場合（顔識別機能付きカメラシステムを利用する場合）、本人においてかかる取扱いが行われるとは合理的に予測・想定できないと考えられるため、従来型防犯カメラの場合と異なり、犯罪防止目的であることだけではなく、顔識別機能を用いていることを明らかにして利用目的を特定する必要があるとされています（Q&A1－14）[24]。

（3）不適正利用の禁止に該当しないかのチェック

　第1部の「利用」に関するルールで説明したとおり、違法または不当な行為を助長し、または誘発するおそれがある方法により個人情報を「利用」することは禁止されています（法19条）。

　このため、個人情報を取得し、利用する新しいビジネスを始める際には、想定している具体的な利用行為（提供の有無を含む）の内容について、違法または不当な行為を助長し、または誘発するおそれがある方法にあたらないか、個人情報保護法だけではなく、他の法令にも目を配りながら検討し、利用目的を特定することが求められます（【15】）。

　いわゆる**リクナビ事件**（**事例紹介①**）においては、顧客企業との個人データのやりとりに関して、法の適用関係等について適切な検討を行っていなかった点が勧告の原因となる事実として指摘されており、注意する必要があ

23　意見募集結果（通則編）No.28

24　「犯罪予防や安全確保のためのカメラ画像利用に関する有識者検討会報告書」第5章．2．（2）も参照。

ります[25]。

（4）従業員の個人情報（雇用管理情報）についての利用目的の特定

　従業員等の雇用管理情報についても個人情報にあたるため、利用目的を特定しておく必要があります。情報単体では特定の個人を識別することができなくても、氏名等の識別情報との容易照合性が認められる場合には、情報全体が個人情報にあたるため、企業が従業員と紐づけて管理している情報は、通常、全て個人情報にあたることになります。

　たとえば、従業員に対しスマートフォン等の情報端末を貸与する場合、セキュリティ上の必要から、端末の利用に関する情報（メールやインターネットへのアクセス履歴、システムログ等）について、モニタリングを行うケースも増えてきています。通常、貸与端末の利用に関する情報は、従業員名簿など特定の個人を識別できる情報と紐づけられており、個人情報にあたるため、利用目的の特定が必要となります。

　また、最近では、企業の採用活動や人事評価等を支援するため、AIを活用した様々なサービスが提供されており、これらのサービスの中には、（2）でみた本人が合理的に予測・想定できないような個人情報の取扱いを行うものもあります。

　たとえば、履歴書や面接により得た情報に加え、（本人が分析されることを想定し得ない）行動履歴等の情報を分析して、人事採用に活用する場合については、「取得した情報を採否の検討・決定のために利用いたします」では足りず、「履歴書や面接で得た情報に加え、行動履歴等の情報を分析して、当該分析結果についても、採否の検討及び決定のために利用いたします」などと記載することが考えられます[26]。

25　個人情報保護委員会「個人情報の保護に関する法律第42条第1項の規定に基づく勧告等について」（令和元年8月26日）。

26　個人情報保護委員会「改正法に関連する政令・規則等の整備に向けた論点について（公表事項の充実）」（令和2年10月14日）。

従業員の個人情報に関する利用目的の特定については、実務上見落としがちなところですので、注意するとともに、特定に際しては、従業員との不要な争いを避ける観点から、あらかじめ労働組合等に通知し、必要に応じて協議を行うことも望ましいとされているため（Q&A2-2）、Q&Aを踏まえた対応をすることが大切です。

（5）他の法令等により利用の範囲等が制限される場合

　個別の分野を対象とする法令等の中には、一定の個人情報について、特定の利用目的に限り利用できると規定し、その他の目的での利用を禁止しているものがあります。

　たとえば、マイナンバー法では、マイナンバーの利用は、基本的に同法9条で許容された社会保障、税及び災害対策に関する特定の事務に限定されており、事業者がマイナンバーの利用目的を特定できるのは許容された事務の範囲に限られます（本人の同意を得たとしても、法が認めた範囲外の目的で利用することはできません）[27]。

　このため、従業員の個人情報について利用目的を特定する際には、マイナンバーについては、その他の情報と分けたうえで、利用目的を特定し、通知等を行うこともあります。

　また、割賦販売法では、割賦販売業者等や信用情報機関に対し、信用情報を利用者などの支払能力に関する事項の調査以外の目的に使用してはならないとされています（同法39条1項・2項）。

　その他、たとえば、職業安定法においては、本人の同意その他正当な事由がある場合を除き、求職者等の個人情報を収集、保管、使用するにあたっては、その業務の目的の達成に必要な範囲内で、厚生労働省令で定めるところ

27　マイナンバー法（番号法）の解釈については、個人情報保護委員会から「特定個人情報の適正な取扱いに関するガイドライン（事業者編）」（令和4年8月一部改正）が公表されています。

により、当該目的を明らかにして[28]収集し、当該収集の目的の範囲内でこれを保管及び使用しなければならないとされ（同法5条の5）、求職者等の個人情報については、原則として、採用や人事業務の目的達成に必要な範囲内での収集・利用に限定されています[29]。

このように、他の法令によって利用できる範囲等が制限されている場合がありますので、注意してください（不適正利用の禁止（法19条）の「法令」には、個人情報保護法以外の法令も含まれます。【15】）。

（6）利用目的は正確性の確保や消去、利用停止等の基準でもある

特定した利用目的は、正確性の確保や消去（法22条、【23】）、本人からの利用停止等の請求（法35条5項、【42】）においても、基準となります。

たとえば、採用活動において AI を利用する場合、採用者の情報だけではなく、採用に至らなかった応募者（不採用者）の情報についても、いわゆる教師データとして必要となる場合があります。利用目的が採用選考に限定されている場合、不採用者の情報については、再応募への対応等のための合理的な期間が経過した段階で「利用する必要がなくなった場合」にあたるため、消去したり、あるいは、本人からの利用停止等の請求があれば、それに応じることになります（GL 通則編3−8−5−1）。

このため、不採用者の情報について、将来の採用選考の効率化等のために利用したい場合には、利用目的にその旨を明記しておくことが必要と考えら

28　職安指針第5−1（1）では、職安法5条の5第1項の規定によりその業務の目的を明らかにするに当たっては、求職者の個人情報がどのような目的で収集され、保有され、または使用されるのか、求職者等が一般的かつ合理的に想定できる程度に具体的に明示することとされています。なお、個人情報保護法に基づく利用目的の本人への通知または公表において、業務の目的に必要な事項が網羅されている場合には、当該明示と兼ねることが認められています（令和4年改正職安法 Q&A 問3−2）。

29　なお、職安指針第5−1（2）では、特別な職業上の必要性が存在することその他業務の目的の達成に必要不可欠であって、収集目的を示して本人から収集する場合を除き、「人種、民族、社会的身分、門地、本籍、出生地その他社会的差別の原因となるおそれのある事項」、「思想及び信条」、「労働組合への加入状況」については、収集してはならないとされ、取得できる情報の範囲についても制限されています。

れます。

　このように利用目的の特定に際しては、正確性の確保や消去、本人からの利用停止等の請求との関係も念頭に検討することが有益です。

コラム 12　利用目的の特定を考える際の検討フロー

　　不適正利用の禁止（法19条）は、文字通り、**利用**に関するルールですが、個人情報の取得にあたっては利用目的をできる限り特定することが求められるため、利用目的を特定する段階から、不適正利用の禁止についても視野に入れて検討をすることが求められます。

　　また、GLでは、プロファイリングに限らず、本人が合理的に予測・想定できないような個人情報の取り扱いについて、本人が予測・想定できるように、かかる取扱いをすることを含め、利用目的を特定することを求めています。

　　このため、実務担当者としては、利用目的の特定を考える際には、①**想定している利用目的が不適正利用の禁止に抵触しないか**、抵触しない場合、②**本人が合理的に予測・想定できないような個人情報の取扱いに該当しないか**（平たくいうと、特定した個人情報の利用が**本人にとって不意打ちとならないか**）いう順序で、利用目的の特定について検討していくことが合理的と考えられます。

　　【14】でみるとおり、取得時に通知等をした利用目的と異なる目的で個人情報を利用することは、仮名加工情報や匿名加工情報として利用する場合を除き、実務上は難しいのが実情です。

　　このため、利用目的の特定をする際には、将来的な利用も踏まえ、利用目的を検討しておくことが大切です。

事例紹介①：リクナビ事件

　個人関連情報の第三者提供規制（法31条）が導入されることとなった背景の１つに、いわゆる**リクナビ事件**があります。

　この事案では、リクルートキャリアが提供する「リクナビ DMP フォロー」というサービスにおいて、就職情報サイト「リクナビ」における就職活動者（ユーザー）の行動履歴（閲覧データ）を解析したうえで、就職活動者の内定辞退率（選考離脱や内定辞退の可能性を示すスコア）を算出し、企業に提供（販売）していたことが問題とされ、個人情報保護委員会や厚生労働省より指導が行われました。

　この事案には複数の論点が含まれますが、ここでは、利用目的の特定について、個人情報保護委員会が指摘した内容を取り上げたいと思います。

　まず、令和元年８月１日時点のプライバシーポリシーにおいては、「ユーザーがログインして本サービスを利用した場合には、個人を特定したうえで、ユーザーが本サービスに登録した個人情報及び Cookie を使用して本サービスまたは当社と提携するサイトから取得した行動履歴等（当該ログイン以前からの行動履歴等を含みます）を分析・集計し、以下の目的で利用することがある」と記載され、利用目的として「採用活動補助のための利用企業等への情報提供（選考に利用されることはありません）」と記載されていました。

　個人情報保護委員会は、令和元年８月26日付けの勧告等において、利用目的の特定（記載）について、「リクルートキャリアのプライバシーポリシーの記載内容は、現 DMP フォローにおける個人データの第三者提供に係る説明が明確であるとは認め難い」としたうえで、改善すべき事項として「今後、個人データの第三者提供に当たっては、本人が同意に係る判断を行うために必要と考えられる合理的かつ適切な範囲の内容を明確に示すこと」と指導しています。

09 利用目的の通知、公表、明示

1　通知と公表

　個人情報を取得した場合、あらかじめその利用目的を公表している場合を除き、速やかに、その利用目的を、本人に通知し、または公表する必要があります（法21条1項）。

　「**通知**」とは、口頭や書面、電子メール等で利用目的を本人に直接知らしめることをいいます。

　また、「**公表**」とは、広く一般に自己の意思を知らせること（不特定多数の人々が知ることができるように発表すること）をいいます。具体的には、自社のウェブサイトのトップページから1回程度の操作で到達できる場所への掲載や、自社の店舗や事務所など顧客が訪れることが想定される場所におけるポスター等の掲示、パンフレット等の備置き・配布などがこれにあたります（GL通則編2-15）。

　普段、目にする多くのウェブサイトでは、トップページの上部、あるいは下部に、プライバシーポリシーへのリンクが張られ、クリックすると利用目的が記載されたプライバシーポリシーが開けるようになっていると思います。これは、利用目的を「トップページから1回程度の操作で到達できる場所」へ掲載することで、利用目的を「公表」しているものです。

2　明示

　上記の例外として、契約書や申込書等の書面による記載、あるいはウェブサイト上での商品・サービスの申込みや、ユーザー入力画面への打ち込み等の電磁的記録により、本人から直接個人情報を取得する場合には、あらかじめ、本人に対し、その利用目的を明示する必要があります（法21条2項）。

「**明示**」とは、本人に対しその利用目的を明確に示すことをいい、事業の性質や個人情報の取扱状況に応じて、内容が本人に認識される合理的かつ適切な方法による必要があります（GL 通則編3-3-4）。

GL では、利用目的の明示に該当する事例として、以下の例が挙げられています。

明示に該当する事例	望ましい対応
・利用目的を明記した契約書その他の書面を相手方である本人に手渡し、または送付する場合	・契約約款または利用条件等の書面（電磁的記録を含む）中に利用目的条項を記載する場合は、たとえば、裏面約款に利用目的が記載されていることを伝える、または裏面約款等に記載されている利用目的条項を表面にも記載し、かつ、社会通念上、本人が認識できる場所及び文字の大きさで記載する等、本人が実際に利用目的を確認できるよう留意することが望ましい。
・ネットワーク上において、利用目的を、本人がアクセスした自社のホームページ上に明示し、または本人の端末装置上に表示する場合	・ネットワーク上において個人情報を取得する場合は、本人が送信ボタン等をクリックする前等にその利用目的（利用目的の内容が示された画面に1回程度の操作でページ遷移するよう設定したリンクやボタンを含む）が本人の目に留まるようその配置に留意することが望ましい。

(GL 通則編3-3-4)

たとえば、オンラインショッピングサイトで、氏名や住所、電話番号、メールアドレス等の個人情報を入力する場合、入力画面に利用目的が記載され、送信・確定ボタンを押す前に、スクロールする形で全文読めるように配置されているケースも多いと思います。これは本人から直接個人情報を取得しているため、上記 GL を踏まえ明示をしているものです。

このように、本人から書面や電磁的記録により直接個人情報を取得する場合については、取得する際に、本人に対し利用目的を示す機会があるため、公表ではなく、あらかじめ明示しなければならないとされています。

なお、本人から直接個人情報を取得する場合でも、人の生命、身体または財産の保護のために緊急に必要がある場合は、明示する必要はありません（法21条2項ただし書）。

3 利用目的の通知等の注意点

利用目的の通知等の注意点としては、以下の点が挙げられます。

（1）従業員に対する利用目的の通知等

従業員の情報も個人情報にあたるため、取得に際しては、利用目的を特定したうえで、通知等をする必要があります。

【10】で説明するとおり、「取得の状況からみて利用目的が明らかであると認められる場合」（法21条4項4号）には、通知等をする必要はないため、これまでは上記例外を根拠として通知等を省略していたことも多かったように思います

もっとも、最近では、機密情報の保持、労働時間の遵守、不正行為やハラスメントの防止等の観点から、ビデオカメラによる撮影だけではなく、メールやチャット、会社が貸与した端末の利用に関する情報等についても、モニタリングが行われたり、あるいは、健康経営の観点から、ウェアラブルデバイスを用いて従業員の健康に関する情報を取得する場合など、事業者をして従業員の個人情報を取得する機会が増えてきています。

また、配転や出向、転籍に関する業務命令の可否を検討するため、従業員の家族の情報について取得する場合もあります。

従業員とのトラブルを避ける観点からは、安易に例外規定に頼るのではなく、【08】で説明をした内容を踏まえ、利用目的を特定したうえで、社内のイントラネットに掲載するなどして公表をしたり、直接取得の場合は書面等で明示するなどの対応をすることが望ましいと考えられます。

（2）分野別ガイドラインや他の法令による規律

他の法令や特定分野ガイドラインでは、利用目的の明示が義務付けられていたり、通知等の方法について定められている場合があります。

たとえば、職業安定法では、職業紹介事業者や労働者の募集を行う者（求

人企業）に対し、インターネットの利用その他適切な方法により、利用目的を明らかにして、求職者等の個人情報を収集等しなければならないとされています（同法5条の5第1項、同施行規則4条の4）。

　また、金融GLでは、金融分野における個人情報取扱事業者が行う利用目的の通知について、原則として、書面（電磁的記録を含む）によることとされ、また、「公表」については、自らの金融商品の販売方法等の事業の態様に応じ、インターネットのホームページ等での公表、事務所の窓口等への書面の掲示・備付け等適切な方法によらなければならないとされています（同GL第6条1項）。

（3）仮名加工情報の取扱い

　個人情報取扱事業者である仮名加工情報取扱事業者は、個人情報である仮名加工情報を取得した場合、あらかじめその利用目的を公表している場合を除き、すみやかにその利用目的を公表する必要があります（法41条4項、同21条1項）。利用目的の変更を行った場合も同様です。

　個人情報取扱事業者が、自らが保有する個人情報を加工して仮名加工情報を作成した場合については、当該仮名加工情報が個人情報にあたる場合でも、ここでいう個人情報である仮名加工情報の「取得」にはあたりませんが、事業の承継に伴い仮名加工情報及び当該仮名加工情報に係る削除情報等の提供を受けた場合は、「取得」にあたるため、注意が必要です（GL加工情報編2-2-3-1-2※）。

コラム13　通知等をした事実の記録化

　利用目的の通知等に関して、実務的には、問題が生じた場合に備え、通知や公表、明示した事実を記録に残しておくことが大切です。特にウェブサイトに掲載したプライバシーポリシーに利用目的を記載し、公表している場合、サイトの更新等の際に、従前のデータを消去してしまう例がみら

れます。

　このような事態を避けるため、更新時には、更新前のデータを保存した
り、出力しておくなど、社内でルール化しておくことが大切です。

10 利用目的の通知等をしなくても良い場合

1　利用目的を通知等しなくてよい場合

　個人情報を取得する際には、特定した利用目的を通知等する必要がありま
すが（【09】）、常に通知等を必要とすると支障や弊害が生ずることもあるこ
とから、以下の場合については、利用目的の通知等は不要とされています
（法21条4項1号から4号）。

①利用目的を本人に通知・公表することにより本人または第三者の生命、
　身体、財産その他の権利利益を害するおそれがある場合
②利用目的を本人に通知し、または公表することにより当該個人情報取扱
　事業者の権利または正当な利益を害するおそれがある場合
③国の機関または地方公共団体が法令の定める事務を遂行することに対し
　て協力する必要がある場合であって、利用目的を本人に通知し、または
　公表することにより当該事務の遂行に支障を及ぼすおそれがあるとき
④取得の状況からみて利用目的が明らかであると認められる場合

2 具体例

　たとえば、上場会社においては、総会屋等による不当要求等の被害を防止するため、総会屋等に関する個人情報を取得し、事業者間で情報交換を行うことがあります。

　利用目的を通知・公表することで、総会屋等の逆恨みを買い、当該情報を取得した企業や情報提供者が被害を受けるおそれがある場合には、上記①、あるいは②に該当するものとして、通知等は不要とされます。

　また、④「取得の状況からみて利用目的が明らかであると認められる場合」に該当する例として、GL では、

- 商品・サービス等を販売・提供するに当たって住所・電話番号等の個人情報を取得する場合で、その利用目的が当該商品・サービス等の販売・提供のみを確実に行うためという利用目的であるような場合
- 名刺交換で取得した個人情報の利用目的が、今後の連絡や、所属する会社の広告宣伝のための冊子や電子メールを送付するという利用目的であるような場合

が挙げられています（GL 通則編3-3-5）。業務時間外や事業場外で名刺交換した場合であっても、個人情報取扱事業者の従業者であることを明らかにした上で名刺交換を行った場合は、「取得の状況からみて利用目的が明らかであると認められる場合」に該当するとされています（Q&A4-16）。このため、名刺交換の際、わざわざ利用目的を明示する必要はありません。

　交換した名刺をもとに、広告宣伝のための電子メールを送信することについては、特定電子メール法など他の法令による規制についても注意する必要があります。

　特定電子メール法では、迷惑メール対策として、原則として、あらかじめ同意をした者に対してのみ、広告宣伝メールの送信を認めるとともに（同法３条１項１号）、受信拒否の通知を受けた場合の対応や（同条３項）、送信者の情報・配信停止手続のためのメールアドレスまたは URL など一定の事項を表示することを定めており（４条）、広告宣伝目的でのメール送信について、規制がされています。

　また、通信販売やそれに伴う広告メールの配信については、特定商取引法上の電子メール広告規制（同法12条の３及び４）など、通信販売規制についても、遵守する必要があります。

11 「偽りその他不正な手段」による取得

1　偽りその他不正の手段による取得の禁止

　個人情報保護法上は、要配慮個人情報を取得する場合を除き、個人情報を取得する際、本人から同意を得る必要はありません。利用目的を特定したうえで、通知等をすれば、要配慮個人情報を取得する場合を除き、本人の同意を得ることなく、個人情報を取得することができます。

　もっとも、「**偽りその他不正の手段**」によって個人情報を取得することは、禁止されています（法20条１項。「**適正取得**」と呼ばれることもあります）。

　「**偽り…の手段**」とは、取得する主体を偽ったり、利用目的を隠したり、

虚偽の目的を告げて個人情報を取得することをいいます[30]。「偽り」は例示で、「不正の手段」による個人情報の取得が禁止されます。

2　具体例

GL では、「不正の手段により個人情報を取得している事例」として、以下の例が挙げられています（GL 通則編3-3-1）。

①十分な判断能力を有していない子供や障害者から、取得状況から考えて関係のない家族の収入事情などの家族の個人情報を、家族の同意なく取得する場合
②法27条第1項に規定する第三者提供制限違反をするよう強要して個人情報を取得する場合
③個人情報を取得する主体や利用目的等について、意図的に虚偽の情報を示して、本人から個人情報を取得する場合
④他の事業者に指示して不正の手段で個人情報を取得させ、当該他の事業者から個人情報を取得する場合
⑤法第27条第1項に規定する第三者提供制限違反がされようとしていることを知り、または容易に知ることができるにもかかわらず、個人情報を取得する場合
⑥不正の手段で個人情報が取得されたことを知り、または容易に知ることができるにもかかわらず、当該個人情報を取得する場合

Q&A では、いわゆるダークウェブ（専用のウェブブラウザ等を利用しな

30　たとえば、プロファイリングの意図を隠して、あるいは別の利用目的を通知等して、個人情報を取得し、その個人情報を利用してプロファイリングを行った場合、法20条1項に違反すると考えられます。

いとアクセスできないウェブ）上で掲載・取引されている個人情報を当該ダークウェブからダウンロード等により取得する場合について、二次被害防止のために自社から漏えいした個人情報を含むデータを取得する場合や、社会的に影響のあるサイバー攻撃の解析等のために研究機関等が必要最小限の範囲で個人データを含むデータを取得する場合を除き、「偽りその他不正の手段による個人情報の取得」に該当するものとして、法20条1項に違反するおそれがあるとしています（Q&A4−5）。

　また、電光掲示板等に内蔵したカメラで撮影した本人の顔画像から、性別や年齢といった属性情報を抽出し、当該本人向けにカスタマイズした広告を電光掲示板等に表示する場合については、個人情報を取得することとなるため、偽りその他不正の手段による取得とならないよう、カメラが作動中であることを掲示するなど、カメラにより自らの個人情報が取得されていることを本人において容易に認識可能とするための措置を講ずる必要があるとされています（Q&A1−16）[31]。

3 実務上の注意点

　不正取得の禁止に関する注意点としては、以下の点が挙げられます。

（1）「社外秘」等のラベリングや透かしがある場合

　前述した具体例のうち、実務上、特に注意が必要なのは、⑤の「第三者提供制限違反がされようとしていることを知り、または容易に知ることができる」場合です。

　「Confidential」・「社外秘」等のラベリングや透かしがある名簿・ファイルなど、**第三者提供が制限されていることが外形上明らかである場合**だけでは

31　なお、顔画像から抽出した属性情報に基づき広告配信が行われることを本人が予測・想定できるように利用目的を特定し、これを通知・公表するとともに、当該利用目的の範囲内で顔画像を利用する必要もあります。

なく、クレジットカード情報が含まれる顧客名簿・ファイルなど、**社会通念上、第三者提供が制限されていることが推知できるような場合**も含まれます（Q&A4-3）。

日頃から従業員に対し社内研修等で注意喚起をしておかないと、気がついたら自社で個人情報を不正取得していたとなりかねないところですので、実務担当者としては注意が必要です。

(2) 第三者から取得する場合

第三者から取得する（提供を受ける）個人情報が個人データにあたる場合には、相手方（提供元）が個人データを取得した経緯など法30条1項各号の事項を、受領者（提供先）において確認し、記録を作成・保管する必要があります（同条3項・4項、【31】）。

不正の手段で個人情報が取得されたことを知り、または容易に知ることができるにもかかわらず、当該個人情報を取得する場合、不正取得にあたります（具体例⑥）。

また、個人関連情報データベース等を構成する個人関連情報を個人データとして取得するときは、本人の同意の有無等に関する相手方（提供元）から確認に対し、確認事項を偽ってはならず（法31条3項による法30条2項の準用）、違反した場合は、罰則の対象とされています（法185条1号）。個人データとして利用する意図を秘して、本人の同意を得ずに個人関連情報を個人データとして取得した場合も不正取得にあたります（Q&A8-4）。

(3) 名簿業者からの名簿の購入（取得）

現在でも、インターネット等を通じて、名簿業者により様々な種類の名簿が販売されています。名簿業者から個人情報が掲載された名簿（個人データ）を購入すること自体は、個人情報保護法上、特に禁止はされていません。

もっとも、名簿の購入は、個人データの第三者からの取得（提供）にあたるため、先ほど確認したとおり、適正取得（法20条1項）や第三者提供を受

ける際の確認・記録義務（法30条）が適用されます。

すなわち、名簿を購入する際には、名簿業者が個人データを取得した経緯などを確認・記録する必要があり、その結果、名簿業者が不正の手段により個人データを取得したことを知り、または容易に知ることができたにもかかわらず、当該個人データを取得すると、不正取得にあたります（具体例⑥）。

また、名簿業者はオプトアウト規定による届出が必要とされています（法27条2項）。このため、名簿業者から名簿を購入する場合には、個人情報保護委員会のホームページ上で、当該名簿業者が届出をしていることを確認し（GL確認記録編3-1-3）、記録する必要がある点にも注意が必要です（同4-2-2-1）。

（4）法令等により本人の同意が必要とされる場合

個人情報保護法上は、要配慮個人情報を取得する場合を除き、個人情報を取得する際、本人から同意を得る必要はありませんが、他の法令等により本人の同意が必要とされている場合があります。

たとえば、職安指針では、労働者の募集を行う者は、「個人情報を収集する際には、本人から直接収集し、本人の同意の下で本人以外の者から収集し、または本人により公開されている個人情報を収集する等の手段であって、適法かつ公正なものによらなければならない」とされています（第5.1.(3)）。

このため、いわゆるレファレンスチェック（応募者の前職または現職の企業等に対し、応募者の勤務状況や人柄等を照会すること）を行う場合には、本人以外の者から収集する場合にあたるため、応募者本人の同意に基づき行う必要があります（なお、レファレンスチェックを受けた場合については、コラム36）。

また、プライバシーマーク付与事業者は、本人から書面に記載された個人情報を直接取得する場合、一定の事項をあらかじめ書面によって本人に明示し、書面により同意を取得する必要があります（JIS Q 15001：2017）。

コラム 15　インターネット上の個人情報の閲覧と郵便物の誤配送

　個人情報の取得については、ネット検索や郵便物の誤配送等に関しても、問題となることがあります。GL 及び Q&A では、それぞれ以下のように整理されています。

　個人情報を含む情報がインターネット等により公にされている場合、それらの情報を単に画面上で閲覧するにすぎない場合には個人情報を取得したとは解されません（GL 通則編3－3－1※1）。

　これに対し、当該情報を転記の上、検索可能な状態にしている場合や、当該情報が含まれるファイルをダウンロードしてデータベース化する場合は、それぞれ個人情報を取得したと解し得るとされています（Q&A4－4）。

　また、郵便物の誤配など、事業者が求めていない個人情報が送られてきた場合については、事業者（受領側）に提供を「受ける」行為がないとき、すなわち、事業者が手にすることとなった個人情報を直ちに返送したり、廃棄したりするなど、提供を「受ける」行為がないといえる場合には、個人情報を取得しているとは解されないとされています（要配慮個人情報の場合について、Q&A4－8を参照）。

　「取得」については、法令や GL 等に明確な定義がなく、実務上、個人情報等を「取得」しているといえるかについて、頭を悩ますことも少なくありませんが、まずは上記 GL 及び Q&A の考え方を押えることが大切です。

コラム 16　取得の委託（個人情報を取得する類型）

　個人情報を取得する類型としては、大きく、本人から取得する場合と、第三者から提供を受ける（取得する）場合がありますが、本人から取得する場合には、第三者に対し本人からの取得を委託する場合（いわゆる取得の委託）も含まれます（GL 通則編3－4－4（※1）「個人データの入力（<u>本人からの取得を含む。</u>）」）。

　アンケート調査を外部の事業者に委託する場合などが典型例ですが、実務上、それ以外の場合についても広く利用されています。

たとえば、求職者の情報については、最近では、IT 技術の発展に伴い、職業紹介や委託募集だけでなく、求人メディア、人材データベース、アグリゲーター、スポットマッチングなど、様々な類型の雇用仲介サービスが出てきています。

　これらのサービスを利用し、求職者の個人情報を取得する場合、①サービス提供事業者から第三者提供を受ける場合と、②サービス提供事業者を通じて求人企業が直接取得している場合（取得の委託の場合も含む）があり、いずれに該当するかは、利用するサービスの具体的な内容やサービス提供事業者との契約等により決まります。

　また、AI を用いたデータの利活用を行う場合、外部の事業者に対し、AI でのデータの分析に加え、データの取得についても依頼する場合があり、取得の委託と整理する場合があります（なお、具体的な取扱状況次第では、外部の事業者から第三者提供を受けると構成することもあります）。

　このように、個人情報の取得には、取得の委託という類型があることも、ここで押さえておいてください（取得の委託の注意点については、【27】で説明します）。

3 利用に関するルール

　この章では、①取得、②利用、③保管、④提供、⑤開示請求等への対応の5つの場面のうち、個人情報の**利用**に関するルールについて、確認をしていきます。

①取得　②利用　③保管　④提供　⑤開示等への対応

　利用に関するルールのポイントは、**利用目的による制限**と**不適正利用の禁止**の2つでした。

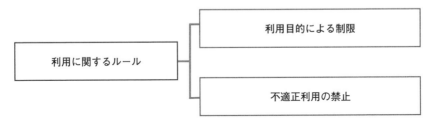

　このあと、いくつかの場面で出てくる「**本人の同意**」についても、この章で説明をします。この章の構成は、以下のとおりです。

- 12　目的外利用ができる場合
- 13　本人の同意
- 14　利用目的の変更
- 15　不適正利用の禁止

12 目的外利用ができる場合

1 目的外利用の制限

　個人情報取扱事業者は、あらかじめ本人の同意を得ることなく、特定された利用目的の達成に必要な範囲を超えて、個人情報を取り扱うことができません（法18条1項）。

　また、個人情報取扱事業者は、合併その他の事由により他の個人情報取扱事業者から事業を承継することに伴って個人情報を取得した場合、あらかじめ本人の同意を得ることなく、承継前における当該個人情報の利用目的の達成に必要な範囲を超えて、個人情報を取り扱うこともできません（同条2項、【28】）。

　目的外利用を自由に認めては、利用目的を特定させた趣旨が失われてしまうからです。

　なお、目的外利用についての本人の同意を得るため、本人に電話をかけたり、メールを送信するなど、個人情報を利用することについては、当初特定した利用目的、あるいは承継前の利用目的として記載されていない場合でも、目的外利用にはあたらないとされています（GL 通則編3-1-3、同3-1-4）。

2 本人の同意を得ることなく目的外利用できる場合

　例外的に、以下のいずれかに該当する場合には、取得した個人情報をあらかじめ本人の同意を得ることなく、特定された利用目的の達成に必要な範囲を超えて利用することができます（法18条3項）。

　①法令（条例を含む）に基づく場合

②人の生命、身体または財産の保護のために必要がある場合であって、本人の同意を得ることが困難であるとき

③公衆衛生の向上または児童の健全な育成の推進のために特に必要がある場合であって、本人の同意を得ることが困難であるとき

④国の機関若しくは地方公共団体またはその委託を受けた者が法令の定める事務を遂行することに対して協力する必要がある場合であって、本人の同意を得ることにより当該事務の遂行に支障を及ぼすおそれがあるとき

⑤当該個人情報取扱事業者が学術研究機関等である場合であって、当該個人情報を学術研究の用に供する目的（学術研究目的）で取り扱う必要があるとき（当該個人情報を取り扱う目的の一部が学術研究目的である場合を含み、個人の権利利益を不当に侵害するおそれがある場合を除く）

⑥学術研究機関等に個人データを提供する場合であって、当該学術研究機関等が当該個人データを学術研究目的で取り扱う必要があるとき（当該個人データを取り扱う目的の一部が学術研究目的である場合を含み、個人の権利利益を不当に侵害するおそれがある場合を除く）

⑤と⑥は、令和３年改正により、従前の学術研究に係る適用除外規定が廃止され、個別の義務規定ごとに例外規定を精緻化することとされた結果、新たに規定されました。

学術研究機関等の特例については、第３部の【54】で説明するため、以下、①から④の具体例について、見ていくことにします。

3　目的外利用の具体例

（1）①の具体例

①の「法令に基づく場合」に該当する例としては、たとえば、

> - 警察の捜査関係事項照会に対応する場合（刑訴法197条２項）
> - 税務署の所得税等に関する調査に対応する場合（国税通則法74条の２他）
> - 弁護士会からの照会に対応する場合（弁護士法23条の２）

などが挙げられます（その他の具体例については、GL 通則編3－1－5（1）を参照）[32]。

　これに対し、警察や税務署または税関の職員等の任意の求めに応じて個人情報を提出する行為（任意提出）については、④に該当するとされています（GL 通則編3－1－5）。

（2）②の具体例

　②の「人の生命、身体または財産の保護のために必要がある場合であって、本人の同意を得ることが困難であるとき」に該当する例としては、

> - 急病その他の事態が生じたときに、本人について、その血液型や家族の連絡先等を医師や看護師に提供する場合
> - 大規模災害や事故等の緊急時に、被災者情報・負傷者情報等を家族、行政機関、地方自治体等に提供する場合
> - 事業者間において、暴力団等の反社会的勢力情報、振り込め詐欺に利用された口座に関する情報、意図的に業務妨害を行う者の情報について共有する場合
> - 不正送金等の金融犯罪被害の事実に関する情報を、関連する犯罪被害の防止のために、他の事業者に提供する場合

32　警察の捜査関係事項照会への対応など、「法令に基づく場合」の第三者提供の要否（対応時の留意点）については、コラム38を参照。

などが挙げられます。「本人の同意を得ることが困難であるとき」とは、例えば、本人の連絡先が不明等により、本人に同意を求めるまでもなく本人の同意を得ることが物理的にできない場合や、本人の連絡先の特定のための費用が極めて膨大で時間的余裕がない場合などをいいます（Q&A2-13）。

（3）③の具体例

③の「公衆衛生の向上または児童の健全な育成の推進のために特に必要がある場合であって、本人の同意を得ることが困難であるとき」に該当する例としては、

- 児童生徒の不登校や不良行為等について、児童相談所、学校、医療機関等の関係機関が連携して対応するために、当該関係機関等の間で当該児童生徒の情報を交換する場合
- 児童虐待のおそれのある家庭情報を、児童相談所、警察、学校、病院等が共有する必要がある場合

などが挙げられます。

医療機関等が、以前治療を行った患者の臨床症例を利用目的の範囲に含まれていない観察研究のために当該医療機関等内で利用する場合であって、本人の転居等により有効な連絡先を保有しておらず本人からの同意取得が困難であるときや、同意を取得するための時間的余裕や費用等に照らし、本人の同意を得ることにより当該研究の遂行に支障を及ぼすおそれがあるときは、③にあたります（Q&A2-15）。

（4）④の具体例

④の「国の機関若しくは地方公共団体またはその委託を受けた者が法令の定める事務を遂行することに対して、事業者が協力する必要がある場合で

あって、本人の同意を得ることにより当該事務の遂行に支障を及ぼすおそれがあるとき」に該当する例としては、

- 事業者が税務署または税関の職員等の任意の求めに応じて個人情報を提出する場合
- 事業者が警察の任意の求めに応じて個人情報を提出する場合
- 一般統計調査や地方公共団体が行う統計調査に回答する場合

などが挙げられます。

コラム 17 「法令に基づく場合」

> 個人情報保護法では、個人情報取扱事業者に課されるいくつかの義務の例外として、「法令に基づく場合」を規定しています（法18条3項1号、20条2項1号、27条1項1号など）。
>
> 「法令」には、「法律」のほか、法律に基づき制定される「政令」、「府省令」や地方自治体が制定する「条例」などが含まれます。これに対し、行政機関内部における命令や訓令、通達は、「法令」には含まれません（Q&A1−63。主な該当例については、同Q&Aに記載されています）。

13 本人の同意

1　本人の同意とは？

個人情報取扱事業者の義務の中には、本人の同意を得ることが必要とされ

ているものがあります。目的外利用（法18条1項）や利用目的の変更、要配慮個人情報の取得（法20条2項）、第三者提供（法27条、法28条）、第三者から個人関連情報の提供を受け、個人データとして取得する場合（法31条1項）などです[33]。

　本人の同意とは、本人の個人情報が、個人情報取扱事業者によって示された取扱方法で取り扱われることを承諾する旨の本人の意思表示をいいます。

　そして、「**本人の同意を得（る）**」とは、本人の承諾する旨の意思表示を個人情報取扱事業者が認識することをいい、事業の性質及び個人情報の取扱状況に応じ、本人が同意に係る判断を行うために必要と考えられる合理的かつ適切な方法による必要があります（GL通則編2-16）。

　具体的には、口頭による意思表示、書面（電磁的記録を含む）の受領、メールの受信、確認欄へのチェック、ホームページ上のボタンのクリック、音声入力、タッチパネルへのタッチ、ボタンやスイッチなどによる入力などが挙げられています。

　GLでは、上記のとおり、合理的かつ適切な方法によることとされており、常に書面による同意が求められるわけではありません。もっとも、本人の同意は、例外的な取扱いをする際に求められることが多いため、実務上は、本人の同意を得た事実を記録（証拠）に残すことが大切です。

2　本人の同意に関する注意点

　本人の同意に関する注意点としては、以下の点が挙げられます。

（1）本人が判断能力を有していない場合

　個人情報の取扱いに関して同意したことによって生ずる結果について、未成年者、成年被後見人、被保佐人及び被補助人が判断できる能力を有してい

33　その他、個人データの共同利用における共同利用者の範囲や共同利用の目的の変更など、解釈上、本人の同意が必要とされているものもあります。

ないなどの場合は、親権者や法定代理人等から同意を得る必要があります（GL 通則編2－16）。

　法定代理人等から同意を得る必要がある子どもの具体的な年齢については、対象となる個人情報の項目や事業の性質等によって、個別具体的に判断されます。一般的には12歳から15歳までの年齢以下の子どもについて、法定代理人等から同意を得る必要があると考えられています（Q&A1－62）。

（2）包括的同意

　いわゆる包括的同意については、何についての包括的同意なのかによって、許される場合と許されない場合とがあります。

　まず、利用目的はできる限り特定する必要があることから（法17条1項）、本人から同意を得るに際して、「いかなる目的で利用されても異議を唱えない」など、利用目的について事前に包括的に同意を得ることは許されません（宇賀202頁）。どのような目的で利用されるかを本人が十分に認識し得るように利用目的を具体的に示したうえで、同意を得る必要があります。

　これに対し、第三者提供に関する本人の同意については、提供先の第三者や複数回の提供行為について、包括的に同意を得ることも認められています。

　すなわち、本人からの同意を得る際、提供先の第三者を個別に明示する必要はありません（Q&A7－9）。また、必ずしも第三者提供のたびに同意を得なければならないわけではなく、個人情報の取得時に、その時点で予測される個人データの第三者提供について、包括的に同意を得ることも認められています（Q&A7－8。個人関連情報の第三者提供規制については、GL 通則編3－7－2－1を参照）。

　ただし、実務的には、本人の予測可能性を害し、同意の有効性に疑義が生じないように、できるだけ提供先の範囲や属性を具体的に列挙するなどの工夫をすることが有益です（Q&A7－9）。

　また、個人データの場合と異なり、個人関連情報の第三者提供規制においては、提供元の事業者が本人からの同意取得を代行する際、提供先の範囲や

属性を示すだけでは足りず、提供先の第三者を個別に明示する必要があることにも注意が必要です（GL 通則編3-7-2-2、【48】）。

（3）黙示の同意

　明示の同意はないものの、事実上、本人の意思に適合すると評価し得るような場合に、黙示の同意や同意の推定を認めて良いかという問題があります。

　「明示の同意」以外に、黙示の同意が認められるかについては、個別の事案ごとに具体的に判断することになります（Q&A1-61）。

　まず、本人に対し、一定期間内に回答がない場合には同意したものとみなす旨の電子メールを送り、当該期間経過後、一定期間回答がなかったことのみをもって、一律に本人の同意を得たものとすることはできません（Q&A1-60）。

　これに対し、ある企業の代表取締役の氏名が会社のホームページで公開されており、当該本人の役職及び氏名のみを第三者に伝える場合など、提供する個人データの項目や提供の態様によっては、本人の同意があると事実上推定してよい場合もあるとされています（Q&A7-13）。

　また、要配慮個人情報の取得の際に必要となる同意（法20条2項）については、「個人情報取扱事業者が要配慮個人情報を書面または口頭等により本人から適正に直接取得する場合は、本人が当該情報を提供したことをもって、当該個人情報取扱事業者が当該情報を取得することについて本人の同意があったものと解される」とされています（GL 通則編3-3-2※2）。

　その他、特定分野ガイドライン等においても、たとえば、金融 GLQ&Aでは、債務者が譲渡制限特約を求めていないことを前提として、債権譲渡に付随して譲渡人から譲受人に対し当該債権の管理に必要な範囲において債務者及び保証人等に関する「個人データ」が提供される場合につき、法27条により求められる第三者提供に関する本人の同意を事実上推定できるため、個人情報保護法上は改めて明示的に本人の同意を得る必要はないとされています（金融 GLQ&A 問VI-4）。

　また、医療・介護ガイダンスでは、「医療機関等においては、患者に適切

な医療サービスを提供する目的のために、当該医療機関等において、通常必要と考えられる個人情報の利用範囲を施設内への掲示（院内掲示）により明らかにしておき、患者側から特段明確な反対・留保の意思表示がない場合には、これらの範囲内での個人情報の利用について同意が得られているものと考えられる」（同ガイダンスⅣ.2.（1））とされています。

　これらのGL等の記載もあって、黙示の同意や同意の推定については、柔軟に認めて良いとする指摘もあります。

　もっとも、個人情報保護法が例外的な取扱い場面や、情報の機微性を踏まえ本人の同意を求めていることを考慮すると、上記GL等は、提供する個人データの項目や性質、提供の態様を前提に、一般人を基準に本人をして当然に同意することが想定される場面について、黙示の同意や同意の推定が認められる場面を明確にしたと読むのが自然と考えられます[34]。このため、実務的には、安易に黙示の同意や同意の推定に依拠するのではなく、できるかぎり明示の同意の取得を目指すのが望ましいと考えられます。

　たとえば、IoT家電により収集されるデータや、コネクティッドカーを通じて取得したデータなどについては、対象となる情報に本人だけではなく家族や友人などの個人情報、さらにはそれらの者のプライバシー情報が含まれるケースも想定され、このようなケースにおいては、慎重な検討が必要となります。

（4）特定分野ガイドライン等による規律

　本人の同意については、特定分野ガイドライン等において、規制の上乗せ

34　金融GLQ&Aでも、「同意の事実上の推定は、例外的な局面で認められ得るに過ぎないものであるため、十分御留意ください」と指摘されています（同問Ⅵ－4注）。また、医療・介護ガイダンスでは、黙示の同意があったと考えられる範囲は、患者のための医療サービスの提供に必要な利用の範囲であり、別表2の「患者への医療の提供に必要な利用目的」を参考に各医療機関等が示した利用目的に限られるとされ（同ガイダンスⅣ.9.（3）②）、治療に関係のない事項（研究目的での企業への提供など）については、黙示の同意は認められないと考えられています。なお、別表2には、黙示の同意が認められるものと認められないものの双方が含まれている点にも注意してください。

がされている場合があります。

　たとえば、金融 GL では、目的外利用や第三者提供についての本人の同意を得る場合について、原則として、書面（電磁的記録を含む）によることとされるとともに（金融 GL 3 条）、第三者提供についての本人の同意を得る際には、原則として、①個人データの提供先の第三者、②提供先の第三者における利用目的、③第三者に提供される個人データの項目を本人に認識させたうえで同意を得る必要があるとされています（金融 GL12条 1 項）[35]。

　また、電気通信 GL では、通信の秘密の重要性に鑑み、通信の秘密に係る情報の取扱いについては、原則として通信当事者の個別具体的かつ明確な同意がなければ、有効な同意を取得したとはいえず、契約約款等による包括的な同意のみで、原則として有効な同意を取得したものとはいえないとされています（電気通信 GL 解説 2 － 17）[36]。

　このように、特定分野ガイドライン等においては、本人の同意について、共通 GL の内容よりも厳しい規制（上乗せ規制）が定められている場合がありますので、注意してください。

コラム 18　プライバシーポリシーによる同意の取得

　実務上、本人の同意が必要となる事項をプライバシーポリシーに記載したうえで、プライバシーポリシーに対して一括して同意を取得する運用が行われています。

　具体的には、同意が必要となる事項及び同意取得の前提として提供すべき情報を記載したプライバシーポリシーを作成し公表したうえで、たとえ

35　信用 GL Ⅱ 2 （5）、債権管理回収 GL 第8.1も同様。

36　ただし、契約約款等による同意になじまないとはいえない場合であって、かつ、利用者が事後的に随時、容易に同意内容を変更できる等、利用者に将来不測の不利益が生じるおそれがない場合においては、例外的に契約約款等による包括的な同意であっても有効な同意と認められています（同解説 2 － 17※ 4 ）。

ば、ユーザー情報登録時など本人からの情報取得時に、送信ボタンをクリックする画面と併せてプライバシーポリシーを表示して、同意を得るなどの方法です。

　プライバシーポリシーによる同意の取得も認められていますが、以下の点に注意する必要があります。

　まず、一口にプライバシーポリシーによる同意取得といっても、細かくみると、実務上、様々な類型が存在しています[37]。たとえば、利用規約の中にプライバシーポリシーへのリンクを張ったうえで、利用規約に対する同意をもってプライバシーポリシーへの同意を得たことにしているもの（いわゆる規約内リンク方式）もあります。

　しかし、個人情報取扱事業者によって示された取扱方法で取り扱われることを承諾する旨の「本人の意思表示」という観点からは、1つのボタン（クリック）で同意を取得するとしても、利用規約とプライバシーポリシーを画面上並列させ、同意を得ておくことが望ましいと考えられます（いわゆる並列同意方式）。

　また、プライバシーポリシーによる同意取得後、その時点で開示された情報から予測できない態様で個人データを第三者提供したり、個人関連情報を個人データとして取得する必要が生じた場合については、改めて本人の同意を得る必要がある点にも注意が必要です。

コラム19　海外における子どものデータの保護

　子どものデータの保護について、個人情報保護法では、GL上、未成年者に同意能力がない場合は法定代理人等の同意を得るべきとされたり、不正の手段による取得の一例として言及されるにとどまり（GL通則編3−3

---

[37]　総務省プラットフォームサービスに係る利用者情報の取扱いに関するワーキンググループ「プライバシーポリシー等のベストプラクティス及び通知同意取得方法に関するユーザー調査結果」（2022年4月）を参照。

―1事例1）、直接的な規制は設けられていません。

　もっとも、海外では、子どものデータの保護について規制されていることがあります。

　たとえば、米国では、児童オンラインプライバシー保護法（The Children's Online Privacy Protection Act：COPPA）が制定されており、13歳未満の子ども向けのウェブサイト運営者やオンラインサービス提供者等に対し、どのような情報を子どもから収集して利用するかなどをプライバシーポリシー等で通知をしなければならないとされています。また、子どもに関する一定の個人情報を取得等する際には、あらかじめ親から本人確認を伴う検証可能な同意を取得しなければならず、適用除外に該当する場合を除き、子どもがアクティビティに参加するための条件として必要以上の情報を取得してはならないなどとされています。

　2022年12月には、米連邦取引委員会（FTC）が人気のビデオゲーム「Fortnite」を制作する Epic Games, Inc. に対し、親への通知、同意取得をせずに13歳未満のユーザーからデータを収集していた点が COPPA に違反したなどとして、総額５億2000万ドル（うち COPPA 違反で２億7500万ドル、ダークパターンを使うことによって不当な請求をしたことを理由に２億4500万ドル）の支払いを命じた事例も公表されています。

　次に、GDPR では、前文において、子どもに対する特別な保護の必要性が指摘され、透明性原則の中で、子どもに対して格別に対処する情報提供のために適切な措置を講ずるとされるとともに（同12条１項）、各国当局は、子ども向けの活動に格別の注意を払わなければならないとされています（同57条１項（b））。

　2022年９月には、アイルランド当局により、インスタグラムを運営する米国の Meta Platforms, Inc.（旧Facebook, Inc.）に対し、子どもの個人データ（携帯電話番号やメールアドレス）が公開されていたことについて、４億500ユーロ（約580億円）の制裁金を課すとともに、是正措置を命じた旨が公表されています。

　また、英国では、2021年９月より、いわゆる UK Children's Code が導入され、18歳未満のユーザーがアクセスする可能性がある営利目的のオンラインサービスに対し、データ保護影響評価の実施やプロファイリング

を使用するオプションのデフォルトオフなど、15の基準が課されています。

　子どものデータ保護については、欧米だけではなく、中国や韓国などアジアにおいても規制されており、海外展開をする事業者においては、情報の取得（さらには子どもをターゲットにした広告の在り方等）についても、問題意識を持つことが求められます。

14 利用目的の変更

1　利用目的の変更

　事業者としては、新しい分野のサービスや製品の導入を行う場合など、環境の変化に応じて、本人に通知等をした利用目的を変更する必要が生じることがあります。

　利用目的を変更するには、原則として、あらかじめ本人の同意を得る必要があります。

　例外的に、本人の同意を得ることなく、利用目的を変更できるのは、変更前の利用目的と「関連性を有すると合理的に認められる範囲」（法17条2項）での変更、すなわち、変更後の利用目的が変更前の利用目的からみて、社会通念上、本人が通常予期し得る限度と客観的に認められる範囲内の場合です。

　「本人が通常予期し得る限度と客観的に認められる範囲」とは、本人の主観や事業者の恣意的な判断によるものではなく、一般人の判断において、当初の利用目的と変更後の利用目的を比較して予期できる範囲をいい、当初特定した利用目的とどの程度関連性を有するかを総合的に勘案して判断されます（GL通則編3-1-2※1）。

　たとえば、「当社が提供する新商品・サービスに関する情報のお知らせ」

という利用目的について、「既存の関連商品・サービスに関する情報のお知らせ」を追加する場合などがこれにあたり、本人の同意を得ることなく、利用目的を変更することができます。

2　本人の同意を得ることなく利用目的の変更が認められる場合

その他、本人の同意を得ることなく、利用目的の変更が認められる例として、Q&A では以下の例が挙げられています（Q&A2-8）。

「当社が提供する既存の商品・サービスに関する情報のお知らせ」という利用目的について、「新規に提供を行う関連商品・サービスに関する情報のお知らせ」を追加する場合	フィットネスクラブの運営事業者が、会員向けにレッスンやプログラムの開催情報をメール配信する目的で個人情報を保有していたところ、同じ情報を用いて新たに始めた栄養指導サービスの案内を配信する場合など
「当社が取り扱う既存の商品・サービスの提供」という利用目的について、「新規に提供を行う関連商品・サービスに関する情報のお知らせ」を追加する場合	防犯目的で警備員が駆け付けるサービスの提供のため個人情報を保有していた事業者が、新たに始めた「高齢者見守りサービス」について、既存の顧客に当該サービスを案内するためのダイレクトメールを配信する場合など
「当社が取り扱う商品・サービスの提供」という利用目的について、「当社の提携先が提供する関連商品・サービスに関する情報のお知らせ」を追加する場合	住宅用太陽光発電システムを販売した事業者が、対象の顧客に対して、提携先である電力会社の自然エネルギー買取サービスを紹介する場合など

3　変更が認められない場合（オプトアウトによる第三者提供やダイレクトメールの送付）

これに対し、変更が認められない例としては、当初の利用目的に「第三者提供」が含まれていない場合において、新たにオプトアウトによる個人データの第三者提供を行う場合や、当初の利用目的を「会員カード等の盗難・不正利用発覚時の連絡のため」としてメールアドレス等を取得していた場合において、新たに「当社が提供する商品・サービスに関する情報のお知らせ」

を行う場合などが挙げられています（Q&A2-9）。

このため、これらの場合については、本人の同意を得たうえで、利用目的を変更する必要があります。

4　変更後の通知等

利用目的を変更した場合、原則として、変更後の利用目的を本人に対し通知するか、または公表する必要があります（法21条3項）。

もっとも、利用目的の通知等の場合と同様に、変更後の利用目的を通知・公表することにより、本人または第三者の生命、身体、財産その他の権利利益を害するおそれがある場合や、当該個人情報取扱事業者の権利または正当な利益を害するおそれがある場合などには、通知等を行う必要はありません（法21条4項）。

変更後の利用目的を通知または公表する際には、変更後の目的のみを通知・公表することでも足りますが（Q&A2-7）、実務的には、変更内容を新旧対照表で示すなど、本人（ユーザー）の目線に立ち、わかりやすさに配慮した対応をすることが大切です。

コラム20　本人が合理的に予測・想定できるように利用目的を特定し直す場合

【08】で説明したとおり、本人が合理的に予測・想定できないような個人情報の取扱いを行う場合には、どのような取扱いが行われているかを本人が予測・想定できる程度に利用目的を特定しなければならず、かかる取扱いを行うことを含めて、利用目的を特定する必要があります（GL通則編3-1-1※1）。

個別の事案ごとに判断することになるものの、当初、特定した利用目的について、本人が予測・想定できる程度に利用目的が特定されていない場合、個人情報の取扱いに変更がない中、本人が一般的かつ合理的に予測・

想定できる程度に利用目的を特定し直すことは、本人の同意が必要な利用目的の変更には当たらないとされています[38]。

これに対し、たとえば、これまでプロファイリングを行っていなかった事業者が、新たにプロファイリングを行う場合については、個人情報の取扱いが変更されており、「本人が通常予期し得る限度と客観的に認められる範囲」の変更とはいえないため、かかる変更には適切な情報提供を行った上での本人の同意が必要になると考えられます。

15 不適正利用の禁止

1 不適正利用の禁止

個人情報取扱事業者は、違法または不当な行為を助長し、または誘発するおそれがある方法により個人情報を利用することはできません（法19条）。

以前は、利用時に適正利用を義務付ける規定はありませんでしたが、いわゆる**破産者マップ事件**（**事例紹介②**）など、その適法性に議論の余地があったものの、少なくとも法の目的である個人の権利利益の保護に照らし、看過できないような態様で個人情報が利用されている事例が散見されたことを踏まえ、令和２年改正により不適正利用の禁止が明確化されました。

「違法」とは、個人情報保護法その他の法令に違反する行為をいい、「不当な行為」とは、直ちに違法とはいえないものの、個人情報保護法その他の法令の制度趣旨または公序良俗に反するなど、社会通念上適正とは認められない行為をいいます（GL通則編3−2）。

---

38 意見募集結果（通則編）No.23

また、違法または不当な行為を「助長」するおそれがある方法による個人情報の利用とは、個人情報の利用が、直接に、既に存在する特定の違法または不当な行為をさらに著しくするおそれがあることをいい、違法または不当な行為を「誘発」するおそれがある方法による個人情報の利用とは、個人情報の利用が原因となって、違法または不当な行為が新たに引き起こされるおそれがあることをいいます（Q&A3-2）。

2　不適正利用の禁止の具体例

　GLでは、違法または不当な行為を助長し、または誘発するおそれがある方法により個人情報を利用している例として、以下の事例が挙げられています（GL通則編3-2）。

①違法な行為を営むことが疑われる事業者（例：貸金業登録を行っていない貸金業者等）からの突然の接触による本人の平穏な生活を送る権利の侵害等、当該事業者の違法な行為を助長するおそれが想定されるにもかかわらず、当該事業者に当該本人の個人情報を提供する場合

②裁判所による公告等により散在的に公開されている個人情報（例：官報に掲載される破産者情報）を、当該個人情報に係る本人に対する違法な差別が、不特定多数の者によって誘発されるおそれがあることが予見できるにもかかわらず、それを集約してデータベース化し、インターネット上で公開する場合

③暴力団員により行われる暴力的要求行為等の不当な行為や総会屋による不当な要求を助長し、または誘発するおそれが予見できるにもかかわらず、事業者間で共有している暴力団員等に該当する人物を本人とする個人情報や、不当要求による被害を防止するために必要な業務を行う各事業者の責任者の名簿等を、みだりに開示し、または暴力団等に対しその存在を明らかにする場合

④個人情報を提供した場合、提供先において法27条1項に違反する第三者提供がなされることを予見できるにもかかわらず、当該提供先に対して、個人情報を提供する場合

⑤採用選考を通じて個人情報を取得した事業者が、性別、国籍等の特定の属性のみにより、正当な理由なく本人に対する違法な差別的取扱いを行うために、個人情報を利用する場合

⑥広告配信を行っている事業者が、第三者から広告配信依頼を受けた商品が違法薬物等の違法な商品であることが予見できるにもかかわらず、当該商品の広告配信のために、自社で取得した個人情報を利用する場合

①については、特定商取引法やその他の法令に違反して営業行為を行っている事業者についても、同様に不適正利用に該当し得るとされています[39]。

3 不適正利用の禁止の注意点

不適正利用の禁止の注意点としては、以下の点が挙げられます。

(1) 個人情報保護法に限られず、他の法令も含まれること

「違法または不当な行為」は、必ずしも個人情報保護法に違反する行為や個人情報保護法に照らして不当と考えられる行為に限定されず、他の法令についても含めて判断されます（Q&A3-1）。

このため、個人情報取扱事業者としては、個人情報保護法だけではなく、他の法令も含めて「違法または不当な行為」にあたらないかを検討することが求められます。

(2)「違法または不当な行為」の主体は第三者に限られない

39　意見募集結果（通則編）No.62

また、「助長」や「誘発」の対象となる「違法または不当な行為」の主体は、第三者に限られず、個人情報取扱事業者自身も含まれます（Q&A3-2）。すなわち、個人情報取扱事業者が、第三者の違法または不当な行為を「助長」し、または「誘発」するおそれがある方法により個人情報を利用する場合だけではなく、個人情報取扱事業者自身の違法または不当な行為を「助長」し、または「誘発」するおそれがある方法により個人情報を利用する場合も、法19条により禁止される不適正利用に該当します。

（3）「おそれがある方法」も対象

　不適正利用の禁止では、「おそれがある方法」も対象とされており、「おそれ」の有無は、個人情報取扱事業者による個人情報の利用が、違法または不当な行為を助長または誘発することについて、社会通念上蓋然性が認められるか否かにより判断されます。

　具体的には、個人情報の利用方法等の客観的な事情に加えて、個人情報の利用時点における個人情報取扱事業者の認識及び予見可能性も踏まえ判断されることになります。

「おそれ」が認められると考えられる例	提供先が個人情報を違法に利用していることを認識しているなど、自己が提供する個人情報についても同様に違法に利用されることが予見できるにもかかわらず、当該提供先に対し個人情報を提供する場合
「おそれ」が認められないと考えられる例	提供先が個人情報の取得目的を偽っており、提供先が取得した個人情報を違法に利用することについて、一般的な注意力をもってしても予見できない状況で、当該提供先に対して個人情報を提供する場合

（Q&A3-3）

（4）提供先が個人情報を違法に利用していることが窺われる事情を認識した場合

　不適正利用の禁止は、本人の同意を得て個人情報を第三者に提供する場面において、提供元の事業者に対し、提供先の第三者による個人情報の利用目的や、当該第三者に個人情報を違法または不当な目的で利用する意図がないことの確認を義務付けるものではありません。

　もっとも、たとえば、提供の時点において、提供先の第三者が個人情報を違法に利用していることが窺われる客観的な事情を提供元の事業者が認識しており、自己の提供した個人情報も当該第三者により違法に利用されることが一般的な注意力をもって予見できる状況であったにもかかわらず、当該第三者に対し個人情報を提供した場合には、個人情報の提供行為が不適正利用に該当する可能性があるとされています。

　このため、提供元の事業者が、提供先の第三者が個人情報を違法に利用していることが窺われる客観的な事情を認識した場合には、提供に先立って提供先の第三者による個人情報の利用目的や、当該第三者に個人情報を違法または不当な目的で利用する意図がないことを確認する必要があります（Q&A3－4）。

4　不適正利用の禁止が実務に与える影響

　不適正利用の禁止（法19条）は、令和2年の改正により明確化されたもので、GLで示された例を見る限り、相当程度悪質な事案が想定されているのはたしかです。

　また、立法担当者の解説では、事業者が不適正利用の禁止に違反するおそれのある行為を行ったとしても、原則として、まずは個人情報保護委員会による指導・勧告が行われ、さらに勧告に応じなかった場合に同委員会による命令が行われることとなり、そのうえで、命令に違反した場合に初めて刑罰が適用されるため、不意打ち的に事業者に罰則が適用されることはないと説

明されています（佐脇36頁）。

　このため、不適正利用の禁止については、当たり前のことを明確化しただけで、実務への影響はそれほど大きくはないという評価もあります。

　その一方で、不適正利用の禁止は、利用目的を特定する際にも考慮する必要があります（【08】）。これまでは、利用目的を特定したうえで、利用目的の範囲内での個人情報の取扱いかを形式的に確認すれば足りましたが、不適正利用の禁止が明確化されたことにより、利用目的の範囲内かの確認だけではなく、利用行為についての実質的な検討（適正か否かについての検討）が求められるようになったとみることもできます。

　また、不適正利用の禁止は、個人情報保護法違反だけではなく他の法令違反も含み、しかも、違法とまではいえないものの、社会通念上適正とは認められない行為も対象とされるため、検討の対象は狭くありません。たとえば、「犯罪予防や安全確保のためのカメラ画像利用に関する有識者検討会報告書」（2023年3月）では、不適正利用の禁止に該当するかを検討するにあたり、肖像権やプライバシー侵害等の不法行為の成否を検討する際の考慮要素について、考慮すべきであるとされています（同報告書第5章.2.（3）ウ）。

　加えて、本人には、保有個人データが不適正利用の禁止（法19条）に違反して取り扱われていることを理由として、利用停止等を請求することが認められており（法35条1項）、事業者は、利用停止等を行わない旨等の決定をしたとき、本人に対し、その理由を説明するよう努めなければならないとされています（法36条）。このため、事業者としては、利用停止等の請求を受けた場合に備え、自社における個人データの取扱いが、法令に違反しておらず、かつ、社会通念上も適正であることを説明できるように、事前に社内で検討し[40]、適法かつ適正と判断したロジックについて整理しておくことが望ましいといえます。

　具体的にどのような事例が不適正利用の禁止に該当するのかについては、

40　検討する際の方法の1つに、プライバシー影響評価（PIA）が挙げられます（【55】）。

今後の事例の集積を待つ必要がありますが、不適正利用の禁止は、個人情報取扱事業者に対し、個人情報等の取扱い全般について、自社だけではなく、ビジネスの相手方の利用行為等にも留意しながら、法令違反に限らず、適正か否かを含め、実質的かつ主体的な検討を促すものと評価することもでき、実務担当者としては注意が必要です。

コラム 21　不適正利用の禁止と本人の同意

　不適正利用の禁止が明確化されたことを受け、事後的に違法または不当な取扱いと判断されないように、あらかじめ本人の同意を得ておくことを推奨する声もあります。

　しかし、本人の同意を得ていれば、常に不適正利用にならないかというと、必ずしもそうとはいえません。

　たとえば、リクナビ事件については、個人情報保護委員会とは別に、厚生労働省からも「募集情報等提供事業等の適正な運営について」（令元.9.6職発0906第３号）が公表されています。

　この文書では、リクナビ事件における個人情報の取扱いを念頭に、本人の同意を適切に取得していなかった点だけではなく、「仮に同意があったとしても同意を余儀なくされた状態で、学生等の他社を含めた就職活動や情報収集、関心の持ち方などに関する状況を、本人があずかり知らない形で合否決定前に募集企業に提供することは、募集企業に対する学生等の立場を弱め、学生等の不安を惹起し、就職活動を委縮させるなど学生等の就職活動に不利に働くおそれが高い」とし、「このことは本人同意があったとしても直ちに解消する問題ではなく、職業安定法51条第２項に違反するおそれもある」と指摘されています。

　このように、本人の同意を得ていたとしても、個人情報の利用行為が法令に違反する（違法性が阻却されない）場合もあり得ます。また、そもそも本人の同意が同意を余儀なくされた状態でのものだったり、あるいは同意を取得する際、本人が判断をするのに必要となる情報が提供・開示され

ていない場合には、同意自体が無効と評価されるリスクもある点にも留意する必要があります[41]。

コラム22　不適正利用の禁止とプロファイリング

　不適正利用の禁止については、プロファイリングに関連する個人情報の取扱いにも及ぶかという問題があります。

　個人情報保護委員会は、令和3年8月のGL通則編の改正の際、パブリックコメントに対する回答において「プロファイリングに関連する個人情報の取扱いについても、それが『違法または不当な行為を助長し、または誘発するおそれがある方法』による個人情報の利用に当たる場合には、不適正利用に該当する可能性がありますが、プロファイリングの目的や得られた結果の利用方法等を踏まえて個別の事案ごとに判断する必要があると考えられます」[42]と述べ、一般論として、不適正利用の禁止が一定のプロファイリングに及ぶことを明らかにしました。

　もっとも、具体的にどのようなプロファイリングが不適正利用の禁止にあたるのかについては、現状、明らかとはなっていません[43]。

41　なお、デジタルプラットフォーム事業者に関して、利用目的の達成に必要な範囲を超えて消費者の意に反して個人情報を利用することを、「個人情報等の不当な利用」であるとし、優越的地位の濫用規制に違反する旨の考え方を示したものとして、「デジタル・プラットフォーム事業者と個人情報等を提供する消費者との取引における優越的地位の濫用に関する独占禁止法上の考え方」（公正取引委員会、令和元年12月）があります。

42　意見募集結果（通則編）No.57

43　「犯罪予防や安全確保のための顔識別機能付きカメラシステムの利用について」では、「AIの学習内容によって、顔識別機能付きカメラシステムの被検知者が、性別の違いや肌の色の違いにより特定の属性の者に対して偏る等の不当な差別的取扱いは、法第19条違反になるおそれがある」とされています。また、事務局レポート（制度編）では、個人情報である仮名加工情報の取扱いに関し、「特定の属性のみにより正当な理由なく違法な差別的取扱いを行うために用いることを企図して、当該差別的取扱いを補助するためのAIシステムを開発するために、機械学習用データセットとして個人情報である仮名加工情報を利用する場合」について、不適正利用に該当するとされています（同38頁）。

プロファイリングについては、プライバシーの侵害や自己決定権への介入、判断過程のブラックボックス問題、不当な差別・選別のリスク（自動バイアスの問題や差別の再生産リスク、さらには結果のスティグマ化）、民主主義への悪影響など、問題点も指摘されており、たとえば、放送GL42条1項など、共通GLよりも踏み込んだ規制を設けているものもあります。

　また、「情報信託機能の認定に係る指針Ver2.2」（令和4年6月改訂）では、プロファイリングに関する情報銀行の対応として、関係する各主体において利用目的の特定、透明性、データの最小化等の点で必要な配慮がなされるよう、情報銀行において対応すべきであるとされるとともに、データの処理過程、結果の利用方法等の適切性をデータ倫理審査会において審査することが推奨されるとしています（同指針Ⅲ.2.（3））。

　現在、様々な分野において、プロファイリングに関連するサービスが広まっており、このようなサービスを利用する事業者は、今後の議論について注視する必要があります（なお、プロファイリングによる要配慮個人情報の推知については、コラム55）。

【事例紹介②】：破産者マップ事件

　不適正利用の禁止が明確化された背景の1つに、いわゆる破産者マップ事件があります。破産者マップ事件とは、官報に掲載された自己破産者らの氏名や住所（個人情報）が「破産者マップ」と呼ばれる無料のウェブサイトに公開されていたものです。最初に問題となった事件は、2018年12月から約4カ月間、公開されていました。

　このウェブサイトに対しては、プライバシーを侵害する旨の批判に加え、弁護士有志らが個人情報保護委員会に意見書を提出するなど騒動になり、個人情報保護委員会は、同サイトを閉鎖するよう行政指導を行いました。また、2020年7月には、同様のサイトを公開している事業者に対し、当該ウェブサイトを直ちに停止等するよう命令が出されています（その後、2023年1月には、個人情報保護法が定める罰則に抵触していることを理由に刑事告発がされています）。

　この事案では、官報という公開された情報から個人情報を取得しているため、取得行為自体を問題と捉えることが難しい一方で、このような個人情報の利用を認めてしまうと、破産者（本人）に対する違法・不当な差別を招くおそれがあることから、このような個人情報の利用行為自体を禁止するため、不適正利用の禁止が明確化されました。

4 保管（保存・管理）に関するルール

　この章では、①取得、②利用、③保管、④提供、⑤開示請求等への対応の5つの場面のうち、個人データの**保管**（保存・管理）に関するルールについて、確認をしていきます。

①取得　②利用　③保管　④提供　⑤開示等への対応

　保管に関するルールのポイントは、**安全管理措置の構築、従業者及び委託先の監督、漏えい等の報告義務、正確性の確保と消去**の4つでした。

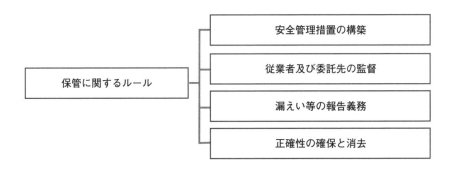

```
                        ┌─────────────────────────┐
                        │    安全管理措置の構築      │
                        ├─────────────────────────┤
                        │  従業者及び委託先の監督    │
┌──────────────┐        ├─────────────────────────┤
│ 保管に関するルール │────┤    漏えい等の報告義務      │
└──────────────┘        ├─────────────────────────┤
                        │    正確性の確保と消去      │
                        └─────────────────────────┘
```

　この章の構成は、以下のとおりです。

16　安全管理措置
17　外的環境の把握

163

16 安全管理措置

1　安全管理措置

　個人情報取扱事業者は、取り扱う個人データの漏えいや滅失その他の個人データの安全管理のために、必要かつ適切な措置（**安全管理措置**）を講じる必要があります（法23条）[44]。

　法文上は、「必要かつ適切な措置」としか規定されていませんが、具体的な内容については、GL 通則編10（別添）の「講ずべき安全管理措置の内容」で整理されています。

　GL では、講ずべき安全管理措置として、①基本方針の策定、②個人データの取扱いに係る規律の整備、③組織的安全管理措置、④人的安全管理措置、⑤物理的安全管理措置、⑥技術的安全管理措置、⑦外的環境の把握の7つの措置が挙げられています。

　すなわち、基本方針を策定し、内部のルール（規律）を整備したうえで、組織、人、物理、技術の4つの側面からセキュリティ対策を講じるとともに、

44　令和6年4月1日施行予定の GL 改正案では、「その他の個人データの安全管理のために必要な措置」には、個人事業取得事業者が取得し、または取得しようとしている個人情報であって、当該個人情報取得事業者が個人データとして取り扱うことを予定しているものの漏えい等を防止するために必要かつ適切な措置も含まれる予定です。

外国において個人データを取り扱う場合には、当該外国の制度等を把握したうえで必要な措置を講じることが求められます。

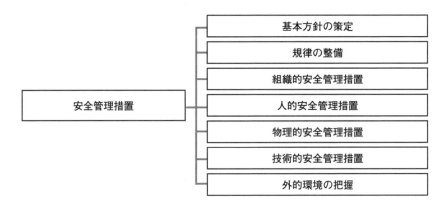

なお、個人データが「保有個人データ」にあたる場合、実施した安全管理措置の内容については、保有個人データに関する情報提供事項として、「本人の知り得る状態（本人の求めに応じて遅滞なく回答する場合を含む）」に置く必要があります（法32条1項4号、施行令10条1号）。

このため、安全管理措置については、具体的にどのような措置を講じる必要があるかという点と、実際に講じた措置の内容について、どのように「本人の知り得る状態」に置くかという2つの点を検討することが求められます。

後者については、第6章の【38】で説明するため、以下、前者についてGLの内容を中心に説明をしていきます。

2　安全管理措置の概要

GL通則編10（別添）「講ずべき安全管理措置の内容」の概要は、下記表のとおりです。

基本方針の策定	• 「事業者の名称」、「関係法令・ガイドライン等の遵守」、「安全管理措置に関する事項」、「質問及び苦情処理の窓口」等を規定。
個人データの取扱いに関する規律の整備	• 取得、利用、保存、提供、削除・廃棄等の段階ごとに、取扱方法、責任者・担当者およびその任務等について規定。
組織的安全管理措置	• 組織体制の整備 • 個人データの取扱いに係る規律に従った運用 • 個人データの取扱状況を確認する手段の整備 • 漏えい等事案に対応する体制の整備 • 取扱状況の把握及び安全管理措置の見直し
人的安全管理措置	• 個人データの取扱いに関する従業者の定期的な研修等 • 個人データの秘密保持に関する事項の就業規則等への規定
物理的安全管理措置	• 個人データを取り扱う区域の管理 • 機器及び電子媒体等の盗難等の防止 • 電子媒体等を持ち運ぶ場合の漏えい等の防止 • 個人データの削除および機器、電子媒体等の廃棄
技術的安全管理措置	• アクセス制御 • アクセス者の選別と認証 • 外部からの不正アクセス等の防止 • 情報システムの使用に伴う漏えい等の防止
外的環境の把握	• 外国において個人データを取り扱う場合、当該外国の個人情報の保護に関する制度等を把握した上で、個人データの安全管理のために必要かつ適切な措置を講じなければならない。

このうち、**外的環境の把握**については、次の【17】で取り上げるため、以下、基本方針の策定から技術的安全管理措置について、説明をしていきます。

（1）基本方針の策定

基本方針の策定については、義務ではないものの（Q&A10-9）、個人データの適正な取扱いの確保について組織として取り組むために策定することが重要であるとされています（GL通則編10-1）。具体的に定める項目の例は、表に記載したとおりです。

顧客の個人情報と従業員の個人情報とで異なる安全管理措置を実施している場合などでは、基本方針についても別々に策定する場合があります。

（2）個人データの取扱いに係る規律の整備

　個人情報取扱事業者は、その取り扱う個人データの漏えい等の防止その他の個人データの安全管理のために、個人データの具体的な取扱いに係る規律を整備する必要があります（GL 通則編10−2）。

　取得、利用、保存、提供、削除・廃棄等の段階ごとに、取扱方法、責任者・担当者及びその任務等について、組織的安全管理措置、人的安全管理措置、物理的安全管理措置及び技術的安全管理措置の内容を織り込み、定めることが重要とされており、「個人情報取扱規程」等の名称で定められます。

　基本方針と同様、たとえば、顧客の個人情報と従業員の個人情報とで、取扱規程を分けて作成（整備）しておくこともあります。オフィスへの入退室管理として生体情報を取得する場合や、後述するモニタリングをする場合など、従業員の個人情報について特有の内容が必要となるときには、分けて作成することが有益です。

（3）組織的安全管理措置

　個人情報取扱事業者は、組織的安全管理措置として次に掲げる措置を講じる必要があります（GL 通則編10−3）。

① 組織体制の整備	・安全管理措置を講ずるための組織体制を整備しなければならない。
② 個人データの取扱いに係る規律に従った運用	・あらかじめ整備された個人データの取扱いに係る規律に従って個人データを取り扱わなければならない。なお、整備された個人データの取扱いに係る規律に従った運用の状況を確認するため、利用状況等を記録することも重要である。
③ 個人データの取扱状況を確認する手段の整備	・個人データの取扱状況を確認するための手段を整備しなければならない。
④ 漏えい等事案に対応する体制の整備	・漏えい等事案の発生または兆候を把握した場合に適切かつ迅速に対応するための体制を整備しなければならない。 ・なお、漏えい等事案が発生した場合、二次被害の防止、類似事案の発生防止の観点から、事案に応じて、事実関係及び再発防止策等を早急に公表することが重要である。
⑤ 取扱状況の把握及び安全管理措置の見直し	・個人データの取扱状況を把握し、安全管理措置の評価、見直し及び改善に取り組まなければならない。

いずれの措置も重要ですが、特に重要なのが、①組織体制の整備と④の漏えい等事案に対する体制の整備です。①組織体制の整備について、GLでは、整備する項目の例として、以下の項目が挙げられています（下線は加筆）。

・個人データの取扱いに関する責任者の設置及び責任の明確化
・個人データを取り扱う従業者及びその役割の明確化
・上記の従業者が取り扱う個人データの範囲の明確化
・法や個人情報取扱事業者において整備されている個人データの取扱いに係る規律に違反している事実または兆候を把握した場合の責任者への報告連絡体制
・個人データの漏えい等事案の発生または兆候を把握した場合の責任者への報告連絡体制
・個人データを複数の部署で取り扱う場合の各部署の役割分担及び責任の明確化

　個人データの漏えい等が発生した場合や違法な取扱いが発覚した場合、実務的には初動対応が重要です。少なくとも、これらのインシデントに起因する二次的な被害については、迅速かつ適切に初動対応を行うことで、一定程度コントロールすることができる場合も多いからです（漏えい等の対応については【20】から【22】で説明します）。

　有事の際は、経営層がリーダーシップを取り、法務部門やコンプライアンス部門だけではなく、セキュリティ部門や広報部門、さらにはシステム監査部門等を含めた全社的な対応が必要となります。

　組織的安全管理措置という観点からは、GLで示された手法の例示を踏まえ、インシデントが生じた場合の報告連絡体制を含め、有事の際に各部門が適切に連携できる体制を事前に構築しておくことが求められます（Q&A6-4）。その際は、インシデント発生時に必要となる一連の対応について、誰が、いかなる対応を、どのように行うのか、対応フローとして具体的に整理し、

マニュアル等に落とし込んだうえで、日頃から従業員に対し周知しておくことが大切です。

②について、GLでは、個人データの取扱いに係る規律に従った運用を確保するため、例えば、個人情報データベース等の利用・出力状況、個人データが記載または記録された書類・媒体等の持ち運び等の状況、個人情報データベース等の削除・廃棄の状況（委託した場合の消去・廃棄を証明する記録を含む）、個人情報データベース等を情報システムで取り扱う場合、担当者の情報システムの利用状況（ログイン実績、アクセスログ等）などに関して、システムログその他の個人データの取扱いに係る記録の整備や業務日誌の作成等を通じて、個人データの取扱いの検証を可能とすることが考えられます。

③の個人データの取扱状況を確認する手段の1つとしては、たとえば、事業者が取り扱うデータを事業者全体で整理して、取扱状況等を可視化するデータマッピングが挙げられます。

【個人情報等のフローの整理のイメージ】

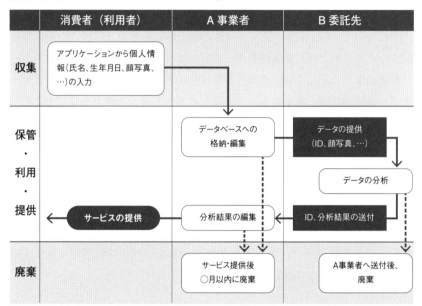

個人情報保護委員会「PIAの取組の促進について －PIAの意義と実施手順に沿った留意点－」
（2021年6月30日）11頁を基に作成

　データマッピングを行うことで、個人情報保護法を含む適用法令の遵守状況を確認したり、当該データの取扱状況に起因するリスクを洗い出し、安全管理措置の見直し・改善を検討することができます。また、平時からデータマッピングによって取扱状況の可視化やリスクの特定・評価を行っておくことは、漏えい等が生じた際の対応の観点からも有益です。

　個人情報保護委員会は、「**データマッピング・ツールキット**」（令和4年10月）を公表しており、マッピングを行う際は、同ツールキットを活用すると便利です[45]。

　⑤については、個人データの取扱状況について、定期的に自ら行う点検ま

45　個人情報保護委員会のウェブサイトからダウンロードすることができます。

たは他部署等による監査を実施する、外部の主体による監査活動と合わせて、監査を実施することが考えられます[46]。

（4）人的安全管理措置

　個人情報取扱事業者は、人的安全管理措置として、従業者の教育を講じる必要があります（GL通則編10-4）。GLでは、手法の例示として、「個人データの取扱いに関する留意事項について、従業者に定期的な研修等を行う」、「個人データについての秘密保持に関する事項を就業規則等に盛り込む」ことが示されています。

　従業者に対する研修の頻度については、事業者の規模や取り扱う個人データの性質・量等によっても異なり得るため、それらを踏まえて適切に判断する必要がありますが、適切な内容の研修であれば、年1回程度でも少ないとはいえないとされています（Q&A10-12）。

　また、研修の形式は、全従業者を対象とした講義形式による研修に限られるものではなく、部署ごとに個人データの取扱いに関する責任者からの講話形式、eラーニング形式、標的型メールを疑似体験する形での訓練形式など、様々な形式が考えられるとされています（Q&A10-14）。

　最近では、新型コロナウイルス感染症（COVID-19）を契機として、リモートワーク（テレワーク）の導入が進むとともに、オンラインでのファイル共有も広まってきています。その一方で、VPN（Virtual Private Network）接続の脆弱性を狙ったサイバー攻撃や、オンラインで共有したファイルについて公開設定・範囲の誤操作等を原因として、個人情報が外部に漏えいする事例も増えています。

　このため、個人情報取扱事業者としては、「テレワークセキュリティガイ

46　不正アクセスを原因とする漏えいをきっかけとして、個人情報保護委員会から、技術的安全管理措置と併せて、保有する個人データについて、定期的に棚卸しを実施し、個人データの取扱状況についての監査・点検を実施することを指導された例として、株式会社メタップスインベストメントに対する指導があります（個人情報保護委員会「株式会社メタップスペイメントに対する個人情報の保護に関する法律に基づく行政上の対応について」（令和4年7月13日））。

ドライン（第5版）」（総務省、令和3年5月）や「WARNING～クラウドサービスやテレワーク環境を利用する際の個人情報の漏えい事案に関する注意喚起～」（個人情報保護委員会、令和3年2月8日）などを参考に[47]、従業者に対し、自社における個人データの取り扱いの実態を踏まえた研修を実施することが求められます[48]。

　また、ウェブサイトのプログラムの修正やバージョンアップなど、システム変更時の設定等の不具合によって、別の利用者の個人情報が誤って表示されるなどの例も散見されます。このため、システムの変更・修正を行う場合には、十分な動作試験を行うとともに、脆弱性の有無等についても確認するよう担当者に対し注意喚起を行っておくことが大切です。

（5）物理的安全管理措置

　個人情報取扱事業者は、物理的安全管理措置として、次に掲げる措置を講じる必要があります（GL 通則編10-5）。

① 個人データを取り扱う区域の管理	**（管理区域の管理手法の例）** • 入退室管理及び持ち込む機器等の制限等 　なお、入退室管理の方法としては、ICカード、ナンバーキー等による入退室管理システムの設置等が考えられる。 **（取扱区域の管理手法の例）** • 間仕切り等の設置、座席配置の工夫、のぞき込みを防止する措置の実施等による、権限を有しない者による個人データの閲覧等の防止。

47　その他、たとえば、内閣サイバーセキュリティセンター（NISC）による「テレワークを実施する際にセキュリティ上留意すべき点について」（令和2年4月）や「テレワーク等への継続的な取組に際してセキュリティ上留意すべき点について」（令和3年1月）、独立行政法人情報処理推進機構（IPA）による「テレワークを行う際のセキュリティ上の注意事項」（令和3年7月更新）などが挙げられます。

48　その他、営業秘密の保護の観点から、企業の秘密情報を守りながらテレワークを実施していく際のポイントをまとめたものとして、「テレワーク時における秘密情報管理のポイント」（Q&A解説）（経済産業省知的財産政策室、令和2年5月7日）があります。

② 機器及び電子媒体等の 盗難等の防止	• 個人データを取り扱う機器、個人データが記録された電子媒体または個人データが記載された書類等を、施錠できるキャビネット・書庫等に保管する。 • 個人データを取り扱う情報システムが機器のみで運用されている場合は、当該機器をセキュリティワイヤー等により固定する。
③ 電子媒体等を持ち運ぶ場合の 漏えい等の防止	• 持ち運ぶ個人データの暗号化、パスワードによる保護等を行った上で電子媒体に保存する。 • 封緘、目隠しシールの貼付けを行う。 • 施錠できる搬送容器を利用する。
④ 個人データの削除及び機器、 電子媒体等の廃棄	**(個人データが記載された書類等を廃棄する方法の例)** • 焼却、溶解、適切なシュレッダー処理等の復元不可能な手段を採用。 **(個人データを削除し、または、個人データが記録された機器、電子媒体等を廃棄する方法の例)** • 情報システム(パソコン等の機器を含む)において、個人データを削除する場合、容易に復元できない手段を採用する。 • 個人データが記録された機器、電子媒体等を廃棄する場合、専用のデータ削除ソフトウェアの利用または物理的な破壊等の手段を採用する。

①は、重要な情報システムを管理する区域と個人データを取り扱う区域を分けて、適正に管理することを求めるものです。実務的には、接客区域・取扱区域・管理区域に区分したうえで、入室権限を階層化させている例もあります。また、持ち込んだ私物の電子機器等がコンピュータウイルスに感染していた場合、当該電子機器等を社内のネットワークシステム等に接続させることで情報漏えいが生じることもあるため、私物のUSBメモリやスマートフォン等の電子機器等の持ち込みを制限することもあります。

③について、「持ち運ぶ」とは、個人データを管理区域または取扱区域から外へ移動させること、または当該区域の外から当該区域へ移動させることをいい、事業所内の移動等であっても、個人データの紛失・盗難等に留意する必要があるとされています。取り扱う個人データの性質や漏えい時のリスク等を踏まえ、端末起動時の個人認証や外部記録媒体の接続制限、実装させるセキュリティ水準、高度な暗号化措置及び複合鍵の管理、通信経路の暗号

化、社内サーバにおける端末認証など、必要とされる措置を検討することになります。

　また、従業者に対し端末を貸与したり、あるいは私物のパソコンやスマートフォン等を業務で使用すること（Bring Your Own Device：BYOD）を認める場合には、情報端末管理規程等を整備し、遵守事項等において、データの暗号化やパスワードの設定等を義務付けることなどが必要となります[49]。

　④について、個人データを削除し、または個人データが記録された機器、電子媒体等を廃棄する場合は、復元不可能な手段で行わなければならないとされています。また、個人データを削除した場合、または個人データが記録された機器、電子媒体等を廃棄した場合には、削除・廃棄した記録を保存することや、それらの作業を委託する場合には、委託先が確実に削除・廃棄したことについて証明書等により確認することも重要であるとされています。

　個人データが記録された機器（パソコンやサーバ）がリース物件の場合、標準的なリース契約書では、リース期間中に付加した情報については借主の側で返却前に消去する、リース物件からの情報漏えいについてリース会社は免責されるなどと記載されていることが一般的です。このため、借主において、データ消去ソフトを使って消去してからリース物件を返却するか、あるいは、リース契約書にデータ消去に関する項目を追加し、データの消去に立会うなど対応する必要があります。

　また、OSや記憶装置の初期化（フォーマット）は、ハードディスク等の記憶演算子にデータの記録が残った状態となるため、復元ソフトを利用することで復元できる可能性があり、手段として適切ではない点にも注意が必要です[50]。

49　「テレワークセキュリティガイドライン（第5版）」では、VPN方式やリモートデスクトップ形式など方式別にBYODを認める際の留意点が説明されていますが、いずれの方式についても、利用にあたってのルールの策定、端末に必要なセキュリティ対策が施されていることの確認、BYODで利用する端末の管理について指摘されています。

50　たとえば、2019年の神奈川県庁によるHDDの流出に伴う漏えい事件では、神奈川県庁は初期化をしたうえでリース会社に返却をしていましたが、不正転売後、落札者が復元ソフトを利用したところ、納税に関する個人情報を含むファイルが見つかっています。

廃棄等の具体的な方法については、「地方公共団体における情報セキュリティポリシーに関するガイドライン」（総務省、令和5年3月）ⅲ-55～56頁や、「パソコンの廃棄・譲渡時におけるハードディスク上のデータの消去に関する留意事項」（一般社団法人電子情報技術産業協会、2018年10月改訂）などが参考になります。

　また、BYODを認める場合、従業者が業務に使用したパソコンやスマートフォンを単に初期化しただけで廃棄や売却をしないように、廃棄の方法等についても規程に盛り込むとともに、必要に応じて廃棄証明書を提出させるなどの対応も考えられます。

（6）技術的安全管理措置

　個人情報取扱事業者は、情報システム（パソコン等の機器を含む）を使用して個人データを取り扱う場合（インターネット等を通じて外部と送受信等する場合を含む）、技術的安全管理措置として、次に掲げる措置を講じる必要があります（GL通則編10-6）。

① アクセス制御	• 個人情報データベース等を取り扱うことのできる情報システムを限定する。 • 情報システムによってアクセスすることのできる個人情報データベース等を限定する。 • ユーザーIDに付与するアクセス権により、個人情報データベース等を取り扱う情報システムを使用できる従業者を限定する。
② アクセス者の識別と認証	（情報システムを使用する従業者の識別・認証手法の例） • ユーザーID、パスワード、磁気・ICカード等
③ 外部からの不正アクセス等の防止	• 情報システムと外部ネットワークとの接続箇所にファイアウォール等を設置し、不正アクセスを遮断する。 • 情報システム及び機器にセキュリティ対策ソフトウェア等（ウイルス対策ソフトウェア等）を導入し不正ソフトウェアの有無を確認する。 • 機器やソフトウェア等に標準装備されている自動更新機能等の活用により、ソフトウェア等を最新状態とする。 • ログ等の定期的な分析により、不正アクセス等を検知する。

④ 情報システムの使用に伴う 漏えい等の防止	● 情報システムの設計時に安全性を確保し、継続的に見直す（情報システムのぜい弱性を突いた攻撃への対策を講ずることも含む）。 ● 個人データを含む通信の経路または内容を暗号化する。 ● 移送する個人データについて、パスワード等による保護を行う。

　このうち、特に③について、最近では、ランサムウェア[51]による被害に加え、「Emotet（エモテット）」と呼ばれるマルウェアへの感染を意図する攻撃メール、サポート期限が終わった古い基本ソフト（OS）を搭載したサーバが狙われるケースなど、いわゆるサイバー攻撃の手法も多様化している点に注意する必要があります（コラム29も参照）。

　サイバー攻撃は、情報の漏えいだけではなく、事業の継続にも重大なリスクとなります。2021年10月に徳島県の町立病院で起きたランサムウェアによる事案では、ランサムウェアに感染し、データが暗号化された結果、その後、2カ月にわたり業務が滞った旨が報告されています。

　このため、実務担当者としては、日頃から報道や行政等による情報提供をもとに、多様化するサイバー攻撃の手法等についてもフォローするとともに、セキュリティ担当者と連携して対策を検討し、従業者に対して注意喚起を行っていくことが求められます。

　また、いわゆるドッペルゲンガー・ドメイン[52]への送信・転送を含む電子メールの誤送信等を防止する観点からは、サーバ側において、あらかじめ誤りやすい電子メールアドレス宛ての電子メールを送信できないよう設定したり、電子メールを扱うためのソフトウェアにおいて、送信前の注意喚起や送信後も一定期間フォルダに保留されるように設定するなどの技術的安全管理

51　感染すると端末等に保存されているデータを暗号化して使用できない状態にした上で、そのデータを復号する対価として金銭を要求する不正プログラム。

52　フリーメールアドレスなどの正規のドメインにおけるタイプミス（例：○○ mail.com を○○ mai.com と一文字入力が漏れる）や誤認識しやすいドメインを取得し、ユーザーが誤ってアクセスしたり、電子メールを誤送信したりすることで情報収集することを目的としたもの。

措置を講ずるなどの方法が有用です[53]。

3　リスクに応じた必要かつ適切な措置

　安全管理措置は、「個人データが漏えい等をした場合に本人が被る権利利益の侵害の大きさを考慮し、事業の規模及び性質、個人データの取扱状況（取り扱う個人データの性質及び量を含む）、個人データを記録した媒体の性質等に起因するリスクに応じて、必要かつ適切な内容」とすれば足ります（いわゆる**リスクベース・アプローチ**）。

　このため、GL で例示された措置を全て講じなければならないわけではなく、また、適切な手法は、必ずしもこれらの例示に限られるものでもありません。

　グローバルに展開する企業と中小企業とでは、求められる措置の内容は異なりますし、氏名や住所などの連絡先のみを取り扱っているのか、それとも病歴や遺伝子情報など機微性の高い情報を取り扱っているのかなど、取り扱う個人データの性質等によっても異なります[54]。

　また、GL における安全管理措置の例は、基本的に、従業者がオフィスに出社して働くことを前提とした内容であるため、新型コロナウイルス感染症を契機として、リモートワークを広く導入した企業においては、自社における個人データの取扱状況の実態に即した安全管理措置を検討し、講ずることも可能ですし、むしろ望ましいといえます。

　たとえば、端末自体にはデータやアプリケーションなどを保存せず、社内にあるサーバで情報を管理するシンクライアントという技術・仕組みを利用したり、あるいは、ネットワークの境界にとらわれずに、情報資産にアクセスするものは信用せず安全性を検証することで脅威を防ぐというゼロトラス

53　個人情報保護委員会「『ドッペルゲンガー・ドメインへの漏えい事案』を踏まえた電子メールによる個人データの取扱いについての注意喚起」（令和 4 年12月28日）。

54　Q&A においても、カメラ画像や顔特徴データなどの個人データについて、データの性質を踏まえ、必要となる措置の例が挙げられています（Q&A10 − 8）。

トという考え方の下、アクセス制御など具体的な安全管理措置を講じている
こともあります。

4　中小規模事業者についての軽減措置

　従業員の数が100人以下の事業者であって、

①その事業の用に供する個人情報データベース等を構成する個人情報に
　よって識別される特定の個人の数の合計が過去6カ月以内のいずれかの
　日において5,000を超える者
②委託を受けて個人データを取り扱う者

のいずれにも該当しない「**中小規模事業者**」については、過度な負担となら
ないように、GL において、安全管理措置につき「中小規模事業者における
手法の例示」等が示されており、その内容に従って、具体的な措置の内容を
検討していけば良いとされています（詳細は GL 通則編10を参照）。

5　安全管理措置を構築する際のポイント

　安全管理措置が不十分であったため、個人データの漏えい等が生じた場
合、本人から損害賠償請求をされるリスクが生じることはもちろん、自社の
レピュテーションを毀損するリスクも生じます。
　このため、個人情報取扱事業者としては、GL で示された内容を参考にし
つつ、前述した諸事情を考慮し、リスクに応じた必要かつ適切な安全管理措
置を講じる必要があります。
　その際、特に組織的安全管理措置については、第3部で説明をする個人情
報とプライバシーの関係についても留意したうえで、いわゆるプライバシー

ガバナンス（【55】）についても視野に入れながら、PIA（プライバシー影響評価）や、CPO（最高プライバシー責任者）、DPO（データ保護責任者）等の個人データの取扱いに関する責任者を設置すること等によるデータガバナンス体制の整備を進めていくことも有用です。

　なお、安全管理措置については、たとえば、金融GL8条や同実務指針など、特定分野GL等において、共通GLよりも細かい内容が定められていることがあります[55]。

　このため、安全管理措置の構築や見直しをする際には、自社に適用されるガイドライン等を整理したうえで、内容を精査し、漏れのないように進めることが大切です。

コラム23　安全管理措置については人的安全管理措置も重要

　実務担当者の方と話をしていると、昨今のサイバー攻撃に関する報道等の影響もあってか、組織的安全管理措置や物的安全管理措置、技術的安全管理措置については関心が高い一方、人的安全管理措置については、講ずべき措置の内容が比較的単純なこともあってか、あまり話題になることがありません。

　しかし、たとえば、個人情報保護委員会が公表をしている令和3年度の年次報告では、漏えい等事案の発生原因の多く（54.9％）は、書類及び電子メールの誤送信並びに書類及び電子媒体の紛失とされ、その半数近くは従業者の不注意により発生した（46％）とされています（同10頁から11頁。なお、令和2年度の年次報告書でも同様の傾向が報告されており、むしろ令和3年よりも数値自体は高くなっています）。

　また、過去の大規模漏えい事案でも、従業者を含む人に起因するものが多く見られます。

55　特定分野GL以外でも、たとえば、医療情報システムの安全管理措置についての「医療情報システムの安全管理に関するガイドライン第6.0版」（厚生労働省、令和5年5月）や「医療情報を取り扱う情報システム・サービスの提供事業者における安全管理ガイドライン第1.1版」（令和5年7月改訂）など、安全管理措置について具体的な運用基準等が示されていることがあります。

もちろん、組織的安全管理措置や物理的安全管理措置、さらには技術的安全管理措置も重要ですが、これらの措置をどれだけ講じたとしても、情報を取り扱う人（従業者）の意識が弱いと、個人情報等の適切な取扱いは実現できないため、人的安全管理措置も重要です。

　また、実効的な安全管理措置、さらにはプライバシー・ガバナンスを構築する観点からは、経営層の意識やコミットメントも必要とされます（【55】）。

　実務担当者としては、従業員と経営層の双方に情報セキュリティ、さらにはプライバシーに関する意識・関心を持ってもらえるように、日頃から情報発信や研修等を通じて、社内に働きかけていくことが大切です。

コラム24　安全管理措置の一環としての匿名化や仮名化をした場合

　実務上、安全管理措置の一環として、個人データを匿名化したり、仮名化したりする場合があります。

　しかし、匿名加工情報や仮名加工情報に関する規律が適用されるのは、個人情報取扱事業者において、匿名加工情報または仮名加工情報として取り扱う意図をもって、法令が定める基準に従い、加工した場合です（GL加工情報編3−2−2、2−2−2−1）。

　すなわち、客観的な加工の事実のみから匿名加工情報や仮名加工情報とされるわけではなく、あくまで作成者の意図（主観）を基に判断されます。客観的に各加工基準に従った加工がされている場合でも同じです（Q&A14−4、15−6）。

　このため、安全管理措置の一環として匿名化した場合は、「匿名加工情報の作成」にあたらず、公表措置等は不要ですし、同様に、安全管理措置の一環として仮名化をした場合も、「仮名加工情報の作成」にはあたらず、第三者提供の禁止等の制限（法41条6項）等はかかりません。別の言い方をすると、安全管理措置の一環として、匿名化や仮名化された情報は、引き続き、個人情報として取り扱うことが可能であり、たとえば、第三者提供規制に従って、本人の同意を得るなどして、第三者に提供することも可能です。

なお、いずれにあたるかは、加工基準を満たしているかではなく、作成者の意図（主観）を基準に判断されるため、匿名加工情報や仮名加工情報と、匿名化・仮名化した情報とを事業所内で混在させないように、作成時や利用時のルール、さらには削除情報等の取扱いについて社内規程等を作成し、管理体制を整えておくことが大切です。

17 外的環境の把握

1　外的環境の把握

　個人情報取扱事業者が外国において個人データを取り扱う場合、安全管理措置の一環として、当該外国の個人情報保護に関する制度等を把握したうえで、個人データの安全管理のために必要かつ適切な措置を講じることが求められます（外的環境の把握。GL 通則編3−8−1、同10−7）。

2　外国において個人データを取り扱う場合

　「外国において個人データを取り扱う場合」とは、たとえば、以下の場合などがこれにあたります。

①個人情報取扱事業者が、外国にある支店・営業所に個人データを取り扱わせる場合（外国にある支店や営業所、従業者が日本国内に所在するサーバに保存されている個人データにアクセスしてこれを取り扱う場合も同様。Q&A10−23）。

②個人情報取扱事業者が、外国にある第三者に個人データの取扱いを委託する場合（再委託以降も含む。なお、委託先が日本国内所在のサーバにアクセスして個人データを取り扱う場合も含まれます。Q&A10-22、10-24）

③外国にある個人情報取扱事業者が、国内にある者に対する物品または役務の提供に関連して国内にある者を本人とする個人データを取り扱う場合（Q&A10-22）

④外国に設置されたサーバに個人データを保存する場合（Q&A12-3）

⑤外国にある第三者の提供するクラウドサービスを利用する場合（クラウドサービス提供事業者が個人データを取り扱わないこととなっている場合。Q&A10-25）

外的環境の把握は、越境移転規制（法28条）と混同しがちなところですが、外的環境の把握は、外国にある第三者に提供する場面ではなく、自社において外国で個人データを取り扱う場面で必要となります[56]。

3　外国の個人情報保護制度等の把握と安全管理のために必要かつ適切な措置

外国の個人情報保護制度等を把握する際には、当該外国を特定したうえで、その国における個人情報保護制度等を調査する必要があります。外国の個人情報保護制度等を調査する際には、個人情報保護委員会が公表している調査結果（「**情報提供文書**」、コラム24）を参照・利用することが有益です。

調査に際しては、いわゆる**ガバメントアクセス**や**データ・ローカライゼーション**（コラム25）など、本人の権利利益に重大な影響を及ぼす可能性がある制度を把握することが求められます[57]。

56　ただし、たとえば、外国の委託先については、自社での取扱いと同視されるため、外的環境の把握が必要となる一方（上記事例②）、法28条が法27条5項各号を準用していないため、別途、提供に際しては、越境移転規制（法28条）についても問題となる点に注意が必要です。

57　意見募集結果（通則編）No.467

そのうえで、どのように安全管理措置を講ずるかについては、まずEEA加盟国及び英国のほか、GDPR45条に基づく十分性認定の取得国や地域[58]、APECのCBPRシステムの参加国や地域[59]に関しては、情報提供文書において、個人情報の保護について「概ね我が国と同等の保護が期待できる」とされていることから、基本的には日本国内における安全管理措置と同程度の措置を講ずれば足りると考えられます。

　これに対し、**ガバメントアクセス**や**データ・ローカライゼーション**が存在するなど、本人の権利利益に重要な影響を及ぼす可能性のある制度が存在する外国において個人データを取り扱う場合には、当該外国において取り扱う必要性や、取り扱うデータの内容・性質、ガバメントアクセスの実績等を踏まえる必要があります。

　取り扱いに際しては、暗号化等の処理を行ったり、あるいは委託の場合には、契約書等において、提供先がデータの開示要求やデータへのアクセスを受けた際、提供元に通知をする義務や開示範囲を最小限にする義務、不服や異議の申立てを行う義務等を明記するなど、具体的な状況を踏まえ、講ずる措置の内容を検討することが求められます。

　なお、外国にある第三者に個人データの取扱いを委託する場合、委託元は、委託先を通じて外国において個人データを取り扱うこととなるため、委託先が所在する外国の個人情報の保護に関する制度等を把握した上で、委託先の監督その他の安全管理措置を講じる必要があります。また、委託先が外国にある第三者に個人データの取扱いを再委託する場合、委託元は、委託先及び再委託先を通じて外国において個人データを取り扱うこととなるため、再委託先が所在する外国の制度等も把握した上で、安全管理措置を講じる必要がある点に注意が必要です（Q&A10-24）。

58　アルゼンチン共和国、イスラエル国、ウルグアイ東方共和国、英国、カナダ、韓国、スイス連邦、ニュージーランド等（2022年1月時点）。

59　オーストラリア、カナダ、韓国、シンガポール、フィリピン、米国、メキシコ、台湾（2022年12月時点）。

4 講じた措置の内容等の公表

外国において取り扱う個人データが保有個人データにあたる場合、「保有個人データの安全管理のために講じた措置」として、外国の名称を明らかにし、当該外国の制度等を把握した上で、講じた措置の内容を本人の知り得る状態（本人の求めに応じて遅滞なく回答する場合を含む）に置く必要があります（法32条1項4号、施行令10条1号）。

たとえば、外国にある支店・営業所に個人データを取り扱わせる場合（前記事例①）、支店等が所在する外国の名称を明らかにし、当該外国の制度等を把握した上で、講じた措置の内容を本人の知り得る状態に置く必要があります。

ただし、当該保有個人データの安全管理に支障を及ぼすおそれがあるものについては、その必要はありません（施行令10条1号括弧書き）[60]。

5 外国にある従業者に個人データを取り扱わせる場合

外的環境の把握については、テレワークや海外出張など、外国にある従業者に個人データを取り扱わせる場合についても、当該外国の制度等を把握した上で安全管理措置を講ずる必要があるかが問題となります。

Q&Aでは、「外国にある従業者に個人データを取り扱わせる場合、本人が被る権利利益の侵害の大きさを考慮し、その個人データの取扱状況（個人データを取り扱う期間、取り扱う個人データの性質及び量を含む）等に起因するリスクに応じて、従業者が所在する外国の制度等を把握すべき場合もあると考えられる」としたうえで、まず、外国に居住してテレワークをしている従業者に個人データを取り扱う業務を担当させる場合には、当該従業者の

---

60 外的環境の把握について、どのように情報提供を行うべきかについては、コラム48で取り上げます。

所在する外国の制度等も把握して安全管理措置を講じる必要があるとされています。

これに対し、外国へ出張中の従業者に一時的にのみ個人データを取り扱わせる場合には、必ずしも安全管理措置を講じるにあたって、外国の制度等を把握する必要まではないとされています（Q&A10−23）。

6　外国にある第三者の提供するクラウドサービスを利用する場合

外国にある第三者（事業者）の提供するクラウドサービスを利用する場合については、以下のとおり、整理されています。

まず、クラウドサービス提供事業者が当該個人データを取り扱わないこととなっている場合[61]には、個人データの第三者への「提供」にはあたりません（【27】）。

もっとも、この場合も、個人情報取扱事業者は、外国において個人データを取り扱うこととなるため、自ら果たすべき安全管理措置の一環として当該外国の個人情報の保護に関する制度等を把握したうえで、安全管理措置を講じる必要があります。これは、外国の事業者が提供するクラウドサービスにおいて、日本国内に所在するサーバに個人データが保存される場合においても同様です。

そして、その個人データが保有個人データに該当する場合、「保有個人データの安全管理のために講じた措置」として、クラウドサービス提供事業者が所在する外国の名称及び個人データが保存されるサーバが所在する外国の名称を明らかにし、当該外国の制度等を把握したうえで講じた措置の内容を本人の知り得る状態に置く必要があります（Q&A10−25）。

ここでは、**提供事業者が所在する国**だけではなく、**サーバが所在する国**についても、環境把握（公表事項）の対象とされます。いずれも個人データの

61　契約条項によって当該外部事業者がサーバに保存された個人データを取り扱わない旨が定められており、適切にアクセス制御を行なっている場合等（Q&A7−53）

取扱いに影響を及ぼし得るためです。本人の同意に基づき外国にある第三者に個人データを提供する場合（法28条1項）について、第三者がデータを取り扱うサーバの所在国についての情報の提供が、「望ましい」取り組みとされていることとは異なりますので、混同しないように注意してください。

　なお、個人データが保存されるサーバが所在する国を特定できない場合には、サーバが所在する国の名称に代えて、①サーバが所在する国を特定できない旨及びその理由、及び、②本人に参考となるべき情報を本人の知り得る状態に置く必要があります。参考となるべき情報としては、サーバが所在する外国の候補が具体的に定まっている場合における当該候補となる外国の名称等が挙げられています（Q&A10-25）。

特定できる場合	特定できない場合
• クラウドサービス提供事業者が所在する外国の名称及び個人データが保存されるサーバが所在する外国の名称 • 当該外国の制度等を把握した上で講じた措置の内容	• サーバが所在する国を特定できない旨及びその理由 • 本人に参考となるべき情報（例えば、サーバが所在する外国の候補が具体的に定まっている場合における当該候補となる外国の名称等）

コラム 25　個人情報保護委員会による情報提供文書の公表

　個人情報保護委員会は、外国における個人情報保護制度についての調査結果として、各国または地域ごとに、日本の個人情報保護法との間の本質的な差異の把握に資する一定の情報を記載した文書（情報提供文書）を公表しています[62]。

　この文書は、越境移転規制（法28条）に関する本人の同意を取得する際に、あらかじめ本人に提供をする必要がある「当該外国における個人情報の保護に関する制度に関する情報」（法28条2項、規則17条2項）に関して、GL が示す4つの項目の観点からまとめられています。

62　個人情報保護委員会ウェブサイト（「個人情報保護等」の「令和2年改正個人情報保護法について」の「外国における個人情報の保護に関する制度等の調査」）に掲載されています。

個人情報保護法では、本文で説明した外的環境の把握以外にも、越境移転規制（法28条）のうち、本人の同意、あるいは基準適合体制の整備を根拠として外国にある第三者に個人データの提供を行う場合について、外国の制度及びその内容を調査したうえで、本人に対し情報提供することを求めています。情報提供文書が公表されている国または地域については、同文書の記載内容を参照・利用することが有益です（Q&A12－10、12－20）。

　ただし、利用する際には、公表時以降に、対象国において立法や法改正等が行われていないか、確認する必要がある点に注意してください。たとえば、ベトナム社会主義共和国では、2023年4月に包括的な個人情報保護法令である個人情報保護に関する政令が制定されるなどしています（その他情報提供文書を利用する際の留意事項は、各文書の末尾に記載されています）。

コラム 26　ガバメントアクセスとデータ・ローカライゼーション

　ガバメントアクセスとは、事業者に対し政府の情報収集活動への広範な協力義務を課すことにより、事業者が保有する個人情報について政府による広範な情報収集が可能となる制度をいいます。またデータ・ローカライゼーションとは、事業者が本人からの消去等の請求に対応できないおそれがある個人情報の国内保存義務に関する制度をいい、ガバメントアクセスやデータの越境移転制限の潜在的なリスクとなるものです。

　現状、ガバメントアクセスは、犯罪捜査や安全保障、公衆衛生など様々な目的で行われており、たとえば、米国におけるガバメントアクセスに関連する法令としては、Foreign Intelligence Surveillance Act（外国情報監視法）や、Clarifying Lawful Overseas Use of Data Act（米国クラウド法）などが挙げられます。また、中国においても、国家情報法やデータセキュリティ法、サイバーセキュリティ法等において、ガバメントアクセスやデータ・ローカライゼーションを可能とする規定が設けられています（同国の情報提供文書を参照）。

　米中間の政治的緊張や国際情勢等の変化を背景として、各国において、

ガバメントアクセスやデータ・ローカライゼーションに関する規制が進み
つつあり、外国において個人データを取り扱う事業者においては注意が必
要です。

18 従業者への監督

1 リスクに応じた必要かつ適切な監督

　個人情報取扱事業者は、従業者に個人データを取り扱わせる際、安全管理
措置を遵守させるように「必要かつ適切な監督」を行う必要があります（法
24条）。

　従業者には、雇用関係にある従業員だけでなく、取締役、執行役、理事、
監査役、監事、派遣社員等も含まれます（GL 通則編3-4-3）。

　監督に際しては、安全管理措置と同様に、リスクベース・アプローチ、す
なわち、個人データが漏えい等をした場合に本人が被る権利利益の侵害の大
きさを考慮し、事業の規模及び性質、個人データの取扱状況（取り扱う個人
データの性質及び量を含む）等に起因するリスクに応じて、個人データを取
り扱う従業者に対する教育、研修等の内容及び頻度を充実させるなど、必要
かつ適切な措置を講ずることが望ましいとされています。

　GL では、従業者に対して必要かつ適切な監督を行っていない事例として、
以下の事例が挙げられています（GL 通則編3-4-3）。

- 従業者が、個人データの安全管理措置を定める規程等に従って業務を
  行っていることを確認しなかった結果、個人データが漏えいした場合

> ・内部規程等に違反して個人データが入ったノート型パソコンまたは外部記録媒体が繰り返し持ち出されていたにもかかわらず、その行為を放置した結果、当該パソコンまたは当該記録媒体が紛失し、個人データが漏えいした場合

　コラム23でも説明したとおり、個人情報保護委員会の公表している年次報告によると、漏えい等の事案の多くは、従業者の不注意により発生しています。また、従業者が意図的に漏えいした事案については、「不正の目的を持って行われたおそれがある個人データの漏えい等が発生し、または発生したおそれがある事態」（規則7条3号）に該当し、情報の件数を問わず、報告対象事態にあたります（【21】）。

　このため、従業者の監督は、実務的に重要といえ、人的安全管理措置（【16】）と併せて対応をすることが大切です[63]。

2　従業者へのモニタリング

　実務上、個人データの取扱いに関する従業者への監督や安全管理措置の一環として[64]、従業者を対象とするモニタリングが行われる場合があります。

（1）留意事項
　Q&Aでは、従業者を対象とするビデオやオンライン等によるモニタリングを実施する際の留意点として、以下の点が挙げられています（Q&A5-7）。

---

[63]　個人データの取扱いに関する研修内容が不十分であったことが行政指導の理由の一つとされた事例として、指定難病患者データの個人情報流出事案（個人情報保護委員会・令和4年12月21日）などがあります。

[64]　その他、労働時間の遵守や勤怠評価、不正行為やハラスメントの予防・発見（いわゆる視認性の確保）などを目的として行われる場合もあります。

①モニタリングの目的をあらかじめ特定した上で、社内規程等に定め、従業者に明示すること
②モニタリングの実施に関する責任者及びその権限を定めること
③あらかじめモニタリングの実施に関するルールを策定し、その内容を運用者に徹底すること
④モニタリングがあらかじめ定めたルールに従って適正に行われているか、確認を行うこと

併せて、上記Q&Aでは、モニタリングに関して、個人情報の取扱いに係る重要事項等を定めるときは、あらかじめ労働組合等に通知し必要に応じて協議を行うこと、また、その重要事項等を定めたときは従業者に周知することが望ましいとされています。

たとえば、個人情報取扱規程などの社内規程において、上記内容を定め、それを社内のイントラネット上の掲示版等で掲載するなどの方法により、従業員に対し周知することなどが考えられます。

(2) 安全管理措置

また、Q&Aでは、カメラを設置して個人データを取り扱う場合の安全管理措置について、以下の例が挙げられています（Q&A10-8）。

① 組織的安全管理措置	・カメラ画像・顔特徴データ等を取り扱う情報システムを使用できる従業者を限定、事業者内の責任者を定める、管理者及び情報の取扱いに関する規程等を整備する等
② 人的安全管理措置	・従業者に対する適切な研修（個人情報保護法の適用範囲・義務規定、カメラ画像・顔特徴データ等の取扱いに関する講義等）等を実施する等
③ 物理的安全管理措置	・カメラ、画像データ、顔特徴データ等を保存する電子媒体等の盗難または紛失等を防止するために、設置場所に応じた適切な安全管理を行う等

④ 技術的安全管理措置	• 情報システムを使用してカメラ画像・顔特徴データ等を取り扱う場合や、IPカメラ(ネットワークカメラ、WEBカメラ)のようにネットワークを介してカメラ画像等を取り扱う場合に、必要とされる当該システムへの技術的なアクセス制御や漏えい防止策等を講ずる(アクセス制御には、適切な場合にはパスワード設定等の措置も含む)、アクセスログの取得分析により不正利用の有無を監視する等
⑤ 外的環境の把握	• 外国において個人データを取り扱う場合、当該外国の個人情報の保護に関する制度等を把握した上で、個人データの安全管理のために必要かつ適切な措置を講ずること

　最近では、ビデオカメラによる撮影だけではなく、センサーを利用した従業者の位置情報の把握、メールやチャット内容の把握、ウェアラブルデバイスのデータ等の記録など、様々な態様でモニタリングが行われています。上記Q&Aで示された内容は、ビデオカメラ以外の方法によるモニタリングを行い、従業者の個人データを取り扱う場合についても、同様の趣旨の安全管理措置が必要となると考えられ、参考になります。

（3）プライバシーと通信の秘密

　なお、モニタリングについては、個人情報保護法だけではなく、従業者のプライバシー、さらには取得する情報次第では通信の秘密の保護にも留意する必要があります。職場内であったとしても、従業者の私的な領域は存在するため、モニタリングの手段や程度等によっては、プライバシー侵害が生じ得るからです。

　プライバシー侵害については、個別の事案ごとの判断が必要となりますが、従前の裁判例においては、目的の正当性、取扱いの必要性、手段の相当性とプライバシーの要保護性を比較衡量したうえで、受忍限度の範囲内か、あるいは、社会通念上相当な範囲を逸脱したと認められるかによって判断されることが一般的です。

　また、モニタリングにより、通信の秘密に該当する情報（たとえば、通信の秘密に該当する位置情報など）を取得する場合には、通信の秘密の保護への配慮も必要となります。

このように、モニタリングを行う際には、従業者のプライバシー等への配慮も必要となることから、前述した規程等の整備に加え、事前に従業者本人の同意を得たうえで、実施することも多くあります。

コラム 27　モニタリングに関する裁判例

　参考として、従業員に対するモニタリングが問題となった東起業事件（東京地判平24・5・31 労判1056号19頁）を紹介します。この事案では、支店事務室内のネットワークカメラ警戒監視システムによる従業員の監視と、業務用貸与した携帯電話のGPS情報を電話会社の提供する「安心ナビ」システムに接続させ、休日、早朝、深夜を問わず従業員の居場所を確認するなどした行為について、不法行為（プライバシー侵害）にあたるかなどが問題となりました。

　裁判所は、事務室内にネットワークカメラ警戒監視システムを設置したことについて、「支店の周囲の状況、職員構成に照らすと、セキュリティの向上のために本件監視システムを設置する必要性が認められるし、ネットワークカメラの設置場所についても、防犯上、建物外側の正面玄関、裏通用口のほかに、事務室内を俯瞰する位置とすることに合理性がある。…事務所内のカメラは、事務所内全体を俯瞰することができるものであり、原告の座席のみを撮影するものではない」などと指摘したうえで、ネットワークカメラによる撮影が、原告のプライバシーを侵害するということはできないと判示しました。

　また、ナビシステムによる居場所確認については、ナビシステムの導入は、外回りの多い従業員について、その勤務状況を把握し、緊急連絡や事故時の対応のために当該従業員の居場所を確認することを目的とするもので、相応の合理性があるとしたうえで、勤務時間帯及びその前後の時間帯において、当該ナビシステムを使用して勤務状況を確認することは違法であるということはできないと判示しました。その一方で、早朝、深夜、休日、退職後のように、従業員に労務提供義務がない時間帯や期間においてナビシステムを利用して原告の居場所確認をすることは、特段の必要性のない限り、許されず、不法行為を構成すると判示しています。

19 委託先の監督

1　個人データの取扱いの委託

　個人情報取扱事業者は、たとえば、ダイレクトメールの宛先印刷を外部の業者に委託する場合など、個人データの取扱いの全部または一部を外部に委託することができます。

　委託に際して、本人の同意を得る必要はありませんが、個人データの取扱いを委託する際には、自らが講ずべき安全管理措置と同等の措置が講じられるように、委託先を必要かつ適切に監督する必要があります（法25条）。

　委託する業務内容を前提に、必要のない個人データを提供しないようにすることは当然として、取扱いを委託する個人データの内容を踏まえ、漏えい等をした場合に本人が被る権利利益の侵害の大きさを考慮し、委託する事業の規模及び性質、個人データの取扱状況（取り扱う個人データの性質及び量を含む）等に起因するリスクに応じて、必要かつ適切な措置を講じることが求められます。

　令和3年に個人情報保護委員会がLINE株式会社に対し行った行政指導においては、LINE社が委託等した個人データについて、秘匿性が高く、数量も多いことから、不適切な取扱いが生じた場合の影響も大きいとして、LINE社には、それに応じた高い安全管理措置が必要であると指摘されています[65]。

　GLでは、委託先に対して必要かつ適切な監督を行っていない事例として、以下の例が挙げられています（GL通則編3-4-4）

65　個人情報保護委員会「個人情報の保護に関する法律に基づく行政上の対応について」（令和3年4月23日）。

①個人データの安全管理措置の状況を契約締結時及びそれ以後も適宜把握
　せず外部の事業者に委託した結果、委託先が個人データを漏えいした場合
②個人データの取扱いに関して必要な安全管理措置の内容を委託先に指示
　しなかった結果、委託先が個人データを漏えいした場合
③再委託の条件に関する指示を委託先に行わず、かつ委託先の個人データ
　の取扱状況の確認を怠り、委託先が個人データの処理を再委託した結果、
　当該再委託先が個人データを漏えいした場合
④契約の中に、委託元は委託先による再委託の実施状況を把握することが
　盛り込まれているにもかかわらず、委託先に対して再委託に関する報告
　を求めるなどの必要な措置を行わず、委託元の認知しない再委託が行わ
　れた結果、当該再委託先が個人データを漏えいした場合

　後述するベネッセ事件（**事例紹介③**）や尼崎市 USB メモリ紛失事件は、
委託先、さらには再委託先において情報漏えいが生じた事例です。委託先に
おいて情報漏えいが生じた場合、委託元は、使用者責任（民法715条）に基
づき、本人に対し損害賠償責任を負う場合もあります[66]。

　「必要かつ適切な措置」として、具体的には、①適切な委託先の選定、②
委託契約の締結、③委託先における個人データの取扱状況の把握の３つの措
置を講じる必要があります（GL 通則編3−4−4）。

2　委託における必要かつ適切な措置

（1）適切な委託先の選定

　委託先の選定に当たっては、委託先の安全管理措置が、少なくとも法23条
及び本ガイドラインで委託元に求められるものと同等であることを確認する

66　たとえば、宇部市住民台帳データ漏えい事件（大阪高判平成13・12・25判自265号17頁）や
TBC 漏えい事件（東京高判平成19・8・28判タ1264号299頁）では、再々委託先の従業員やウェブ
サイト作成会社との間に実質的な指揮・命令関係があったとして委託元に対し使用者責任が認めら
れています。

ため、「GLの安全管理措置」に定める各項目が委託する業務内容に沿って確実に実施されることについて、あらかじめ確認しなければならないとされています（GL通則編3-4-4（1））。

このため、委託先の選定に際しては、委託先においてどのような安全管理措置を講じているかを事前に把握し、確認する作業が必要となります。

たとえば、委託先にチェックリストを渡して記入してもらう、あるいは委託先から資料等の交付を受け、説明を受けるなどして確認をすることが考えられます。また、プライバシーマークや情報セキュリティマネジメントシステム（ISMS）認証を取得していることなど、あらかじめ委託先選定のための基準を設定するなどの方法も行われています[67]。

（2）委託契約の締結

委託に際しては、委託契約を締結する必要があります。GLでは、委託契約には、当該個人データの取扱いに関する必要かつ適切な安全管理措置として、委託元、委託先双方が同意した内容とともに、委託先における委託された個人データの取扱状況を委託元が合理的に把握することを盛り込むことが望ましいとされています（GL通則編3-4-4（2））。

このため、実務的には、

① 業務委託内容・個人データの利用目的の明確化
② 目的外利用の制限・禁止（第三者提供を含む）
③ 安全管理措置の内容（従業者の範囲の明確化や従業者に対する監督・教育を含む）

67　プライバシーマーク制度とは、個人情報保護に関する日本産業規格「JIS Q 15001:2017」に適合して、個人情報を適切に取り扱う体制等を整備している事業者に対し「プライバシーマーク」の使用を認める制度です。個人情報保護法の遵守にとどまらず、自主的により高いレベルの個人情報の管理体制を確立し、運用していることを示すことができる制度として利用されています。また、ISMS適合性評価制度とは、認証基準である「JIS Q 27001: 2014」に組織が適合していることを評価する第三者認証制度です。両者は、対象とする情報の範囲や、認定・認証を取得できる範囲（法人単位か否か）が異なります。

④定期的な監査（立入検査・定期報告・情報提供）

⑤再委託の可否・条件・範囲（事前承認や何次委託まで認めるかなど）

⑥漏えい等事案が発生した場合の対応及び責任

⑦委託の期間・終了事由

⑧終了時の個人データの返還・廃棄

⑨秘密保持

などを定めておくことが一般的です。必要に応じて、外部記録媒体の持ち込み禁止や事業所内からの持ち出し禁止を合意することも大切です。なお、重要なのは、安全管理措置の内容等について委託元と委託先とで合意をすることですので、合意内容を客観的に明確化できる限り、業務委託契約書だけでなく、委託先から委託元への誓約書の差入れや覚書・合意書などの取交しも認められ、書面の表題や書式は問われません（Q&A5−8）。

　また、外部事業者に定型的業務を委託する場合、当該外部事業者が用意している約款等を吟味した結果、当該約款等を遵守することにより当該個人データの安全管理が図られると判断される場合には、当該定型的業務を委託することについて必ずしも追加的に覚書を締結する必要まではないとされています（Q&A5−11）。

　令和2年改正により、一定の個人データの漏えい等について、個人情報保護委員会への報告等が法律上の義務とされました（法26条1項。【20】から【22】）。このため、委託元の個人情報取扱事業者としては、⑥の内容として、委託先が個人データの漏えい等を認識した場合、速やかに委託元に報告するとともに、原因の究明に必要な事項の報告・資料等の提供を含め、委託元の協力要請に応じるよう契約で義務付けておくことが大切です。

　なお、委託契約の内容については、たとえば、金融実務指針Ⅲなど、特定分野ガイドライン等によって、委託契約において盛り込むべき安全管理措置に関する内容が定められている場合もあります。

（3）委託先における個人データ取扱状況の把握

　GL では、委託先における委託された個人データの取扱状況を把握するため、定期的に監査を行う等により、委託契約で盛り込んだ内容の実施の程度を調査した上で、委託の内容等の見直しを検討することを含め、適切に評価することが望ましいとされています（GL 通則編3-4-4（3））。

　把握する方法は、監査に限定されるものではなく、取扱いを委託する個人データの内容や規模に応じて適切な方法を講ずれば足り、口頭による確認も含むとされています。

　個人情報保護委員会が公表をした令和3年度の年次報告によると、委託先従業員が住所、氏名等の顧客情報を不正に用いて他のサービスの営業に使用していた事案について、委託先における従業員教育の状況を適切に把握する等、委託先の管理を徹底するよう委託元を指導したことなどが明らかとされています（同11頁）。

　また、令和5年7月には、委託先のクラウド環境の誤設定に起因してサーバが公開状態に置かれていたことにより、サービス利用者の個人データが外部から閲覧できる状態にあり、個人データの漏えいが発生したおそれのある事態が発覚した事案ついて、委託元が、委託先のサーバクラウド環境におけるアクセス制御の観点からの監査・点検を実施しておらず、委託先における個人データの取扱状況を適切に把握していなかったこと等を理由に行政指導が行われたことが公表されています[68]。

　なお、実務的には、再委託先における個人データの取扱状況の把握も重要です。ベネッセ事件では、再委託先の従業員による顧客情報の漏えい（名簿業者への売却）が大きな問題となりました（**事例紹介③**）。また、令和4年6月には、尼崎市が、住民税非課税世帯等に対する臨時特別給付金支給事務における保有個人情報の取扱いを業者に委託していたところ、再委託先の従業員が、同市の全住民約46万人の住民基本台帳の情報等を含む USB メモリ

68　個人情報保護委員会「トヨタ自動車株式会社による個人データの漏えい等事案に対する個人情報の保護に関する法律に基づく行政上の対応について」（令和5年7月12日）

を持ち出し、鞄に入れたまま泥酔し、紛失する事案も発生しています。

　GLにおいても、委託元は、ⅰ委託先が再委託する相手方、再委託する業務内容、再委託先の個人データの取扱方法等について、委託先から事前報告を受けまたは承認を行うこと、ⅱ委託先を通じてまたは必要に応じて自らが定期的に監査を実施すること等により、委託先が再委託先に対して本条の委託先の監督を適切に果たすこと、ⅲ再委託先が法23条に基づく安全管理措置を講ずることを十分に確認することが望ましく、再委託先が再々委託を行う場合以降も、再委託を行う場合と同様であるとされています（GL通則編4-3-9（3））。

　特に、国内の委託先が外国にある第三者に基準適合体制の整備を理由として再委託をする場合には、委託元において、当該委託先が法28条3項に基づき必要な措置等を講じているかや、委託先が再委託先に対し必要かつ適切な監督を行っているか、委託先を監督する必要があるとされている点にも注意する必要があります（Q&A12-16）。

事例紹介③：ベネッセ事件

　通信教育等を行うベネッセコーポレーションが、顧客情報を管理・分析するシステムの開発・運用等を子会社に委託していたところ、子会社から開発の再委託を受けたC社の従業員が、ベネッセの顧客情報を不正に取得し、約3504万件の顧客の個人情報を名簿業者3社に売却していたことが発覚した事案です。

　この事案では、子会社により、個人情報の外部への持ち出しを防ぐセキュリティシステムが導入されていたものの、C社の従業員が所持していたスマートフォンは、同セキュリティシステムが対応しない新しい通信方式でデータ通信をするものであったため、従業員はデータベース内に保管されていたベネッセの顧客等の個人情報を抽出し、業務において使用していたPCに保存したうえで、その後、USBケーブルを用いて同人所有のスマートフォンに転送し、顧客等の個人情報を不正に取得していました。

この事件については、被害者による損害賠償請求訴訟が多数提起されるとともに、ベネッセコーポレーションに対しては、株主代表訴訟も提起されました。訴訟では、新しい通信方式が利用されたことに対する予見可能性（過失の有無）や委託先に対する監督責任、さらには損害額など、漏えい等が生じた場合の様々な論点が問題となっています。

コラム 28　LINE 株式会社に対する行政指導

　令和3年4月23日、個人情報保護委員会は、無料通信アプリ「LINE」のデータの取扱いについて、LINE 株式会社に対し、指導を行いました[69]。

　この事案では、システム開発の委託先である中国にある関連会社の技術者らが日本国内のサーバにあるユーザーの個人情報へアクセスできる状態にあったこと、また、ユーザーに対し主要なサーバは日本のデータセンターに集約されている旨が説明されていたにもかかわらず、LINE のトークに投稿されたすべての画像と動画が韓国内のサーバに保管され、当該サーバに対し韓国にある LINE 子会社の社員がアクセス権限を有していた点などが問題となりました。

　個人情報保護委員会は、個人データの秘匿性や数量、不適切な取扱いが生じた場合の影響等を踏まえ、LINE 社には、高い安全管理措置が必要であるとしたうえで、個人データの取扱いを委託する場合には、自らが講ずべき安全管理措置と同等の措置が講じられるよう、例えば、次のような手法により必要かつ適切な監督を行うと指導しました。

①委託先（再委託先を含む）のシステム開発者に個人データへのアクセス権限を付与する場合には、その必要性及び権限付与の範囲を組織的に検討した上、必要な技術的安全管理措置を講ずること

②委託先のシステム開発者に個人データへのアクセス権限を付与する場合には、不正閲覧等を防止するため、アクセスしたデータの適切な検証を

69　個人情報保護委員会「個人情報の保護に関する法律に基づく行政上の対応について」（令和3年4月23日）。

可能とするログの保存・分析など組織的安全管理措置を検討した上、必要な措置を講ずること

③委託先における個人データの取扱状況を把握するため、定期的に監査を行うなど、委託契約の実施状況を調査した上で、委託内容等の見直しの検討を含め、適切に評価する措置を講ずること

　この事案は、高い安全管理措置が必要とされた事案ではあるものの、委託先等にアクセス権限を付与する場合の技術的・組織的安全管理措置の内容など、委託先に対する具体的な監督方法を考える際に参考となります。

20 個人データの漏えい、滅失または毀損（「漏えい等」）の考え方

1 漏えい等が生じた場合

　個人情報取扱事業者は、個人データの漏えい、滅失または毀損（以下「漏えい等」）が発生した場合、またはそのおそれのある事案（漏えい等事案）が発覚した場合、漏えい等事案の内容等に応じて、①事業者内部における報告及び被害の拡大防止、②事実関係の調査及び原因の究明、③影響範囲の特定、④再発防止策の検討及び実施、⑤個人情報保護委員会への報告及び本人への通知について、必要な措置を講じる必要があります（GL通則編3−5−2）。

　このうち、⑤の個人情報保護委員会への報告及び本人への通知（法26条1項・2項）は、令和2年の改正により、個人の権利利益を害するおそれが大きい漏えい等事案について、法的な義務とされました。義務違反は、勧告、命令、違反事実の公表等の処分の対象とされています（法145条）。

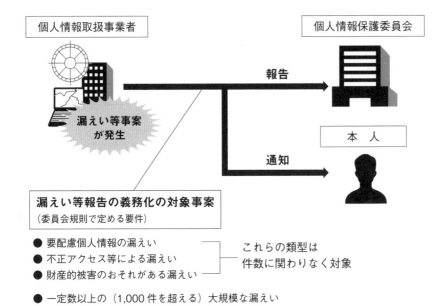

個人情報保護委員会「令和2年改正及び令和3年改正案について」（令和3年5月7日）10頁を基に作成

2 漏えい等の考え方

　個人データの「漏えい」とは、個人データが外部に流出すること、「滅失」とは、個人データの内容が失われること、「毀損」とは、個人データの内容が意図しない形で変更されることや、内容を保ちつつも利用不能な状態となることをいいます（GL通則編3-5-1）。

漏えいに該当する事例[70]	• 個人データが記載された書類を第三者に誤送付した場合 • 個人データを含むメールを第三者に誤送信した場合 • システムの設定ミス等によりインターネット上で個人データの閲覧が可能な状態となっていた場合 • 個人データが記載または記録された書類・媒体等が盗難された場合 • 不正アクセス等により第三者に個人データを含む情報が窃取された場合
滅失に該当する事例	• 個人情報データベース等から出力された氏名等が記載された帳票等を誤って廃棄した場合（※当該帳票等が適切に廃棄されていない場合には、個人データの漏えいに該当する場合がある） • 個人データが記載または記録された書類・媒体等を社内で紛失した場合（※社外に流出した場合には、個人データの漏えいに該当する）
毀損に該当する事例	• 個人データの内容が改ざんされた場合 • 暗号化処理された個人データの復元キーを喪失したことにより復元できなくなった場合 • ランサムウェア等により個人データが暗号化され、復元できなくなった場合（※同時に個人データが窃取された場合には、個人データの漏えいにも該当する）

　なお、漏えい等をした情報が個人データに該当するかどうかは、当該個人データを漏えい等した個人情報取扱事業者を基準に判断されます。このため、取り扱う個人データの一部が漏えいし、漏えいした一部の個人データによっては、第三者では特定の個人を識別することができない場合でも、漏えい等をした個人情報取扱事業者を基準に【21】で説明する報告対象事態に該当すれば、報告が必要となります（Q&A6-10）。

3　漏えい等の注意点

　漏えい等の注意点としては、以下の点が挙げられます。

（1）第三者に閲覧されないうちにすべてを回収した場合

70　令和6年4月1日施行予定のGL改正案（以下「GL改正案」）では、漏えいに該当する事例として「個人情報取扱事業者のウェブサイトの入力ページが第三者に改ざんされ、ユーザーが該当ページに入力した個人情報が、当該第三者に送信された場合であり、かつ、当該個人情報取扱事業者が、当該ページに入力される個人情報を個人情報データベース当へ入力することを予定していたとき」が追記される予定です。

①漏えいについて、個人データを第三者に閲覧されないうちにすべてを回収した場合は、漏えいに該当しないとされています（GL 通則編3-5-1-1）。

具体的には、個人データを含むメールを誤送信した場合において、当該第三者が当該メールを削除するまでの間に当該メールに含まれる個人データを閲覧していないことが確認された場合や、システムの設定ミス等によりインターネット上で個人データの閲覧が可能な状態となっていた場合において、閲覧が不可能な状態とするまでの間に第三者が閲覧していないことがアクセスログ等から確認された場合などです（Q&A6-2）[71]。

また、クレジットカードまたはデビットカードを誤って第三者に郵送した場合、当該カードを発行した個人情報取扱事業者において、「不正に利用されることにより財産的被害が生じるおそれがある個人データの漏えい等」に該当すると考えられますが、クレジットカードまたはデビットカードが同封された郵便物が未開封のまま回収された場合には、通常、漏えいに該当せず、報告対象とはならないとされています（Q&A6-13）。

（2）ノートパソコン等の端末を社外で紛失した場合

ノートパソコン等の端末を社外で紛失した場合については、当該端末に個人データが記録されていなかったとしても、当該端末から個人データを格納しているサーバにアクセス可能な場合には、当該端末にパスワード等を設定していても、当該端末を紛失した時点で漏えいのおそれが認められます。

もっとも、「当該端末の紛失後に一定の措置を講じて、当該端末から個人データを閲覧することを不可能な状態にした場合において、閲覧不可能な状態とするまでの間に第三者が閲覧していないことがアクセスログ等から確認された場合には、『漏えい』には該当しない」とされています[72]。

71　同 Q&A では「誤送信先の取扱いやアクセスログ等が確認できない場合には、漏えい（または漏えいのおそれ）に該当し得ます」とされています。

72　意見募集結果（金融 GL 等）No.29

（3）自らの意図に基づき個人データを第三者に提供する場合

　個人情報取扱事業者が自らの意図に基づき個人データを第三者に提供する場合は、漏えいに該当しないとされています（GL 通則編3-5-1-1）。このため、たとえば、第三者提供規制（法27条や28条）に違反する個人データの移転の事実が判明した場合については、違法行為にあたり、事業者としてはただちに違法状態を解消しなければなりませんが[73]、「漏えい」にはあたりません。

　これに対し、委託や共同利用において、対象に含まれていない個人データを誤って送信等してしまった場合については、漏えいに該当すると考えられます[74]。

（4）同じデータが他に保管されている場合

　②滅失や一部の③毀損[75]については、その内容と同じデータが他に保管されている場合は、滅失や毀損に該当しないとされています（GL 通則編3-5-1-2、3-5-1-3）。

　このため、実務的には、定期的にデータのバックアップを取っておくことが大切です。

コラム 29　個人データが記録された USB メモリを紛失した場合

　漏えい等に関連して実務的によく問題となるのが、個人データが記録された USB メモリなどの外部記録媒体が見つからない場合です。

　個人データの「漏えい」とは、個人データが外部に流出すること、「滅失」とは、個人データの内容が失われることをいいます（GL 通則編3-5-1）。

　個人データが記録された USB メモリを紛失したものの、紛失場所が社

73　なお、本人から第三者提供の停止請求を受ける可能性があります（法35条3項）。

74　意見募集結果（通則編）No.91

75　個人データの内容が改ざんされた場合を除きます（GL 通則編3-5-1-3）

内か社外か特定できない場合には、漏えい（または漏えいのおそれ）に該当すると考えられます。

また、社内で紛失したままである場合には、滅失（または滅失のおそれ）に該当すると考えられています（Q&A6－3）。

21 漏えい等の報告対象事態と報告等を要しない場合

1　報告等の対象となる事象

　報告等の対象となる事象は、漏えい等のうち、**個人の権利利益を害するおそれが大きいもの**です（法26条1項）。すべての漏えい等について、報告等が必要となるわけではありません。

　具体的には、個人情報取扱事業者は、次の①から④までに掲げる事態（**報告対象事態**）を知ったときは、個人情報保護委員会に報告する必要があります（規則7条）。

① 要配慮個人情報が含まれる個人データの漏えい等が発生し、または発生したおそれがある事態	・病院における患者の診療情報や調剤情報を含む個人データを記録したUSBメモリを紛失した場合 ・従業員の健康診断等の結果を含む個人データが漏えいした場合
② 不正に利用されることにより財産的被害が生じるおそれがある個人データの漏えい等が発生し、または発生したおそれがある事態	・ECサイトからクレジットカード番号を含む個人データが漏えいした場合 ・送金や決済機能のあるウェブサービスのログインIDとパスワードの組み合わせを含む個人データが漏えいした場合

③ 不正の目的をもって行われたおそれがある個人データ[76]の漏えい等が発生し、または発生したおそれがある事態	• 不正アクセスにより個人データが漏えいした場合 • ランサムウェア等により個人データが暗号化され復元できなくなった場合 • 個人データが記載または記録された書類・媒体等が盗難された場合 • 従業者が顧客の個人データを不正に持ち出して第三者に提供した場合[77]
④ 個人データに係る本人の数が1000人を超える漏えい等が発生し、または発生したおそれがある事態	• システムの設定ミス等によりインターネット上で個人データの閲覧が可能な状態となり、当該個人データに係る本人の数が1,000人を超える場合

　上記①から③の場合については、対象となった個人データの件数に関わりなく、１件の個人データが漏えい等した場合であっても、報告義務があります。

　これに対し、これらの事態に該当しない場合であっても、個人データに係る本人の数が1,000人を超える漏えい等事案（上記④）は、報告の対象とされます。

　上記②の「不正に利用されることにより財産的被害が生じるおそれがある」（規則７条２号）とは、漏えい等した個人データを利用し、本人になりすまして財産の処分が行われる場合が想定されています。そして「財産的被害が生じるおそれ」については、対象となった個人データの性質や内容等を踏まえ、財産的被害が発生する蓋然性を考慮して判断されます。

76　GL改正案では、「当該個人情報取扱事業者が取得し、または取得しようとしている個人情報であって、個人データとして取り扱うことが予定されているものを含む」とされる予定です。「取得しようとしている個人情報」に該当するかは、当該個人情報取扱事業者が用いている個人情報の取得手段等を考慮して客観的に判断されます。

77　その他、GL改正案では、情報を摂取するマルウェアに感染し、個人データが漏えいした場合や、いわゆるウェブスキミングの事例等が追記される予定です。

財産的被害が生じるおそれがある場合	財産的被害が生じるおそれがない場合
• 個人データであるクレジットカード番号のみが漏えいした場合(Q&A6−12) • 銀行口座情報がインターネットバンキングのログインに用いられている場合であって、銀行口座情報とインターネットバンキングのパスワードの組合せが漏えいした場合(Q&A6−14)	• 住所、電話番号、メールアドレス、SNSアカウントといった個人データのみが漏えいした場合(Q&A6−11) • 個人データであるクレジットカード番号の下4桁のみとその有効期限の組合せが漏えいした場合(Q&A6−12) • 個人データである銀行口座情報のみの漏えい(Q&A6−14)

　漏えい等事案を知った時点において、財産的被害が生じるおそれがある場合には、その後の被害防止措置により財産的被害が生じるおそれがなくなったとしても、報告対象とされています（Q&A6−15）。

2　漏えい等が発生した「おそれ」がある場合

　注意が必要なのは、漏えい等が実際に発生したか未確定であっても、**「発生したおそれ」がある場合**については、報告義務の対象とされている点です。

　「おそれ」とは、その時点で判明している事実関係からして、漏えい等が疑われるものの、漏えい等が生じた確証がない場合をいいます（GL 通則編3−5−3−1※2）。

　最近、急増しているサイバー攻撃の事案については、被害にあった事実を認識した時点において判明している事実関係から漏えい等が発生したおそれがある事態に該当するかを判断する必要があります。

　GLでは、「漏えいが発生したおそれがある事態に該当し得る事例」として、以下の例が挙げられています（GL 通則編3−5−3−1（4）※3）[78]。

78　GL 改正案では、「個人情報の取得手段であるウェブページを構成するファイルを保存しているサーバや、当該サーバにアクセス権限を有する端末において、外部からの不正アクセスにより、当該ファイルに、当該ウェブページに入力された情報を窃取するような改ざんがされた痕跡が確認された場合」が追記される予定です。

- 個人データ[79]を格納しているサーバや、当該サーバにアクセス権限を有する端末において外部からの不正アクセスによりデータが窃取された痕跡が認められた場合
- 個人データを格納しているサーバや、当該サーバにアクセス権限を有する端末において、情報を窃取する振る舞いが判明しているマルウェアの感染が確認された場合[80]
- マルウェアに感染したコンピュータに不正な指令を送り、制御するサーバ（C&C サーバ）が使用しているものとして知られている IP アドレス・FQDN（Fully Qualified Domain Name の略。サブドメイン名及びドメイン名からなる文字列であり、ネットワーク上のコンピュータ（サーバ等）を特定するもの）への通信が確認された場合
- 不正検知を行う公的機関、セキュリティ・サービス・プロバイダ、専門家等の第三者から、漏えいのおそれについて、一定の根拠に基づく連絡を受けた場合

3　報告等を要しない場合

　漏えい等が発生し、または発生したおそれがある個人データ[81]について、高度な暗号化等の秘匿化がされている場合など、**「高度な暗号化その他の個人の権利利益を保護するために必要な措置」が講じられている場合**には、**報告を要しない**とされています（規則 7 条 1 項括弧書き）。

　具体的には、当該漏えい等事案が生じた時点の技術水準に照らし、①漏えい等が発生し、または発生したおそれがある個人データについて、これを第

79　GL 改定案では、「個人情報データベース等へ入力する予定の個人情報を含む」とされる予定です（2 つ目の例も同様）。

80　単にマルウェアを検知したことをもって直ちに漏えいのおそれがあると判断するものではなく、防御システムによるマルウェアの実行抑制の状況、外部通信の遮断状況等についても考慮することになります（Q&A6 – 17）。

81　GL 改定案では、「個人データまたは個人情報」とされる予定です。

三者が見読可能な状態にすることが困難となるような暗号化等の技術的措置が講じられるとともに、②そのような暗号化等の技術的措置が講じられた情報を見読可能な状態にするための手段が適切に管理されていることが必要とされています（Q&A6 – 19）。

①第三者が見読可能な状態にすることが困難となるような暗号化等の技術的措置	適切な評価機関等により安全性が確認されている電子政府推奨暗号リストやISO/IEC 18033等に掲載されている暗号技術が用いられ、それが適切に実装されていること
②暗号化等の技術的措置が講じられた情報を見読可能な状態にするための手段の適切に管理	以下のいずれかの要件を満たすこと ・暗号化した情報と複合鍵を分離するともに複合鍵自体の漏えいを防止する適切な措置を講じていること ・遠隔操作により暗号化された情報若しくは複合鍵を削除する機能を備えていること ・第三者が複合鍵を行使できないように設計されていること

　テンプレート保護技術（暗号化等の技術的措置を講じた生体情報を復号することなく本人認証に用いる技術）を施した個人識別符号について、高度な暗号化等の秘匿化がされており、かつ、当該個人識別符号が漏えいした場合に、漏えいの事実を直ちに認識し、テンプレート保護技術に用いる秘匿化のためのパラメータを直ちに変更するなど漏えいした個人識別符号を認証に用いることができないようにしている場合には、「高度な暗号化その他の個人の権利利益を保護するために必要な措置」を講じていることになるため、報告は不要とされています（Q&A6 – 20）。

4　任意の報告

　報告対象事態に該当しない場合であっても、個人情報保護委員会への報告を行うことは可能です。この場合、報告書の様式における「規則7条各号該当性」については、「非該当（上記に該当しない場合の報告）」として、報告を行うことになります（Q&A6 – 18）。

コラム 30　中小企業をターゲットとしたサイバー攻撃の増加

企業が有する個人情報等を不正に入手したり、ネットバンキングを通じて不正送金を行うなど、企業に対するサイバー攻撃が増加しています。

最近では、サイバー攻撃への対策が進んでいる大企業を直接狙わずに、セキュリティ対策の甘い取引先である中小企業を攻撃し、そこから大企業への侵入を試みるいわゆる「サプライチェーン攻撃」も増えてきています。

2022年2月には、取引先の工場がサイバー攻撃を受け、システム障害が発生したことを原因として、トヨタ自動車株式会社が国内の全工場の稼働を停止する事態が生じています。

このようなサプライチェーン攻撃の増加を受け、中小企業におけるサイバーセキュリティ対策を支援するため、**「サイバーセキュリティ経営ガイドライン Ver 3.0」**（経済産業省・独立行政法人情報処理推進機構。2023年3月）や**「中小企業の情報セキュリティ対策ガイドライン（第3版）」**（独立行政法人情報処理推進機構。最終更新2023年2月）が公表されているとともに、より小規模の事業者に向けては**「小さな中小企業と NPO 向け情報セキュリティハンドブック Ver1.10」**（内閣サイバーセキュリティセンター（NISC）。2020年4月）も公表されています。

また、NISC からは、実際にサイバー攻撃の被害にあった企業の協力を得て作成した**「サイバー攻撃を受けた組織における対応事例集」**（2022年4月）も公表されており、参考になります。

中小企業においては、これらの公表資料等を参考にしつつ、サイバーセキュリティ対策を含めた安全管理措置を構築することが大切です。また、大企業においては、サプライチェーン攻撃を念頭に、取引先に対し、セキュリティ対策を含む安全管理措置を講ずるよう促すとともに、サプライチェーン攻撃を受けた場合を含め、サイバーセキュリティリスクが顕在化した場合に備え、不可抗力条項の見直しや調査への協力など、契約書の見直し等を進めておくことも有益です。

22 漏えい等の報告と本人への通知

1 報告義務の主体

　漏えい等報告の義務を負う主体は、漏えい等が発生し、または発生したおそれがある個人データを取り扱う個人情報取扱事業者です（GL 通則編3－5－3－2）[82]。

　個人データの取扱いを委託している場合には、原則として委託元と委託先の双方が報告する義務を負いますが、委託先が、報告義務を負っている委託元に当該事態が発生したことを通知したときは、委託先は報告義務を免除されます（法26条1項但書、2項本文括弧書き、規則9条、GL 通則編3－5－3－5）。

　実務的には、委託元が速やかに報告等できるように、委託先との間で締結する契約等において、委託先に対し委託元への個人データの漏えい等に関する通知義務を課すとともに、委託元の対応に協力する等の内容を合意しておくことが大切です（【19】）。

　また、クラウドサービス提供事業者が、個人データを取り扱わないこととなっている場合において、報告対象となる個人データの漏えい等が発生したときには、クラウドサービスを利用する事業者が報告義務を負います。この場合、クラウドサービス提供事業者は、報告義務を負いませんが、クラウドサービスを利用する事業者が安全管理措置義務及び同項の報告義務を負っていることを踏まえて、契約等に基づいてクラウドサービスを利用する事業者に対して通知するなど、適切な対応を行うことが求められるとされています（Q&A6－22）。配送事業者の誤配送によって報告対象となる個人データの漏

82　GL 改正案では、「ただし、規則第7条3号に定める事態について漏えい等報告の義務を負う主体は、漏えい等が発生し、または発生したおそれがある個人データまたは個人情報を取り扱い、または取得しようとしている個人情報取扱い事業者である」とされる予定です。

えいが発生した場合も、同様に考えられています（Q&A6−23）。

2　漏えい等の報告先

　個人データの漏えい等が生じた場合、個人情報取扱事業者は、規則で定めるところにより、個人情報保護委員会に報告することになります（法26条1項）。

　個人情報保護委員会への報告は、原則として、オンライン（個人情報保護委員会のウェブサイトの報告フォームに入力する方法）により行う必要があります（規則8条）。

　個人情報保護委員会は、報告を受ける権限などを政令で定めるところにより、事業所管大臣に委任することができ（法150条1項）、権限委任をしている業種に該当する場合には、権限委任先省庁へ報告をすることになります。権限委任の対象業種については、個人情報保護委員会のウェブサイトで確認することができます。

3　報告の方法

　漏えい等の報告は、速報と確報の2段階で行うことになっています（規則8条1項、2項）。速報の時点で全ての事項を報告できる場合には、1回の報告で両者を兼ねることができます（GL通則編3−5−3−4※1）。

速報	• 報告対象事態を知った後、速やかに、当該事態に関する次に掲げる事項（報告をしようとする時点において把握しているものに限る）を報告しなければならない。 ①概要、②漏えい等が発生し、または発生したおそれがある個人データの項目、③漏えい等が発生し、または発生したおそれがある個人データに係る本人の数、④原因、⑤二次被害（Q&A6-25）またはそのおそれの有無及びその内容、⑥本人への対応の実施状況、⑦公表の実施状況、⑧再発防止のための措置、⑨その他参考となる事項（Q&A6-26）[83]
確報	• 個人情報取扱事業者は、報告対象事態を知った日から30日以内（不正の目的をもって行われたおそれがある個人データの漏えい等が発生し、または発生したおそれがある事態の場合は60日以内）に、上記①から⑨の事項を委員会に報告しなければならない。

　速報における「**速やかに**」とは、個別の事案によるものの、個人情報取扱事業者が当該事態を知った時点から概ね3～5日以内とされています（通則編3-5-3-3）。「知った」時点とは、個人情報取扱事業者が法人の場合、法人内のいずれかの部署が当該自体を知った時点をいいます。代表者や担当役員、担当部署が把握していない場合であっても、当該法人内のいずれかの部署内における従業者が報告対象事態を知った時点で「部署が知った」ことになり（Q&A6-24）[84]、報告の起算点となります（確報の報告期限の算定に当たっては、「知った」時点を1日目とします[85]）。

　実際に報告対象事態が生じた際の対応スケジュールについては、かなりタイトなのが実情です。

　このため、報告義務を適時に履行する観点からは、【16】の組織的安全管理措置で説明をしたとおり、平時から対応マニュアルや情報管理規程等にお

83　GL改正案では、②及び③について「個人データ（規則第7条第3号に定める事態については、同号に規定する個人情報を含む。）」とされる予定です。

84　従業者等の不正な持ち出し事案では、不正な持ち出しを行った従業者を除いた上で判断することになります。

85　確報の報告期限（30日以内または60日以内）の算定に当たっては、土日・祝日も含めます。ただし、30日目または60日目が土日、祝日または年末年始閉庁日（12月29日～1月3日）の場合は、その翌日が報告期限とされます（GL通則編3-5-3-4※2）。

いて、漏えい等の検知から確報まで、必要となる一連の手続について、誰が、何を、いつ、どのように対応するのか、具体的な対応フローとして整理し、落とし込んでおくとともに、報告対象事態が生じた際、速やかな情報共有・集約ができるように、関係部署間（横軸）だけでなく経営層（縦軸）も踏まえた報告体制を構築しておくことが必要です（Q&A6-4）。

　特にサイバー攻撃の場合、休日や企業の営業時間外（夜間）に攻撃をしかけてくることも少なからずあり、また、被害の拡大を防ぐ観点から、初動対応としてシステムの停止やネットワークの切断などの措置が必要となることも多くあります（Q&A6-5参照）。このため、報告体制を構築する際には、システムの責任者等を含めるなど、これらの事態を想定した体制としておくことが求められます。

　そして、対応フローを含む体制整備後は、社内研修等を通じて日頃から従業員に周知をしておくことが大切です。

　なお、確報においては、報告事項のすべてを報告しなければならないとされています。確報を行う時点において、合理的努力を尽くしたうえで、一部の事項が判明しておらず、すべての事項を報告することができない場合には、その時点で把握している内容を報告し、判明次第、報告を追完する必要があります（GL通則編3-5-3-4）。

　また、外部の専門業者によりフォレンジック調査を行なった場合には、個人情報保護委員会から報告書の提出を求められる場合があります。

4　本人への通知義務

　個人情報取扱事業者は、報告対象事態を知った後、当該事態の状況に応じて速やかに、本人への通知を行う必要があります（規則10条）[86]。

86　GL改正案では、「ただし、規則第7条3号に定める事態について本人への通知義務を負う主体は、漏えい等が発生し、または発生したおそれがある個人データまたは個人情報を取り扱い、または取得しようとしている個人情報取扱い事業者である」とされる予定です。

本人へ通知すべき事項は、漏えい等の報告事項のうち、①概要、②漏えい等が発生し、または発生したおそれがある個人データ[87]の項目、④原因、⑤二次被害またはそのおそれの有無及びその内容及び⑨その他参考となる事項の５つに限定され、かつ、本人の権利利益を保護するために必要な範囲において通知することとされています（規則10条）。

報告事項	委員会報告	本人への通知
① 概要	○	○
② 漏えい等が発生し、または発生したおそれがある個人データの項目	○	○
③ 漏えい等が発生し、または発生したおそれがある個人データに係る本人の数	○	－
④ 原因	○	○
⑤ 二次被害またはそのおそれの有無及びその内容	○	○
⑥ 本人への対応の実施状況	○	－
⑦ 公表の実施状況	○	－
⑧ 再発防止のための措置	○	－
⑨ その他参考となる事項	○	○

　通知の方法について、法令上様式は定められていませんが、事案の性質および個人データの取扱状況に応じ、通知すべき内容が本人に認識される合理的かつ適切な方法によらなければならず、文書を郵便で送付する方法や電子メールを送信する方法など、本人にとってわかりやすい形で通知を行うことが望ましいとされています（GL 通則編3−5−4−4）。

　本人への通知の時期については、個別の事案において、その時点で把握している事態の内容、通知を行うことで本人の権利利益が保護される蓋然性、本人への通知を行うことで生じる弊害等を勘案して判断することが求められます。

87　GL 改正案では、「個人データ（前条第３号に定める事態については、同号に規定する個人情報を含む。次号において同じ。）」とされる予定です。

たとえば、

> - インターネット上の掲示板等に漏えいした複数の個人データがアップロードされており、個人情報取扱事業者において当該掲示板等の管理者に削除を求める等、必要な初期対応が完了しておらず、本人に通知することで、かえって被害が拡大するおそれがある場合
> - 漏えい等のおそれが生じたものの、事案がほとんど判明しておらず、その時点で本人に通知したとしても、本人がその権利利益を保護するための措置を講じられる見込みがなく、かえって混乱が生じるおそれがある場合

については、その時点で通知を行う必要があるとはいえないとされています（GL通則編3-5-4-2）。もっとも、事態の状況に応じて速やかに本人への通知をする必要があることに変わりはありません。

なお、保有する個人データの中に本人の連絡先が含まれていない場合や連絡先が古いため通知を行う時点で本人へ連絡できない場合など、本人への通知が困難である場合[88]は、本人の権利利益を保護するために必要な代替措置を講ずることによる対応が認められています（GL通則編3-5-4-5）。たとえば、事案の公表や問合せ窓口（なお、Q&A6-31）を設置してその連絡先を公表し、本人が自らの個人データが対象となっているか否かを確認できるようにするなどです。代替措置を講じた場合、本人への通知は必要ありません（法26条2項但書）。

また、個人データの取扱いを委託している場合において、委託先が、報告義務を負っている委託元に対し、報告事項のうち、その時点で把握している

---

[88] 本人への通知に関し、複数の連絡手段を有している場合において、1つの手段で連絡ができなかったとしても、直ちに「本人への通知が困難である場合」にはあたりません。例えば、本人の連絡先として、住所と電話番号を把握しており、当該住所へ書面を郵送する方法により通知しようとしたものの、本人が居住していないとして当該書面が還付された場合には、別途電話により連絡することが考えられるとされています（Q&A6-30）。

ものを通知したときは、委託先は本人への通知義務も免除されます（GL 通則編3−4−4−1）。

5　公表等のその他の対応

（1）公表等

　本人への通知の代替措置として事案の公表を行う場合を除き、事案の公表については、法律上義務付けられているわけではありません。

　漏えい等事案の内容等に応じて、二次被害の防止、類似事案の発生防止等の観点から、事実関係及び再発防止策等について、速やかに公表することが望ましいとされているものの（GL 通則編3−5−2）、二次被害の防止の観点から必要がないと認められる場合や、公表することでかえって被害の拡大につながる可能性があると考えられる場合には、公表を行わないことも認められています（Q&A6−33）。

　このため、実務的には、発生した原因、漏えい等をした個人データ項目や性質、規模、影響度等、さらには事業者が自ら公表をしないことによるレピュテーションリスク等を勘案したうえで、公表するかどうかを決めることになります[89]。

　また、公表をする場合でも、たとえば、サイバー攻撃を受けた場合などでは、具体的な手口や被害を受けたシステム・ソフトウエアの仕様・バージョン等を詳細に公表してしまうと、模倣犯を誘発するリスクもあることから、公表する内容については慎重に検討することが求められます。

　公表をする場合には、どのような方法で公表するかの検討に加え、想定される問い合わせや質問に対する回答（想定問答）を事前に準備しておくことが大切です。

89　サイバー攻撃の被害に関する公表については、「サイバー攻撃被害に係る情報の共有・公表ガイダンス」（サイバー攻撃被害に係る情報の共有・公表ガイダンス検討会、令和5年3月8日）も参照。

また、コールセンターの設置についても、法律上義務付けられているわけではなく、顧客の不安解消、被害発生の確認など、顧客からの相談電話によって通常の業務が阻害されないようにすることの必要性等を踏まえ、事業者の判断において行います。

　設置の際は、設置期間や受付時間などについて、事前に決めておくことが有益です。

（２）各種業法等に基づく報告等

　漏えい等が生じた事業者が各種業法等の適用対象事業者の場合、監督官庁への報告等が義務付けられる場合があります。

　たとえば、電気通信事業者の場合には、通信の秘密（個人データを含み得ます）の漏えいその他重大な事故が発生した場合は、総務大臣に対して報告をしなければなりません（電気通信事業法28条及び同法施行規則57条）。

　また、上場会社（またはその子会社）において、個人情報の漏えい等が発生し、それが「投資者の投資判断に著しい影響を及ぼす」場合には、適時開示が必要となります（有価証券上場規程（東京証券取引所）402条2号 x、403条2号 l、Q&A 6 – 26事例3も参照）[90]。

　その他、認定個人情報保護団体の対象事業者は、同団体が定める個人情報保護指針に基づき、同団体に対し報告を求められる場合もあります。

（３）特定個人情報の漏えい等に対する報告等

　特定個人情報[91]の漏えい、滅失、毀損その他の特定個人情報の安全の確保に係る事態であって個人の権利利益を害するおそれが大きいものとして規則で定めるものが生じたときは、規則で定めるところにより、当該事態が生じ

90　なお、インサイダー取引規制（金商法166条）にも注意する必要があります。

91　個人番号（個人番号に対応し、当該個人番号に代わって用いられる番号、記号その他の符号であって、住民票コード以外のものを含む）をその内容に含む個人情報（マイナンバー法2条8項）。

た旨の個人情報保護委員会への報告と本人への通知が法令上の義務となっています（マイナンバー法29条の4第1項・2項）。

（4）刑事責任の追及

　漏えい等の原因次第では、警察に相談をしたうえで、刑事告訴等を行う場合もあります。たとえば、従業者等の不正行為を原因とする場合、個人情報データベース等不正提供・盗用罪（法179条）や、領得された情報が不正競争防止法上の「営業秘密」にあたる場合には、不正競争防止法21条の罪にあたる場合があります[92]。また、漏えい等の原因が不正アクセスによる場合は、不正アクセス禁止法違反の罪に、マルウェアによる場合は不正指令電磁的記録に関する罪（刑法168条の2など）にあたる場合があります。

6　漏えい等以外に法に違反する取扱いが発覚した場合

　漏えい等以外に個人情報保護法に違反する取扱いが発覚した場合の対応については、個人情報保護法及びGLでは、特に規定はされていません。

　もっとも、事業者としては、違法状態を速やかに解消したうえで、事実関係の調査及び原因の究明、影響範囲の特定、再発防止策の検討及び実施、さらには、事案の内容に応じて、個人情報保護委員会からの調査対応、本人への通知や事案の公表、調査委員会の設置等を検討することが一般的です。

コラム31　プライバシーマーク付与事業者の場合

　プライバシーマーク付与事業者については、プライバシーマーク付与に関する規約に基づき、より広汎な事態を対象として、審査機関である一般財団

92　たとえば、顧客情報を領得し、その一部を名簿業者に開示した行為について、営業秘密侵害罪（不正競争防止法21条）の成立を認めた裁判例として東京高判平成29・3・21判タ1443号80頁があります。

法人日本情報経済社会推進協会（JIPDEC、認定個人情報保護団体）に対する契約上の報告義務が課されています。

プライバシーマーク付与に関する規約（2022年2月28日改定）12条では、報告対象となる「事故」の範囲について、個人情報保護法の報告対象事態よりも広く、不正取得、目的外利用、不正利用、開示請求等の拒否等の違法な取扱いも対象とされています。

コラム32　本人からの利用停止等の請求を想定した体制の整備

令和2年改正により、利用停止等や第三者提供の停止の請求理由として、個人データの漏えい等に関する報告義務が生じた場合が追加されました（法35条5項）。

報告対象事態が生じた個人情報取扱事業者においては、漏えい等をきっかけとして、本人からの利用停止等または第三者提供の停止の請求を受ける可能性があります。

このため、事業者としては、漏えい等が生じた場合について、本人から上記請求を受けることも想定したうえで、体制整備を進めておくことが有用です。

コラム33　漏えい時の損害賠償額

個人情報の漏えい等が生じた場合、個人情報取扱事業者は、本人から不法行為や債務不履行を理由とする損害賠償請求を受ける可能性があります。

損害額の算定に際しては、漏えいした個人情報の内容、漏えいした範囲・態様、実損害の有無、個人情報を管理していた者による対応、二次被害の有無等などが考慮されることが一般的です（たとえば、大阪高判令和元年11・20判時2448号28頁など）。

従前の裁判例では、1人あたり数千〜1万円の賠償額となるケースが多

く見られますが（たとえば、ベネッセ事件では、概ね1,000円から4,000円の範囲で損害額が認定されています）、漏えいした個人情報の内容等によっては、より高額の賠償額が認定される場合もあります。

　たとえば、TBC漏えい事件（東京高判平成19・8・28判タ1264号299頁）では、個々人の悩み・コンプレックスなど個人の主観的な価値に結びつく情報であった点や迷惑メールの送付などの二次被害の有無を踏まえ、慰謝料3万円（＋弁護士費用5,000円）とされています（なお、二次被害の生じていない者については減額されています）。また、やや特殊な事案ではありますが、公安テロ情報流出事件（東京地判平成26・1・15判時2215号30頁）では、信仰内容や前科に関する情報であること、第三者が見ればテロリスト等との印象を抱くこと、20を超える国と地域の1万台以上のパソコンにおいてダウンロードされたことなどを踏まえ、慰謝料500万円（＋弁護士費用50万円。なお、漏えいした情報が一部に留まる者については減額）が認められています。

　最近の漏えい事案では、ベネッセ事件など、漏えいした個人情報の数が数千万件に及ぶものもあり、仮に1人あたりの賠償額が比較的少額で済んだとしても、企業には大きな損失が生じ得る点に留意する必要があります。

23 データ内容の正確性の確保と消去

1　正確性の確保

　個人情報取扱事業者は、利用目的の達成に必要な範囲内において、個人データを正確かつ最新の内容に保つことが努力義務とされています（法22条）。

　もっとも、正確性の確保は、保有する個人データを一律に、または常に最新化することまでは求められず、それぞれの利用目的に応じて、その必要な

範囲内で正確性や最新性を確保すれば足ります（GL 通則編3−4−1）。

　一般的には、個人情報データベース等への入力時の確認手続の整備や、誤りなどを発見した場合の訂正等の手続の整備、定期的な記録事項の更新などを行うことにより、個人データを正確かつ最新の内容に保つよう努めれば足りると考えられます。

2　個人データの消去

　個人情報取扱事業者は、個人データを利用する必要がなくなったときは、当該個人データを遅滞なく消去することも努力義務とされています（法22条）。

　「利用する必要がなくなったとき」とは、利用目的が達成され当該目的との関係では当該個人データを保有する合理的な理由が存在しなくなった場合や、利用目的が達成されなかったものの当該目的の前提となる事業自体が中止となった場合などをいいます。

　前者の例としては、たとえば、キャンペーンの懸賞品送付のため、当該キャンペーンの応募者の個人データを保有していたところ、懸賞品の発送が終わり、不着対応等のための合理的な期間が経過した場合が挙げられます（GL 通則編3−4−1）。

　「利用する必要がなくなったとき」にあたるかは、利用目的との関係において判断することになります。

　たとえば、従業員の個人情報の利用目的として、退職後の連絡先の管理などを含んでいる場合、従業員の退職後も、当該利用目的の範囲内で当該個人情報（個人データ）を保有・利用することは可能です。

　「個人データの消去」とは、当該個人データを個人データとして使えなくすることをいい、当該データを削除することのほか、当該データから特定の個人を識別できないようにすること等を含みます（GL3−4−1※）。もっとも、単に該当する個人データを個人情報データベース等から切り離すだけで

は不十分とされています[93]。

　実務的には、物理的安全管理措置（④個人データの削除及び機器、電子媒体等の廃棄。【16】）に従い、当該個人データを復元不可能な手段で消去することが大切です[94]。

　なお、たとえば、労働者名簿に係る退職後３年間の保存義務（労働基準法109条、同施行規則56条１号）や賃金台帳について最後の記入をしたときから３年間の保存義務（同56条２号）など、別途、他の法令で保存期間が定められている場合には、当該法令に従い保存する必要があります。

　また、マイナンバー法においては、特定個人情報の保管禁止義務（同法20条）が努力義務ではなく法的義務とされています。

　このため、特定個人情報については、マイナンバー法で明記された事務を処理する必要がなくなった場合、他の法令で保存期間が定められている場合を除き、保管することは許されず、速やかに廃棄または消去をする必要があります。

3　実務上の注意点

　正確性の確保及び消去は、いずれも努力義務であるものの、正確性の確保については、本人からの訂正等の請求（法34条）を受けた場合の対応等に関連して、消去については、漏えい等のリスクマネジメントの観点から、実務上問題となることも多いテーマです。

　正確性の確保については、破産者ではないにもかかわらず、誤って破産者として登録をされていた本人が、経済的信用及び名誉を毀損されたとして、個人の信用情報をデータベース化し、消費者金融会社に情報提供をしていた会社に対し、損害賠償請求をした事案について、個々人の経済活動に致命傷を与えかねないものであるなどとして慰謝料の支払いを命じた裁判例があり

93　意見募集結果（通則編・2016年）No.483
94　個人情報保護委員会「データの消去に関する注意喚起」（令和２年２月６日）も参照。

ます（大阪地判平成2・5・21判時1359号88頁）。また、消費者金融会社が人違いを原因として情報の抹消を約束していたにもかかわらず、約束に反し、残っていた個人情報に基づき、本人に対して支払督促を繰り返した行為について、プライバシー侵害を理由に損害賠償責任を認めた裁判例もあります（京都地判平成15・10・3）。

次に、消去については、他の法令で保存期間が定められている場合は、定められた保存期間中、保存しなければなりませんが、保存期間が定められていない場合については、利用目的の達成に必要な範囲内において、事業者が主体的に考え、保存期間の設定等を行う必要があります（Q&A5-4）。

「遅滞なく消去する」について、事業者のデータ管理のサイクルなど、実務上の都合に配慮することは認められていますが、業務の遂行上の必要性や引き続き当該個人データを保管した場合の影響等も勘案し、必要以上に長期にわたることのないようにする必要があるとされています（Q&A5-3）。

利用目的は達成したものの、将来的に統計分析に利用する可能性がある場合などについては、仮名加工情報（【51】～【53】）としたうえで、保存することも選択肢の一つとなります。

また、【08】で説明したとおり、たとえば、採用活動にAIを利用する場合で、採用者の情報だけではなく、採用に至らなかった応募者（不採用者）の情報についても、教師データとして利用したい場合には、利用目的にその旨を明記しておくことが必要と考えられます。

なお、実際に消去をする際には、作業を外部の専門業者に委託する場合も多いと思いますが、委託先に対する必要かつ適切な監督を行う必要があります（法25条）。2019年には、神奈川県庁がリース契約の満了に伴いリース会社に返却したサーバについて、リース会社がサーバからハードディスクを取り出し、データの消去と廃棄を処分業者に外部委託したところ、処分業者の担当者がハードディスクの一部を持ち出し、転売し、個人データが漏えいす

る事件が発生しています[95]。

　漏えいを防ぐ観点からは、必ず委託先から確実に消去したことの証明書の交付を受けるとともに、機密性の高い情報を扱った機器の廃棄にあたっては、立ち会いのもとで物理的に破壊する、あるいは、業者に対しディスクの製造番号がわかる状態で壊した写真を撮影し、提出を求めるなどの対応が考えられます。

コラム34　努力義務も指導・助言等の対象

　努力義務とは、従わなかったとしても、直ちに法違反と判断されるわけではないものの、事業者の特性や規模に応じて可能な限り対応することが望まれるものをいいます。

　時々、担当者の方の中には、努力義務について、軽視をされている方がいらっしゃいます。しかし、個人情報保護委員会による報告徴収及び立入検査（法146条）、指導・助言（法147条）は、勧告や命令と異なり、「第四章の施行に必要な限度」で認められることから、必ずしも個人情報保護法違反の存在を前提としていません。そして、法第4章には、努力義務に関する規定も含まれていることから、努力義務の履行の確保に必要な場合には、これらの権限を行使することも制度的には可能です。

　事業者としては、努力義務についても軽視をせずに、法の趣旨を踏まえ、可能な範囲で対応をすることが望ましいと考えられます。

95　その他、2017年2月には、岐阜県美濃加茂市教育委員会より、市内の中学校で使用され、業者に廃棄処分を委託したパソコン（内蔵HDD）が、インターネットオークションで落札され、HDDに生徒ら約750人分のデータが残っていたと発表される事案が起きています。

5 提供に関するルール

　この章では、①取得、②利用、③保管、④提供、⑤開示請求等への対応の5つの場面のうち、個人データの**提供**に関するルールについて、確認していきます。

　個人データの**提供**に関するルールのポイントは、以下の4つでした。

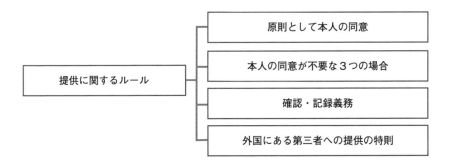

　この章の構成は、以下のとおりです。

　提供に関するルールは、実務上問題となることが多いテーマですので、少し詳しくみていくことにします（**個人関連情報の第三者提供規制**については、第7章【46】から【48】で取り上げます）。

24 個人データの第三者への提供

1　提供元基準と第三者の考え方

　個人情報取扱事業者は、原則として、あらかじめ本人の同意を得ることなく、個人データを第三者に提供することはできません（法27条1項）。

　「個人データ」にあたるかどうかは、提供先である第三者ではなく、提供元において判断されます（これを**提供元基準**といいます）[96]。このため、提供先で個人データにならないように提供元において仮IDへの置き換えなど処理をした場合でも、提供元において、処理したデータと元データとを照合することで、特定の個人を識別することができるときは、「個人データ」にあたり、第三者提供規制が及びます。

　「第三者」とは、当該個人データによって特定される本人、当該個人データ

96　意見募集結果（通則編・2016年）No.19.「個人情報保護法 いわゆる3年ごと見直し 制度改正大綱」（個人情報保護委員会、令和元年12月13日）。

を提供しようとする個人情報取扱事業者以外の者をいい、自然人、法人その他の団体を問いません（Q&A7-1）。

グループ会社間での個人データの交換や、提携会社や協力会社に従業者の個人情報を提供すること（Q&A7-3）、ある大学に対して自社に勤務する当該大学の卒業生名簿を提供すること（Q&A7-4）などは、いずれも「第三者」への提供にあたります。

最近では、グループ会社共通で利用する人事評価システムや、名刺共有アプリなどを通じて、従業員や顧客の情報について法人を超えて共有するケースが増えてきています。法人格が異なる場合、グループ会社間であっても第三者提供規制への対応が必要となります。

これに対し、会社の他の部署や支店に個人データを提供する場合については、第三者への提供にはあたりません（Q&A7-2）[97]。

2　提供とは？

提供とは、個人データを自己以外の者が利用可能な状態に置くことをいいます。物理的に提供されていない場合であっても、ネットワーク等を利用することにより、個人データを利用できる状態にあれば（利用する権限が与えられていれば）、「提供」にあたります（GL通則編2-17）。

たとえば、個人データを含む研究成果を論文として公表することやインターネット上に公開することは、個人データの「提供」にあたります（GL確認記録編4-2-1-1（2）事例1参照。なお、コラム65）。

また、【27】で説明をするとおり、クラウドサービスを利用すること自体は、クラウドサービス提供事業者が、サーバに保存された個人データを取り扱わないこととなっている場合には、第三者への提供にはあたりません。

もっとも、クラウドサービスを利用して個人データを第三者と共有する場

97　なお、海外支店等に個人データを取り扱わせる場合について、外的環境の把握（【17】）が必要となります。

合は、個人データの第三者への提供にあたります。

3　本人の同意

　本人から同意を取得する際には、事業の規模及び性質、個人データの取扱状況（取り扱う個人データの性質及び量を含む）等に応じ、本人が同意に係る判断を行うために必要と考えられる合理的かつ適切な範囲の内容を明確に示す必要があります（GL 通則編3－6－1）[98]。

　同意を得る方法は、【13】で説明したとおりです[99]。本人からの同意を得る際、提供先の第三者を個別に明示する必要はありませんが、想定される範囲や属性を示しておくことは望ましいとされています（Q&A7－9）。また、本人から個人情報を取得する際に、併せて第三者提供についての同意を取得することも認められていますし（Q&A7－7）、個人情報の取得時に、その時点で予測される将来の個人データの第三者提供について包括的に同意を得ておくことも可能です（Q&A7－8）。

　もっとも、実務的には、**Yahoo!信用スコア事件**（**事例紹介④**）等を踏まえ、提供する個人データの性質によっては、第三者提供についての同意取得の方法等について、本人の予測可能性やレピュテーションリスク等を考慮し、慎重な対応をする場合もあります。

　なお、第三者提供をするためには、利用目的において、第三者に提供することが明確にわかるように特定されていなければならない点にも注意してく

98　金融分野に関しては、金融GL12条1項を参照。

99　医療・介護ガイダンスでは、患者への医療の提供のため、①他の医療機関等との連携を図ること、②外部の医師等の意見・助言を求めること、③他の医療機関等からの照会があった場合にこれに応じること、④患者への医療の提供に際して家族等への病状の説明を行うことなどが利用目的として特定されており、それが院内掲示等で公表されている場合は、これらについて患者の黙示の同意があったものと考えられ、第三者提供することができるとされています（同ガイダンスⅣ.9（3）①）。もっとも、黙示の同意があったと考えられる範囲は、患者のための医療サービスの提供に必要な範囲に限られるため（同（3）②）研究目的での提供などについては認められないと考えられています。

ださい（GL 通則編3-1-1、【08】）。特定されていない場合、目的外利用についての本人の同意が必要となります。

コラム35 事業者内部で情報を共有する場合

　本文で説明をした通り、他の部署や支店に個人データを提供する場合など、同一事業者内での個人データの提供は、個人情報保護法上、第三者への提供にあたらないため、第三者提供に関する本人の同意は必要ありません。

　もっとも、同一事業者内の他の部署等によって、当初特定した利用目的の達成に必要な範囲を超えて個人情報が利用される場合には、あらかじめ目的外利用に関する本人の同意を得る必要があります（Q&A7-2）。

　個人情報保護法に違反することがただちにプライバシー侵害を意味するわけではありませんが（【55】）、診療目的で得たHIV感染情報を労務管理のため病院内で情報共有した行為について、「目的外利用に当たり、事前の本人の同意がない限り、許されない」としたうえで、不法行為（プライバシー侵害）の成立を認めた裁判例もあります（福岡高判平成27・1・29判時2251号57頁）。

　また、目的外利用かを問わず、情報共有の範囲について、事前に本人の同意を得ておく必要がある情報として、たとえば、従業員のトランスジェンダー（性自認）に関する情報などが挙げられます（【44】）。

コラム36 出向や転籍の場合

　出向先や転籍先がグループ会社である場合でも、法人格が異なるため、従業員の個人情報の提供は、第三者への提供にあたり、原則として本人の同意が必要となります（法27条1項）。

　務上、出向や転籍が決定され、本人に伝えられる前に、出向先や転籍先に情報が提供されることもあることから、企業としては事前に従業員から包括的な同意を取得しておくことが考えられます。

実また、個人データの第三者提供に関しては、【31】～【32】でみると
おり、出向元及び出向先の双方に確認及び記録義務が課されるため、共同
利用（法27条5項3号、【29】）が用いられることもあります。ただし、共
同利用による場合でも、出向や転籍先企業が海外子会社など外国に所在す
る場合には、別途、越境移転規制（法28条）に従い、提供する必要がある
点に注意してください（【33】）。

　なお、マイナンバーについては、従業員の出向・転籍があった場合にお
いて、当該従業員の同意があるときは、出向・転籍前の事業者から出向・
転籍先の事業者に対して、その個人番号関係事務を処理するために必要な
限度で、当該従業員の個人番号を含む特定個人情報を提供することが認め
られています（マイナンバー法19条4号。同意の取得方法（注意点）につ
いては、マイナンバーGLQ&A5-12を参照）。

事例紹介④：Yahoo! 信用スコア事件

　2019年にヤフー株式会社がYahoo! Japan IDのユーザーの行動履歴を
分析し、信用力を数値化する「Yahoo! スコア」というスコアリングサー
ビスを発表したところ、炎上し、仕様の変更を余儀なくされ、最終的にサー
ビスの終了に至った事案です。

　この事案では、利用目的としては、「お客様のサービス利用状況等に応じ
た特典等の付与、審査プロセスの簡略化、コンテンツ最適化、サービスの
改善、広告の配信等のため」としか記載されておらず、また、スコア情報
をYahoo! IDの連携先企業に提供する際の同意取得の画面においても
「サービス利用状況等に応じた特典等の付与のためのスコアを含む各種指標
を提供します」と表示されるのみで、提供される信用スコアの具体的な内
容や提供先における利用方法等については必ずしも明確には記載されてい
ませんでした。

　この事案が炎上した原因については様々な指摘がなされていますが、
ユーザー（本人）目線でみたときの情報提供の不十分さや同意取得の方法

を問題視する指摘もあります。

　このため、実務的には、提供する個人データの性質や本人に与える影響等を考慮し、利用目的の特定の仕方や同意取得の前提となる情報提供の在り方、さらには第三者提供に係る同意取得の方法について、慎重に検討をする場合もあります。

25 第三者提供の例外事由

1　例外事由

　個人データを第三者に提供する場合、原則として、事前に本人の同意を得る必要がありますが、以下のいずれかの事由に該当する場合には、本人の同意を得ることなく、第三者に提供することができます（法27条1項各号）。

①法令[100]に基づく場合

②人の生命、身体または財産の保護のために必要がある場合であって、本人の同意を得ることが困難であるとき

③公衆衛生の向上または児童の健全な育成の推進のために特に必要がある場合であって、本人の同意を得ることが困難であるとき

④国の機関若しくは地方公共団体またはその委託を受けた者が法令の定める事務を遂行することに対して協力する必要がある場合であって、本人の同意を得ることにより当該事務の遂行に支障を及ぼすおそれがあるとき

⑤当該個人情報取扱事業者が学術研究機関等である場合であって、当該個人データの提供が学術研究の成果の公表または教授のためやむを得ない

100　「法令」には外国の法令は含まれません（GL 外国提供編2（※3）。

とき（個人の権利利益を不当に侵害するおそれがある場合を除く）

⑥当該個人情報取扱事業者が学術研究機関等である場合であって、当該個人データを学術研究目的で提供する必要があるとき（当該個人データを提供する目的の一部が学術研究目的である場合を含み、個人の権利利益を不当に侵害するおそれがある場合を除く）（当該個人情報取扱事業者と当該第三者が共同して学術研究を行う場合に限る）

⑦当該第三者が学術研究機関等である場合であって、当該第三者が当該個人データを学術研究目的で取り扱う必要があるとき（当該個人データを取り扱う目的の一部が学術研究目的である場合を含み、個人の権利利益を不当に侵害するおそれがある場合を除く）

　上記例外事由は、目的外利用の例外事由（法18条3項、【12】）とほぼ同じです。

　ここでは、上記②と③を中心にQ&Aの具体例をいくつか見ていくことにします（学術研究機関等に関する特例（上記⑤から⑦）については、【54】で説明します）。

2　例外事由の具体例

（1）従業者が指定感染症に罹患した場合の取引先への情報提供

　自社の従業者が新型コロナウイルス感染症（COVID-19）などの指定感染症に罹患した場合、当該従業者が感染可能期間中に訪問した取引先に対し、適切な対応策を取ることができるよう情報提供をすることがあります。

　この場合、当該従業者が入院などしており、同意を得ることが困難であるときには、取引先での2次感染の発生による取引先の従業者等の生命若しくは身体への危険を防止するために必要がある場合（前記②）、または公衆衛生の向上のため特に必要がある場合（前記③）にあたるとして、当該従業者の同意なく、取引先に対し情報を提供することができます（Q&A7-23）。

（2）製造業者のリコール時に販売業者等が購入者情報を提供する場合

　過去に販売した製品に不具合が生じ、人命に関わる事故が発生するおそれがあるため、製造会社において当該製品を回収することとなった場合（いわゆるリコールを行う場合）、販売会社から購入者情報を提供してもらい、製造会社から購入者に対し連絡を取ることになります。

　その際、購入者の数が膨大で同意を得る時間的余裕がないときには、「人の生命、身体または財産の保護のために必要がある場合であって、本人の同意を得ることが困難であるとき」（前記②）にあたるとして、購入者本人の同意を得ずに購入者情報を製造会社へ提供することができます（Q&A7－19）。

（3）大規模災害や事故時に、被災者・負傷者情報等の個人情報を関係者で共有する場合

　大規模災害等の緊急時に被災者や負傷者の個人情報を関係者で共有する場合について「人の生命、身体または財産の保護のために必要がある場合であって、本人の同意を得ることが困難であるとき」（前記②）は、本人の同意を得ることなく、個人情報を共有することができます（Q&A7－21）。

　なお、いわゆる一時滞在施設の管理者が、地方公共団体より、被災者の安否確認等のため、災害対策基本法86条の15第1項の規定に基づき、被災者の安否に関する照会を受けた場合には、前記①に該当するものとして、回答（受入者名簿の提供等）することができます。

（4）株主総会の際に要注意株主のリストを管轄の警察署に提出する場合

　株主総会の際、会場の警備を依頼した管轄の警察署に対し、要注意株主のリスト（氏名、住所、持株数等）を提出する行為は、人の生命、身体または財産の保護のために必要がある場合であって、本人の同意を得ることが困難

であるとき等（前記①、②または④）にあたり、認められています（Q&A7－18）。

（5）弁護士や裁判所に訴訟の相手方に係る個人データを含む証拠等を提出する場合

　訴訟追行のため訴訟代理人の弁護士や裁判所に対し、訴訟の相手方に係る個人データを含む証拠等を提出する場合については、「財産の保護のために必要がある」といえ、かつ、一般的に当該相手方の同意を取得することが困難であることから、前記②に該当するものとして、相手方（本人）の同意を得ずに、提出することができます（Q&A13－3。なお、東京地判令和4.3.25（令和3年（ワ）第11861号）も参照）。

（6）医療機関等が他の医療機関等に対し臨床症例を観察研究や診断・治療等のため提供する場合

　大学病院等以外の病院については、通常「学術研究機関等」にあたらないため、前記⑥を理由に、以前治療を行った患者の臨床症例を提供することはできません（【54】）。

　もっとも、医療機関等が患者の臨床症例を他の医療機関等に提供し、当該他の医療機関等における観察研究や診療・治療等の医療技術の向上のために利用することは、「公衆衛生の向上に資するもの」と考えられます。

　このため、医療機関等が、本人の転居等によって有効な連絡先を保有していない場合や、同意を取得するための時間的余裕や費用等に照らし、本人の同意を得ることにより当該研究の遂行に支障を及ぼすおそれがある場合などでは、「本人の同意を得ることが困難であるとき」にあたり、前記③に該当するものとして、提供することができます（Q&A7－24）。

　なお、医療機関等が保有する患者の臨床症例を製薬企業へ提供する場合についてはQ&A7－25を参照。

コラム37　従業者に関する外部からの問い合わせ

　取引先や顧客などから、従業者の在籍確認を受けたり、あるいは退職した従業者について連絡先を教えて欲しいなどの問い合わせを受けることがあります。

　退職した従業者に関する連絡先や在職時の情報等が個人データ（個人情報データベース等を構成する個人情報）になっている場合、問い合わせに応じることは、個人データの第三者提供にあたります。このため、本人の同意がある場合や第三者提供規制の例外事由に該当する場合を除き、取引先や顧客等の第三者に提供することはできません（Q&A7－12）。

　また、実務上、退職者や退職予定者の転職（予定）先から、本人の経歴や勤務状況等について、照会（リファレンスチェック）を受けることがあります。この場合も第三者提供にあたるため、本人の同意が必要となります。退職者については、本人から直接同意を取得することが難しい場合もありますが、その場合は照会元経由で本人の同意書を取得することが考えられます。

　これに対し、弁護士法23条の2に基づく弁護士会から照会に対する回答については、「法令に基づく場合」（法27条1項1号）にあたるため、本人の同意を得ることなく、回答することができます（Q&A7－16。ただし、コラム38も参照）。

コラム38　「法令に基づく場合」の提供の要否（対応時の注意点）

　第三者提供規制の例外事由である「法令に基づく場合」については、必ず個人データを提供しなければならないのかという問題があります。

　「他の法令により個人情報を第三者へ提供することを義務付けられている場合」には、当該法令に基づき個人データを提供しなければならないと解されています。

　これに対し、「他の法令に、個人情報を第三者に提供することについて具体的根拠が示されてはいるが、提供すること自体は義務付けられていない

場合」には、必ず個人情報を提供しなければならないわけではなく、個人情報取扱事業者において、当該法令の趣旨に照らし、第三者提供の必要性と相当性が認められることを確認した上で対応することが個人情報保護法の趣旨に沿うとされています（Q&A7-14）。

　たとえば、捜査関係事項照会（刑事訴訟法197条2項）は、「法令に基づく場合」にあたりますが、あくまで法令に基づき適法になされた捜査関係事項照会に対して、必要かつ相当な範囲で個人情報の提供等を行う場合を意味すると考えられます。このため、捜査とは関連性がない情報等を捜査機関に提供することは、「法令に基づく場合」に該当せず、本人の権利を侵害したものとして、不法行為責任を負う可能性があります（たとえば、「捜査関係事項照会対応ガイドライン」（一般財団法人情報法制研究書（JILIS）、2020年）4頁）。

　また、事業者によっては他の法令等によって守秘義務が課されている場合もあり、そのような場合には、特に慎重な対応が求められます。

26 オプトアウトによる第三者提供

1　オプトアウトによる第三者提供とは？

　個人データを第三者提供する際には、あらかじめ本人の同意を得る必要がありますが（法27条1項）、本人の求めがあれば、事後的に第三者への提供を停止することを前提に、提供する個人データの項目等を公表等したうえで、本人の同意なく第三者に個人データを提供することが認められています（法27条2項）。これを**オプトアウトによる第三者提供**といいます（GL通則編3-6-2-1）。

　たとえば、住宅地図業者（表札や郵便受けを調べて住宅地図を作成・販売）やデータベース事業者（ダイレクトメール用の名簿等を作成・販売）など、

大量のデータを広く一般に提供するビジネスにおいて利用されています。

2 通知等と届出（オプトアウトによる第三者提供の流れ）

オプトアウトによる第三者提供の流れは、以下のとおりです。

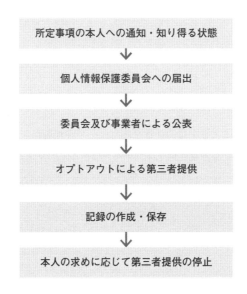

オプトアウトによる第三者提供を行う場合、以下の事項を、あらかじめ本人に通知するか、または本人が容易に知り得る状態に置きます。

①第三者への提供を行う個人情報取扱事業者の氏名または名称及び住所並びに法人等の代表者の氏名
②第三者への提供を利用目的とすること（※利用目的が具体的にわかる内容とする）
③第三者に提供される個人データの項目（※提供する個人データを網羅的に示す必要がある）

④第三者に提供される個人データの取得の方法（※<u>取得元（取得源）</u>と<u>取得の方法</u>を示す）

⑤第三者への提供の方法

⑥本人の求めに応じて当該本人が識別される個人データの第三者への提供を停止すること

⑦本人の求めを受け付ける方法

⑧第三者に提供される個人データの更新の方法（規則11条4項）

⑨第三者への提供開始予定日（規則11条4項。変更の場合は、変更届に基づく開始予定日）

　「本人が容易に知り得る状態」とは、事業所の窓口等への書面の掲示・備付けやホームページへの掲載その他の継続的方法により、本人が知ろうとすれば、時間的にも、その手段においても、簡単に知ることができる状態をいいます。事業の性質及び個人情報の取扱状況に応じ、本人が確実に認識できる適切かつ合理的な方法による必要があります（該当例については、GL通則編3－6－2－1※2を参照）。

　そのうえで、個人情報保護委員会に届出をし、個人情報保護委員会がその内容をウェブサイト等で公表することで（法27条4項）、オプトアウトによる第三者提供が可能となります。

　なお、個人情報取扱事業者は、法27条2項に基づき、必要な事項を個人情報保護委員会に届け出たときは、その内容を自らもインターネットの利用その他の適切な方法により公表する必要があります（GL通則編3－6－2－1）。また、提供される個人データの項目など、一定の届出事項（③④⑤⑦⑧）に変更が生じた場合には、変更する内容について、あらかじめ、本人に通知し、または本人が容易に知り得る状態に置くとともに、個人情報保護委員会に届け出なければなりません（法27条3項）。

3　オプトアウトによる第三者提供の注意点

オプトアウトによる第三者提供の注意点としては、以下の点が挙げられます。

（1）要配慮個人情報などオプトアウトによる第三者提供ができない場合

以下の３つの情報については、オプトアウトによる第三者提供ができません（法27条２項但書）。

①要配慮個人情報[101]
②他の個人情報取扱事業者からオプトアウトにより第三者提供された個人データ
③不正の手段により取得された個人データ

②及び③には、オプトアウトにより提供された個人データ及び不正の手段により取得された個人データそのものだけでなく、「全部または一部を複製し、または加工したもの」も含まれます（GL 通則編3−6−2−1※7）。

「全部または一部を複製し、または加工したもの」には、オプトアウト規定により提供された個人データを別の媒体や保存先に複製したデータ、元の個人データの一部の項目の順序を入れ替えたデータ、元の個人データの一部の項目を選択的に抽出したデータなどがあたります（佐脇48頁）。

このように、要配慮個人情報やオプトアウトにより提供を受けた個人データについては、オプトアウトにより再提供することはできませんので、第三者に提供（再提供）するには、法27条１項各号（例外事由）または同条５項

101　ただし、要配慮個人情報を構成する情報（人種、信条、病歴等に該当する情報）を削除するなどの加工した個人データであれば、要配慮個人情報以外の個人データと変わらない状態となるため、オプトアウト手続による第三者提供を行うことは可能とされています（瓜生74頁）。

各号（委託、事業の承継、共同利用）に該当する場合を除き、あらかじめ本人の同意を得る必要があります（GL 通則編3－6－2－1）。

（2）利用目的の特定

　第三者提供をするには、その旨が明確に分かるように利用目的を特定し（GL 通則編3－1－1）、これを本人に通知または公表する必要があります。

　本人の同意を得ることなく、利用目的の変更により、第三者提供を追加することは認められないため（【14】）、オプトアウトによる提供を想定している場合には、個人情報の取得時に本人へ通知等をする利用目的の中で、第三者提供することを特定（記載）しておく必要があります。

（3）本人への通知または本人が容易に知り得る状態に置く措置

　前記2の所定事項（①から⑨）をあらかじめ本人に通知し、または本人が容易に知り得る状態に置くのは、本人に第三者提供を停止させる機会を確保するためです。

　このため、本人に通知し、または本人が容易に知り得る状態に置いた時点から、極めて短期間の後に、第三者提供を行ったような場合は、「本人が当該提供の停止を求めるのに必要な期間」をおいていないと判断されることになります（GL 通則編3－6－2－1※1）。

（4）以前からオプトアウト手続を利用している場合

　所定事項のうち、①、④、⑧及び⑨は、令和2年改正により追加されました。改正法の施行日である令和4年4月1日以前から、すでにオプトアウト手続を利用しているオプトアウト届出事業者は、追加事項について、本人に通知し、または本人が容易に知り得る状態に置くとともに、個人情報保護委員会に届ける必要があります。

コラム39　オプトアウト届出事業者の確認等

　オプトアウトにより第三者提供された個人データと、不正の手段により取得された個人データのオプトアウトによる第三者提供の禁止は、令和2年改正により新たに追加されました。

　令和2年改正法は、令和4年4月1日から施行されており、法27条2項の適用については、オプトアウトによる再提供の禁止を含め、個人データの提供時を基準に判断されるため、同日以前にオプトアウトによって取得した個人データを、同日以後にオプトアウトによって提供することも禁止されます（Q&A7-31、佐脇46頁）。

　このため、以前からオプトアウトに基づく第三者提供を行っている事業者は、提供をしている個人データについて、オプトアウトにより第三者提供をされた個人データ等が含まれていないかを確認する必要があります。

　その際は、第三者提供を受けた際の確認・記録義務を履行できているかを含め、確認することが大切です。

　また、自らはオプトアウトによる第三者提供を行っていない個人情報取扱事業者についても、確認義務（法30条1項2号）を遵守するため、第三者から提供を受ける個人データについては、不正に取得された個人データは含まれてないか、あるいは二重三重のオプトアウトによって第三者提供された個人データは含まれてないか、取得の際に確認する必要があります。提供者の法の遵守状況を確認した結果、提供される個人データが適法に入手されたものではないと疑われるにもかかわらず、当該個人データの提供を受けた場合には、不正取得（法20条1項違反）と判断されるおそれがあります。（GL確認記録編3-1-3）。

　実務的には、提供元との契約において、提供元が表明保証等をする条項を盛り込むことで対応をすることも考えられます。

コラム 40　その「オプトアウト」とは、どのような意味ですか？

　個人情報保護法上、オプトアウトによる第三者提供とは、本人の求めが
あれば事後的に第三者への提供を停止することを前提に、提供する個人
データの項目等を公表等したうえで、本人の同意なく第三者に個人データ
を提供することを指しますが、個別のガイドライン等では、異なる内容で
用いられていることがあります。

　たとえば、「人を対象とする生命科学・医学系研究に関する倫理指針」（令
和３年３月23日、令和５年３月27日一部改正）では、個人情報保護法上の
オプトアウトとは異なり、個人情報保護委員会への届出等の手続は不要と
される一方、倫理審査委員会の審査及び研究機関長の許可を得れば、オプ
トアウトにより提供を受けた情報のオプトアウトによる再提供も認められ
ています。このような事情もあり、人によっては、個人情報保護法とは異
なる意味で「オプトアウト」という言葉を使っていることがあります。

　同じことは、「仮名化」や「匿名化」、「対応表」などにもあてはまります。

　社内の方、あるいは社外の方と話をする際、言葉に違和感を覚えたとき
には、前提として、どういう意味でその言葉を使われているのか、念のた
め確認をするところからはじめると、話がスムーズに進むことがあります。

27 委託
（提供先が「第三者」にあたらない場合①）

1　委託に伴う提供

　ダイレクトメールの宛先印刷を外部の業者に委託する場合など、利用目的の達成に必要な範囲内において、個人データの取扱いを委託することに伴い個人データを提供する場合、本人の同意を得る必要はありません（法27条5項1号）。委託先は、個人情報取扱事業者とは別の主体として、形式的には第三者にあたるものの、本人との関係においては提供主体である個人情報取扱事業者と一体のものとして取り扱うことに合理性があることから、「第三者」にはあたらないとされているためです[102]。

2　個人データの取扱いの委託とは？

　個人データの取扱いの委託とは、契約の形態・種類を問わず、個人情報取扱事業者が他の者に個人データの取扱いを行わせることをいいます（GL通則編3-4-4※1）。

　契約の形態や種類は問いませんので、業務委託契約以外の契約が締結されている場合でも「個人データの取扱いの委託」となる場合があります。また、業務委託契約が締結されているからといって、常に「個人データの取扱いの委託」となるわけでもありません。

　個人データの取扱い権限の有無や取扱いの実態を実質的に検討し、判断されます。

102　【19】でみたとおり、委託先に対する監督義務は課されます（法25条）。

3　委託を考える際のポイント

委託は、委託と構成することで本人の同意を得ることなく個人データを委託先に提供することができるため、個人データを移転する際の根拠として、実務上検討されることが多くあります。

もっとも、委託の場合、委託先はあくまで本人との関係において提供元である個人情報取扱事業者と一体であることが前提とされており、この前提を維持するためなどの解釈上の制約が課されます。

すなわち、委託と構成すれば、いかなる個人データの利用も可能となるわけではない点に注意が必要です。

（1）個人データの取扱いの委託はあるか？

前提として、委託にあたるためには、個人データの取扱いの委託をしていること必要です（法27条5項1号）。

典型的には、個人データの入力（本人からの取得を含む）、編集、分析、出力等の処理を行うことを委託することなどが挙げられますが（GL通則編3-4-4※1）、実際には、個人データへのアクセス等の状況や、契約等により定められる個人データの取扱いに関する権限等を踏まえ、個人データの取扱いの委託があるか、実質的に判断されます。

たとえば、配送事業者を利用して、個人データを含むものを送る場合、通常、配送事業者は配送を依頼された中身の詳細については関知しないことから、配送事業者との間で特に中身の個人データの取扱いについて合意があった場合などを除き、中身の個人データに関しては、取扱いの委託をしているものではないとされます（Q&A7-35）。

また、外部事業者を利用して消費者に対するアンケート調査を実施する場合、外部事業者において新たに個人データを取得し、その結果を集計し統計情報を作成したうえで、依頼した事業者に対し、統計情報のみを提供することがあります。

このとき、外部事業者のみが個人データを取扱い、依頼した事業者が一切個人データの取扱いに関与しない場合については、「通常、当該個人データに関しては取扱いの委託をしていない」と解されています[103]。

これに対し、依頼した事業者が個人データの内容を確認できる場合や、契約上、個人データの取扱いに関する権限が付与されている場合、あるいは外部事業者における個人データの取扱いについて制限が設けられている場合には、当該個人データに関して「取扱いの委託をしている」と解されています（Q&A7 - 36）。

このように、個人データの取扱いの委託があるかについては、個人データの取扱いの実態等を踏まえ、実質的に判断することが求められます。

（2）解釈上の制限

次に、委託先には、解釈上一定の制限が課されます。

ア　委託元において特定した利用目的の達成に必要な範囲内

委託先は、委託された業務に限り、当該個人データを取り扱うことができ、委託された業務以外に、自らのため、あるいは第三者のために、当該個人データを取り扱うことはできません。

たとえば、委託の内容と関係のない自社の営業活動等のために委託を受けた個人データを利用することはできません（Q&A7 - 37 **事例１。独自利用の禁止**）。

最近では、金融機関等における AI による不正検知サービスの利用など、AI を使ったサービスを利用することが増えているところ、委託先による独自利用については、機械学習における個人データの利用との関係でも問題となることがあります。

103　この場合、当該外部事業者は委託を受けることなく自ら個人データを取り扱う主体となり、例えば、本人から保有個人データの開示等の請求があった場合には、これに対応する必要があります。

委託先は、委託元の利用目的の達成に必要な範囲内である限りにおいて、委託元から提供された個人データを、自社の分析技術の改善のために利用することができますが、委託元の利用目的の達成に必要な範囲を超えて、提供された個人データを自社の分析技術の改善のために利用することはできないとされています（Q&A7－39）。

また、たとえば、広告配信の委託を受け、これに伴って提供された氏名・メールアドレス等の個人データを利用して広告配信を行い、それにより取得した当該広告に対する本人の反応など、委託を受けた個人データを利用して取得した別の個人データについても、委託された業務以外に取り扱うことはできないとされています（Q&A7－40）。

同様に、委託先は、委託された業務の範囲外で匿名加工情報への加工や統計情報を作成することもできず、作成された匿名加工情報や統計情報を自社のために用いることもできません（Q&A7－38、同15－19）。

イ　突合行為等の禁止と分別管理

次に、個人データの取扱いの委託においては、委託先において、委託元から提供された個人データを独自に取得した個人データや個人関連情報と本人ごとに突合する行為自体が禁止され（Q&A7－41、7－43①　突合行為の禁止）[104]、新たな項目を付加したり、または内容を修正して委託元に戻すこともできません（Q&A7－42事例2）。

複数の個人情報取扱事業者から個人データの取扱いの委託を受けている場合も、各個人情報取扱事業者から提供された個人データを区別せずに混ぜて取り扱うこと自体ができません（Q&A7－37事例2）。

同様に、複数の個人情報取扱事業者から匿名加工情報の作成の委託を受けた場合、各個人情報の取扱い及び匿名加工情報の作成については、各委託者

---

[104]　これに対し、複数の委託先からの指示に基づき、提供された個人データを本人ごとに突合することなく、サンプルとなるデータ数を増やす目的で併せて1つの統計情報を作成することは可能とされています（Q&A7－43②）。

の指示に基づきその範囲内で独立した形で行う必要があり、異なる委託者から委託された個人情報を突合したり、組み合わせたりすることもできません（Q&A15-18）。

このように委託先において、突合行為や項目の付加等が禁止され、分別管理をする必要があるとされるのは、これらを認めてしまうと、本来、第三者提供として本人の同意を得て行うべきことを、委託と構成することで実現できることになってしまい、第三者提供規制の潜脱となってしまうからです。

このため、それぞれの委託元が委託先に対し個人データを突合してデータ項目を増やすことを指示していたり、許諾していた場合でも、本人の同意を得ていない限りは、第三者提供規制の潜脱であることに変わりはないため、認められないとされています。

このように、委託と構成すれば、いかなる個人データの利用も可能となるわけではありません。委託元の利用目的の達成に必要な範囲内かどうかや、第三者提供規制の潜脱とならないかなど、一定の制約がある点に注意する必要があります。

委託元としては、委託先との契約書等において、取扱いの範囲について明確化しておくことが有益です。仮に、委託先がデータの取扱いについて明らかにせず、確認ができない場合には、委託に基づき提供することはできず、第三者提供と整理したうえで、本人から同意を得て、提供するなどの対応が必要となります。

4 委託元から提供された個人データを自社で利用したい場合等

委託先において、委託元から提供された個人データを自社の営業活動等に利用したり、独自に取得した個人データまたは個人関連情報と本人ごとに突合したい場合には、本人の同意を得る必要があります（Q&A7-41）。

委託先が、解釈上の制限を超えて取り扱う意図を持って個人データの提出を受け利用した場合、不正取得や目的外利用になると考えられます。

5 「戻し行為」と「取得の委託」

(1) 戻し行為

　委託に伴って提供された個人データを委託元にそのまま戻したり、あるいは委託先が委託元の指示に基づき個人データを処理した後、処理後の個人データを委託元に納入する行為（いわゆる「**戻し行為**」）については、個人データの委託の一環として、第三者への提供には該当せず、本人の同意を得る必要はありません。

　個人データの取扱いの委託については、委託先が本人との関係において委託元と一体のものと評価されることから、委託先から委託元への戻し行為についても、「第三者」への提供に該当しないと考えられるためです。

　もっとも、委託先において、他の委託元から取得した情報や、委託先が独自に取得した情報を付加して、または内容を修正して戻す行為は、先ほど説明したとおり、実質的に第三者提供規制の潜脱となり、本人の権利利益の侵害のおそれがあることから、本人の同意を得ることなく行うことは認められません（Q&A7－42）。

(2) 取得の委託

　次に、通常の委託の場合、委託元は、個人データを委託に伴って委託先に提供することになりますが（法27条5項1号）、コラム15で説明したとおり、個人データを本人から取得すること自体を委託すること（いわゆる「**取得の委託**」）も認められています（GL通則編3－4－4※1「個人データの入力（本人からの取得を含む）」）。

　取得の委託に関しては、本人の予測可能性への配慮から、委託先での個人データの取得時において、通常の取得ではなく、取得の委託であることを前提に個人情報を取得する必要があるため、本人に委託元の名称等を示す必要があると考えられます。委託元の名称を示すことなく、委託先が自ら利用するかのように示して個人情報を取得した場合、不正取得（法20条1項）に該

当し得るので注意が必要です。

　また、取得の委託により、委託先が委託元に提供できるのは、取得の委託を開始した後に取得した個人データのみです。取得の委託を受ける前に独自に取得した個人データを提供することはできませんので、この点にも注意してください。

6　クラウドサービスの利用

　個人データの取扱いに関し、いわゆるクラウドサービスを利用する場合、クラウドサービス提供事業者が管理するサーバに個人データを保管することになるため、個人データの第三者提供や委託にあたるかという問題があります。

　クラウド事業者が「当該個人データを取り扱わないこととなっている場合」、すなわち「契約条項によって当該外部事業者がサーバに保存された個人データを取り扱わない旨が定められており、適切にアクセス制御を行っている場合等」には、個人データの第三者提供または委託に該当しないため、本人の同意（法27条１項）を得る必要はありません。また、委託先の監督義務（法25条）も負わないとされています（Q&A7－53、12－3）。

　ここでは、提供行為の有無について規範的に解釈され、上記の要件を満たす限り、提供行為は存在しないとされています[105]。

　もっとも、通常、クラウド事業者の利用規約（契約条項）においては、データに一切アクセスしない旨の条項が明記されていることはほとんどありません。法令を遵守し、行政からの命令等に対応する場合やサービスの維持や提供に必要な場合など、サーバ内のデータにアクセスすることを例外的に許容する条項が規定されていることが一般的です。

　私見では、Q&A7－53は、このような条項がある場合を一律に除外する趣旨ではなく、通常のサービスの過程においてクラウド事業者がサーバ内の個

105　情報システムの保守の委託についても同様に考えられています（Q&A7－55）。

人データを取り扱わないことが前提となっており、そのことの確認ができれば、原則として個人データの第三者提供や委託にあたらないと整理することを許容すると考えていますが、実務的には、安全サイドに立ち、上記内容の例外条項がある場合については、Q&Aの文言に忠実に、第三者提供や委託と整理して対応することもあります。

　また、適切なアクセス制御については、暗号化がされていれば足りると考えられます。

　なお、クラウドサービスの利用が個人データの第三者提供や委託にあたらない場合、クラウドサービスを利用する事業者は、委託先の監督義務（法25条）は負いませんが、自ら果たすべき安全管理措置（法23条）の一環として適切な安全管理措置を講じる必要があります（Q&A7-54）。そして、外国において個人データを取り扱う場合、安全管理措置の1つとして「外的環境の把握」が必要となり、当該外国の個人情報の保護に関する制度等を把握した上で、個人データの安全管理のために必要かつ適切な措置を講じる必要があります（【17】）。

　個人データが保有個人データに該当する場合、法23条に基づき自ら講じた安全管理措置について、本人の知り得る状態（本人の求めに応じて遅滞なく回答する場合を含む）に置く必要があるところ（法32条1項4号、施行令10条1号）、外国にある第三者の提供するクラウドサービスを利用する場合、「保有個人データの安全管理のために講じた措置」として、クラウドサービス提供事業者が所在する外国の名称及び個人データが保存されるサーバが所在する外国の名称を明らかにし、当該外国の制度等を把握した上で講じた措置の内容を本人の知り得る状態に置く必要があります（Q&A10-25)[106]。

　まとめると、クラウドサービスの利用は、サービス提供事業者が個人データを取り扱わないこととなっている場合、第三者提供にも、委託にも該当せ

---

[106]　その際、個人データが保存されるサーバが所在する国を特定できない場合には、サーバが所在する外国の名称に代えて、①サーバが所在する国を特定できない旨およびその理由、および、②本人に参考となるべき情報を本人の知り得る状態に置く必要があります（GL通則編3-8-1、Q&A10-25)。

ず、第三者提供規制（法27条・法28条）や委託先の監督義務（法25条）は問題となりません。ただし、事業者は、当該個人データについて自ら果たすべき安全管理措置（法23条）の一貫として適切な安全管理措置を講じる義務を負います。そして、海外の事業者が提供するクラウドサービスを利用する場合については、安全管理措置の1つである外的環境の把握が必要となり、当該個人データが保有個人データに該当する場合、外的環境の把握も含め、保有個人データの安全管理のために講じた措置について、本人への周知（法32条1項、施行令10条4号）が必要となります。

28 事業の承継に伴う提供
 （提供先が「第三者」に当たらない場合②）

1 事業の承継に伴う個人データの提供

　合併その他の事由による事業の承継に伴い個人データが提供される場合も、提供先は「第三者」に該当しないため、本人の同意を得る必要はありません（法27条5項2号）。

　たとえば、合併や会社分割、事業譲渡等により事業が承継されることに伴い、当該事業に係る個人データが提供される場合などです。

2 承継前の利用目的による制限

　もっとも、事業の承継に伴い個人データの提供を受けた場合、事業の承継後も、承継前の利用目的の範囲内で利用する必要があります（法18条2項）。

　個人情報保護委員会が公表をしている令和3年度の年次報告によると、事業承継等により取得した個人情報を、承継元事業者が本人に通知または公表

していた利用目的の範囲を超えて、承継先事業者が新たなサービスのために利用する事案が確認されたため、注意喚起を行った旨が公表されており、その後、個人情報保護委員会から「合併や組織再編等を行う事業者の方へ」（令和3年6月）という注意喚起も行われています。

　事業の承継に伴い個人データの提供を受ける場合は、承継前の利用目的を確認することが必要であるとともに、承継後、当初の利用目的の範囲を超えて個人情報を利用する場合は、あらかじめ本人の同意を得る必要があります。

3　契約締結前の交渉段階における個人データの提供

（1）Due Diligence（デューディリジェンス）の場合

　合併や会社分割、事業譲渡等においては、最終的な契約の締結前に、買主が買収対象となる会社の財務や事業内容、法令遵守等に関して Due Diligence（デューディリジェンス）を行うことが一般的です。

　Due Diligence の際に、個人データを買主（候補者）へ提供する場合についても、法27条5項2号に該当し、あらかじめ本人の同意を得ることなく、個人データを提供することができます（GL 通則編3-6-3（2））。

　もっとも、提供元は、当該データの利用目的及び取扱方法、漏えい等が発生した場合の措置、事業の承継の交渉が不調となった場合の措置（当該交渉に関連して提供をした個人データの返還、消去、廃棄等。Q&A2-11）など、相手方（開示先）に安全管理措置を遵守させるために必要な契約を締結する必要があります（GL 通則編3-6-3（2））。

　なお、「合併その他の事業の承継」には、株式譲渡や新株発行は含まれていない点にも注意が必要です。100% ないしはそれに近い株式譲渡の場合、合併等に準じて同様の対応が認められないか、議論のあるところですが、実務的には、個人データに該当しない個人情報のみを開示対象とするなど、工夫が求められます。

（2）不動産売買に付随した賃借人の個人データの提供

　不動産売買契約に付随して、不動産の売主から買主に対して、当該不動産の管理に必要な範囲で当該不動産の賃借人の個人データを提供する場合についても、当該不動産に係る事業の承継に伴って個人データが提供される場合と評価することができるため、法27条5項2号に基づくものとして、本人の同意を得る必要はないとされています。

　そして、売主が売買契約締結前の交渉段階で、当該不動産の購入希望者から、当該不動産に関する調査を受け、当該不動産の賃借人に係る個人データを提供する場合についても、実質的に委託または事業の承継に類似するものと認められるため、あらかじめ賃借人（本人）の同意を得ることなく、個人データを提供することができます（Q&A2-11）。

　ただし、Due Diligence の場合と同様に、売主は、相手方（開示先）に安全管理措置を遵守させるために必要な契約を締結しなければならない点に注意してください。

コラム 41　見落としがちな承継前の利用目的による制限

　本文で説明したとおり、M&A など事業の承継に伴い個人データの提供を受ける場合、承継前の利用目的を確認しておくことが必要です。

　特に合併や組織再編等によって、事業内容に変更・追加が生じる場合には、取得時に特定し、通知・公表している利用目的が、変更・追加後の事業内容をカバーしているか、プライバシーポリシー等を確認する必要があります。

　個人情報を利用するサービスが複数ある場合には、サービスごとに個人情報の利用目的を通知・公表していることもあることから、サービスごとに個人情報の利用目的の通知・公表内容を確認することが求められます。

29 共同利用
（提供先が「第三者」に当たらない場合③）

1　共同利用

　個人情報保護法上の要件を満たし、個人データを「共同利用」する場合も、提供先は、「第三者」に該当しないため、本人の同意を得る必要はありません（法27条5項3号）。

　共同利用とは、以下の①から⑤の事項を、あらかじめ本人に通知し、または本人が容易に知り得る状態に置くことにより、個人データを特定の者との間で共同して利用することをいいます。

　この場合、③の範囲内の者については、本人から見て、個人データを当初提供した事業者と一体のものとして取り扱われることに合理性があると考えられることから、「第三者」に該当せず、本人の同意なく個人データを提供できるとされています。

①共同利用をする旨
②共同して利用される個人データの項目
③共同して利用する者の範囲
④利用する者の利用目的
⑤当該個人データの管理について責任を有する者[107]の氏名または名称および住所（ならびに法人にあっては、その代表者の氏名）

107　「個人データの管理について責任を有する者」とは、開示等の請求及び苦情を受け付け、その処理に尽力するとともに、個人データの内容等について、開示、訂正、利用停止等の権限を有し、安全管理等個人データの管理について責任を有する者をいい、共同して利用する全ての事業者の中で、第一次的に苦情の受付・処理、開示・訂正等を行う権限を有する者をいいます。共同利用者のうち一事業者の内部の担当責任者をいうものではありません（GL通則編3-6-3（3）⑤）。

共同利用は、典型的にはグループ会社間で個人データを共同して利用する場合に使われますが、必ずしもグループ会社間に限られるわけではなく、要件を満たせば、グループ会社以外でも利用することができます。たとえば、使用者と労働組合との間で共同利用が行うことも可能です。

2　共同利用する者の範囲

　③共同して利用する者の範囲については、範囲が明確である限り、必ずしも事業者の名称等を個別に全て列挙する必要はありません。もっとも、共同利用は、本人から見て、個人データを提供する事業者と一体のものとして取り扱われることに合理性がある範囲で、当該個人データを共同して利用することを認める制度のため、本人をしてどの事業者まで利用されるか判断できるようにしなければならず（GL通則編3-6-3（3））共同利用する者の範囲は、本人がどの事業者まで現在あるいは将来利用されるかを判断できる程度に明確にする必要があります（Q&A7-50）。

　たとえば、「当社の子会社及び関連会社」と表記する場合、当該子会社及び関連会社のすべてがホームページ上で公表されている場合などは許容されると考えられています（Q&A7-45、金融GL12条4項）。

　このように、共同して利用する者の範囲については、本人の予測可能性が確保できる範囲という制約があることに注意してください。

　共同して利用する者の範囲を変更することは、原則として認められず、本人の同意を得ることが必要となります（GL通則編3-6-3（3））。

3　既に取得済みの個人データを共同利用する場合

　共同利用を開始する際には、前記①から⑤の情報をあらかじめ本人に通知するか、または本人が容易に知り得る状態に置く必要があります。「あらかじめ」とは、個人データの共同利用が開始される前を意味します（Q&A7-

46、7-51)。

　このため、最初に個人データを取得する前にこれらの情報を通知等しておくことは必須ではなく、共同利用の開始前に当該通知等をしておけば、すでに取得済みの個人データを共同利用の方法により提供することも可能です。

　もっとも、GLでは、「既に特定の事業者が取得している個人データを他の事業者と共同して利用する場合には、当該共同利用は、社会通念上、共同して利用する者の範囲や利用目的等が当該個人データの本人が通常予期し得ると客観的に認められる範囲内である必要がある。その上で、当該個人データの内容や性質等に応じて共同利用の是非を判断し、既に取得している事業者が法17条1項の規定により特定した利用目的の範囲で共同して利用しなければならない」とされています（GL通則編3-6-3（3）。Q&A7-52)。

　既に取得済みの個人データを共同利用する際には、個人情報を取得した時点において、本人をして予測可能性があるかどうかや、当該個人データを取得する際に特定した利用目的の範囲内かを慎重に検討することが求められます。たとえば、共同利用について、個人情報を取得した時点で本人に全く説明等をしていないケースなどにおいては、本人の予測可能性を欠き、共同利用は認められないと考えられます。

4　望ましい措置

　GLでは、事業者が共同利用を実施する場合には、共同利用する者における責任等を明確にし、円滑に実施する観点から、前記①から⑤までの事項に加え、例えば、次の（ア）から（カ）までの事項についても、あらかじめ取り決めておくことが望ましいとされています（GL通則編3-6-3（3）※2)。

　　（ア）共同利用者の要件（グループ会社であること、特定のキャンペーン
　　　　　事業の一員であること等、共同利用による事業遂行上の一定の枠組
　　　　　み）

（イ）各共同利用者の個人情報取扱責任者、問合せ担当者及び連絡先

（ウ）共同利用する個人データの取扱いに関する事項

（エ）共同利用する個人データの取扱いに関する取決めが遵守されなかった場合の措置

（オ）共同利用する個人データに関する事件・事故が発生した場合の報告・連絡に関する事項

（カ）共同利用を終了する際の手続

5　変更が生じた場合の通知等

　あらかじめ通知等を行った事項に変更が生じた場合の通知等については、以下のとおり、対応をする必要があります（法27条6項）。

　まず、個人データの管理について責任を有する者の氏名または名称・住所・法人における代表者の氏名に変更が生じた場合は、当該変更後の内容について、遅滞なく事後的に通知または本人が容易に知り得る状態に置けば足ります。

　これに対し、共同して利用する者の利用目的、または個人データの管理について責任を有する者そのものを変更する場合については、変更する前に、変更しようとする内容について、通知等を行う必要があります。

　なお、「共同利用する者の利用目的」については、社会通念上、本人が通常予期し得る限度と客観的に認められる範囲内でのみ変更することができ、「共同して利用される個人データの項目」及び「共同して利用する者の範囲」については、原則として変更することは認められず、これらを変更できるのは、本人の同意を得た場合など一定の場合に限られる点にも注意してください（GL通則編3－6－3（3）〈共同利用に係る事項の変更〉）。

コラム 42　本人の予測可能性という制約

> 　共同利用は、委託と同様に本人の同意を得ずに個人データを移転することができるため、実務上よく検討されますが、本文で説明したとおり、共同利用する者の範囲や利用目的等について、本人が通常予期し得ると客観的に認められる範囲内であるかなど、本人の予測可能性という制度に内在する制約があります。
>
> 　このため、個人データの取得時点から共同利用を想定している場合は別として、既に取得済みの個人データを共同利用することについては、実務的にはハードルが高いことも多く、実施に際しては慎重な検討が求められます（なお、仮名加工情報と加工したうえでの共同利用については【53】を参照）。

30 提供者（個人データを提供する側）の記録義務

1　提供者の記録事項

　個人情報取扱事業者は、個人データを第三者に提供したとき、原則として、個人データを提供した年月日等に関する記録（文書、電磁的記録またはマイクロフィルム）を作成する必要があります（法29条1項）。

　例外は、第三者提供規制の例外事由（法27条1項各号）に該当することを根拠として個人データを提供する場合、または委託や事業の承継、共同利用に伴い提供する場合などです（法29条1項但書。なお、解釈による例外（【32】）も認められています）。

　記録事項は、下記表のとおり、オプトアウトによる場合と本人の同意による場合とで異なります（規則20条1号）。

記録は、提供のたびに作成するのが原則ですが（規則19条2項本文）、継続的または反復して提供したときや、そうすることが確実であると見込まれるときは、一括して記録を作成することも認められています（規則19条2項ただし書）。

　また、本人に対する物品や役務の提供に関連して個人データを提供する場合、契約書等の書面をもって、記録に代えることができます（規則19条3項）。

　もっとも、上記契約書等の代替手段による方法や一括して記録を作成する方法は、オプトアウトによる第三者提供については適用されない点に注意してください（GL確認記録編4−1−2−3）。

　個人データをシステムで授受している場合には、そのログをもって記録とすることも認められています（Q&A13−26）。

提供者の記録事項

	提供年月日	第三者の氏名等	本人の氏名等	個人データの項目	本人の同意
オプトアウトによる第三者提供	○	○	○	○	
本人の同意による第三者提供		○	○	○	○

（GL確認記録編4−2−1−2）

2　記録の保存義務

　提供者は、作成した記録を、以下の期間、保存しておく必要があります（法29条2項）。

記録の作成方法の別	保存期間
契約書等の代替手段による方法により記録を作成した場合	最後に当該記録に係る個人データの提供を行った日から起算して1年を経過する日までの間
一括して記録を作成する方法により記録を作成した場合	最後に当該記録に係る個人データの提供を行った日から起算して3年を経過する日までの間
上記以外の場合	3年

（GL確認記録編4-3）

　令和2年改正により、第三者への提供時及び第三者からの受領時の記録（第三者提供記録）が本人からの開示請求の対象とされました（法33条5項。【40】）。

　このため、個人情報取扱事業者は、本人から開示請求を受ける可能性があることを前提に、これらの記録を作成・保存しておく必要があります。

31 受領者（個人データの提供を受ける側）の確認・記録義務

1　受領者の確認義務

　個人データの第三者提供を受ける際には、違法に入手された個人データが流通することを抑止する観点から、原則として、提供者の氏名や取得経緯等について、確認する必要があります（法30条1項）

　例外は、第三者提供規制の例外事由（法27条1項各号）に該当することを根拠として個人データの提供を受ける場合、または委託や事業の承継、共同利用に伴い提供を受ける場合（法30条1項但書）などです。

（1）提供元の氏名等の確認

　第三者（提供元）の氏名及び住所並びに法人にあってはその代表者の氏名については、個人データを提供する第三者から申告を受ける方法その他の適切な方法により確認する必要があります（規則22条1項）。

第三者から申告を受ける方法の該当例	その他の適切な方法に該当する事例
・口頭で申告を受ける方法 ・所定の申込書等に記載をさせた上で、当該申込書等の提出を受け入れる方法 ・本人確認書類の写しの送付を受け入れる方法	・登記されている事項を確認する方法（受領者が自ら登記事項証明書・登記情報提供サービスで当該第三者の名称・住所・代表者の氏名を確認する方法） ・法人番号の提示を受けて、当該法人の名称、住所を確認する方法 ・当該第三者が自社のホームページなどで名称、住所、代表者の氏名を公開している場合においてその内容を確認する方法 ・信頼性のおける民間のデータ業者のデータベースを確認する方法 ・上場会社等の有価証券報告書等を確認する方法

（2）取得経緯等の確認

　次に、提供者の個人データの取得経緯等については、提供者から個人データの取得の経緯を示す契約書その他の書面の提示を受ける方法その他の適切な方法によって確認する必要があります（規則22条2項）。

　GLでは、適切な方法としては、以下の例が挙げられています（GL確認記録編3-1-2）。

　・提供者が別の者から個人データを買い取っている場合には売買契約書などを確認する方法
　・提供者が本人から書面等で当該個人データを直接取得している場合に当該書面等を確認する方法

・提供者による取得の経緯が明示的または黙示的に示されている、提供者と受領者間の契約書面を確認する方法
・提供者が本人の同意を得ていることを誓約する書面を受け入れる方法
・提供者のホームページで公表されている利用目的、規約等の中に、取得の経緯が記載されている場合において、その記載内容を確認する方法
・本人による同意書面を確認する方法

　確認すべき内容は、個人データの内容、第三者提供の態様などにより異なりますが、基本的には、取得先（顧客としての本人、従業員としての本人、他の個人情報取扱事業者、家族・友人等の私人、いわゆる公開情報等）、取得行為の態様（本人から直接取得したか、有償で取得したか、いわゆる公開情報から取得したか、紹介により取得したか、私人として取得したものか等）などを確認しなければならないとされています（GL 確認記録編3−1−2）。

　適法に入手されたものではないと疑われるにもかかわらず、あえて個人データの提供を受けた場合には、法20条1項に違反する可能性があります。

　もっとも、受領者は、あくまで個人データを提供した第三者による取得の経緯を確認すれば足り、そこから遡って当該第三者より前に取得した者の取得の経緯を確認する義務はありません。

　また、提供者は、上記（1）（2）の確認事項を偽ってはならず（法30条2項）、虚偽の申告をした場合、10万円以下の過料が科されます（法185条1号）。

　実務的には、取得の経緯について、契約書等において個人情報保護法上の手続を適正に履行している旨を定めた表明保証条項を設けて対応することもあります。

　なお、GL では、受領者は、個人データの提供を受ける際、提供者の法の遵守状況（たとえば、利用目的、開示手続、問合せ・苦情の受付窓口の公表など）についても確認することが望ましいとされています。

特にオプトアウトによる第三者提供により個人データの提供を受ける際には、受領者は当該個人情報取扱事業者の届出事項が個人情報保護委員会により公表されている旨を記録しなければならないことに留意する必要があります（GL 確認記録編3－1－3）。

（3）確認の省略

複数回にわたって、同一本人の個人データを授受する場合は、同一の内容を重複して確認する合理性はないため、既に前述した方法により確認を行い、後述する方法により記録を作成し、かつ、その時点において保存している記録に記載された事項と内容が同一であるものについては、当該事項の確認を省略することが認められています（GL 確認記録編3－2）。

2 受領者の記録義務

受領者は、確認した後、第三者提供の類型に応じて、以下の項目について記録（文書、電磁的記録、またはマイクロフィルム）を作成し（法30条3項、規則24条1項1号、2号）、保存する義務を負います（同条4項）。

提供者の場合と同様、複数回にわたって同一本人の個人データの第三者提供を受ける場合においては、同一の記録事項を重複して記録する必要はなく、同一の事項については、記録を省略することができます（規則24条2項）。

	提供を受けた年月日	第三者の氏名等	取得の経緯	本人の氏名等	個人データの項目	委員会による公表	本人の同意
オプトアウトによる第三者提供	○	○	○	○	○	○	
本人の同意による第三者提供		○	○	○	○		○
私人などからの第三者提供		○	○	○	○		

（GL 確認記録編4－2－2－3）

また、一括して記録を作成する方法（規則23条2項）や契約書等の代替手段による方同3項）が認められている点は、提供者の場合と同様です。

3　記録の保存

受領者は、以下のとおり、作成した記録を保存する必要があります。

記録の作成方法の別	保存期間
契約書等の代替手段による方法により記録を作成した場合	・最後に当該記録に係る個人データの提供を行った日から起算して1年を経過する日までの間
一括して記録を作成する方法により記録を作成した場合	・最後に当該記録に係る個人データの提供を行った日から起算して3年を経過する日までの間
上記以外の場合	・3年

（GL 確認記録編4−3）

32 確認・記録義務が適用されない場合

1　確認・記録義務が適用されない場合

確認・記録義務については、個人データの利活用を阻害するおそれもあるため、提供者や受領者に過大な負担とならないように、法または解釈により、確認・記録義務が適用されない場合が認められています。

2　法律上、確認・記録義務が適用されない場合

（1）当事者の例外（法29条1項括弧書、GL 確認記録編2−1−3）

①国の機関、②地方公共団体、③独立行政法人等、④地方独立行政法人と

の間で個人データの授受を行う場合は、確認・記録義務は適用されません。

（２）提供場面の例外（法29条１項但書、法27条１項各号、GL 確認記録編2-1-1）

　法27条１項各号のいずれかに該当することを理由として、本人の同意を得ることなく第三者提供ができる場合（【25】）については、個人データが転々流通することは想定されにくいため、確認・記録義務は適用されません。

　なお、外国にある第三者に対して個人データを提供する際も、法27条１項各号のいずれかに該当することを理由とする場合には、記録義務は適用されません（GL 確認記録編2-1-1）。

（３）第三者にあたらない場合（法27条５項各号、GL 確認記録編2-1-2）

　「第三者」にあたらない場合、すなわち、委託に伴う提供、合併その他の事由による事業の承継に伴う提供、共同利用の場合についても、確認・記録義務は適用されません。

3　解釈により確認・記録義務が適用されない場合（GL 確認記録編2-2-1）

　次に、形式的には第三者提供の外形を有する場合であっても、実質的に確認・記録義務を課す必要性が乏しいケースについて、事業者に過剰な負担を課すことを避ける観点から、解釈により確認・記録義務が適用されない場面が認められています（GL 確認記録編２－２）。

（１）提供者及び受領者に確認・記録義務が適用されない場合
ア　本人による提供（GL 確認記録編2-2-1-1（1））

　まず、SNS上で投稿者のプロフィールや投稿内容等を取得する場合など、

本人が入力した内容が事業者の運営するSNS等において自動的に個人デー
タとして不特定多数の第三者が取得できる状態に置かれている場合について
は、実質的には、「本人による提供」をしているものと評価できるため、
SNS等の運営事業者及び取得した個人情報取扱事業者の双方において、確
認・記録義務は適用されません。

イ　本人に代わって提供（GL 確認記録編2-2-1-1（2））

　次に、個人情報取扱事業者が本人からの委託等に基づき当該本人の個人
データを第三者に提供する場合については、「本人に代わって」個人データ
の提供をしているものであるため、この場合の第三者提供については、提供
者・受領者のいずれに対しても確認・記録義務は適用されません。

　本人からの委託等に基づいて個人データを提供しているものと評価し得る
か否かは、委託等の内容、個人データの内容、提供するとき及び提供先の個
人情報取扱事業者等の要素を総合的に考慮し、本人が当該提供行為を具体的
に特定できているかという観点から判断されます。

　GL では、本人に代わって個人データを提供している事例として、以下の
例が挙げられています。

> ・本人から、別の者の口座への振込依頼を受けた仕向銀行が、振込先の口
> 座を有する被仕向銀行に対して、当該振込依頼に係る情報を提供する場合
> ・事業者のオペレーターが、顧客から販売商品の修理依頼の連絡を受けた
> ため、提携先の修理業者につなぐこととなり、当該顧客の同意を得た上で
> 当該顧客に代わって、当該顧客の氏名、連絡先等を当該修理業者に伝える
> 場合
> ・事業者が、取引先から、製品サービス購入希望者の紹介を求められたた
> め、顧客の中から希望者を募り、購入希望者リストを事業者に提供する場
> 合

- 本人がアクセスするサイトの運営業者が、本人認証の目的で、既に当該本人を認証している他のサイトの運営業者のうち当該本人が選択した者との間で、インターネットを経由して、当該本人に係る情報を授受する場合
- 保険会社が事故車の修理手配をする際に、本人が選択した提携修理工場に当該本人に係る情報を提供する場合
- 取引先・契約者から、専門業者・弁護士等の紹介を求められ、専門業者・弁護士等のリストから紹介を行う場合
- 事業者が、顧客から電話で契約内容の照会を受けたため、社内の担当者の氏名、連絡先等を当該顧客に案内する場合
- 本人から、取引の媒介を委託された事業者が、相手先の候補となる他の事業者に、価格の妥当性等の検討に必要な範囲の情報を提供する場合

ウ 本人と一体と評価できる関係にある者に提供する場合等 （GL 確認記録編2-2-1-2）

　3つ目として、本人の代理人や家族など、本人と一体と評価できる関係にある者に提供する場合や、提供者が最終的に本人に提供することを意図したうえで、受領者を介在して第三者提供を行い、本人がそれを明確に認識できる場合については、本人側に対する提供とみなせるため、確認・記録義務は適用されません。

　前者の例としては、金融機関の営業員が、家族とともに来店した顧客に対し、保険金融商品の損益状況等を説明する場合が挙げられます。後者の例としては、振込依頼人の法人が、受取人の口座に振り込むため、個人の氏名、口座番号などの個人データを仕向銀行を通じて被仕向銀行に提供する場合が挙げられます。

　なお、常に家族であることをもって本人側と評価されるものではなく、個人データの性質、両者の関係等に鑑みて実質的に判断する必要がある点に注意してください。

エ　公開情報の取得など受領者による取得行為の代行と評価できる場合（GL確認記録編2-2-1-3）

　また、たとえば、ホームページ等で公開されている情報や報道機関により報道されている情報など、不特定多数の者が取得できる公開情報については、本来であれば受領者も自ら取得することができます。

　これらの情報をあえて提供者から受領者に提供する行為は、受領者による取得行為を提供者が代行しているものであることから、実質的に確認・記録義務を課すべき第三者提供には該当せず、同義務は適用されません。

　もっとも、第1部で説明したとおり、公開情報であっても「個人情報」に該当するため、確認・記録義務以外の規定については適用される点に注意が必要です。

　また、当初に個人データを公開する行為については、提供者として記録を作成しなければなりません（規則20条1項1号ロ括弧書き）。

　なお、上記アからエは、いずれも実質的に本人の同意があることが前提であり、オプトアウトによる第三者提供（法27条2項）には、あてはまらない点にも注意してください（GL確認記録編2-2-1）。

（2）受領者に確認・記録義務が適用されない場合（GL確認記録編2-2-2）

ア　受領者にとって「個人データ」に該当しない場合（GL確認記録編2-2-2-1（1））

　受領者の確認・記録義務（法30条）は、「個人データ」の提供を受ける際に適用される義務であるため、受領者にとって「個人データ」に該当しない情報の提供を受けた場合、確認・記録義務は適用されません。

　たとえば、個人情報取扱事業者の営業担当者が、取引先を紹介する目的で、データベースで管理しているファイルから名刺1枚を取り出してそのコピーを他社の営業担当者に渡す場合、この名刺は、提供者にとっては、「個人デー

タ」にあたりますが、受領者にとっては個人データにあたらないため、受領者は、確認・記録義務を負いません。

イ 受領者にとって「個人情報」に該当しない場合（GL 確認記録編2-2-2-1 (1)）

アと同じ理由で、提供者にとって個人データに該当する場合であっても、受領者にとっては「個人情報」に該当しない（個人データにも該当しない）情報を受領した場合は、確認・記録義務は適用されません。

たとえば、①提供者が氏名を削除するなどして個人を特定できないようにしたデータの提供を受けた場合や、提供者で管理している ID 番号のみが付されたデータを受けた場合です。

ウ 受領者側に「提供を受ける」行為がない場合（GL 確認記録編2-2-2-2）

確認・記録義務（法30条）は、受領者にとって「第三者から個人データの提供を受ける」行為がある場合に適用されます。

このため、単に閲覧するだけの場合や、口頭、FAX、メール、電話等で、受領者の意思と関係なく、一方的に個人データを提供された場合については、受領者側に「提供を受ける」行為がないため、確認・記録義務は適用されません

コラム 43　第三者提供記録を作成しない理由等の整理と確認

令和２年改正により、第三者提供記録（第三者への提供時及び第三者からの受領時の記録）が本人からの開示請求の対象とされました（法33条５項、【40】）。

これまで、一般の事業会社においては、名簿業者から個人データを購入するような場合を除き、本文で説明した例外事由に該当することを前提に、

第三者提供記録の作成を省略していたことも多かったと思います。

　もっとも、今後は、本人から第三者提供記録の開示請求を受ける可能性もあることから、事業者としては、請求を受けた場合に備え、第三者提供記録を作成しない場合でも、それはいかなる理由により作成をしていないのか、明確に説明できるようにしておくことが望まれます。

　本来は記録の作成義務があったにもかかわらず、本文で説明した例外事由に該当するものと誤解し、記録義務を省略している場合はないか、念のため確認をしておく必要があります。また、開示請求への備えという観点からは、第三者提供記録とされる書類やデータに、法定記録事項ではない記載が含まれていないか、含まれている場合、実際に開示請求を受けた際には、どのように開示するかを事前に検討しておくことが有益です。

33 外国にある第三者への提供の制限（越境移転規制）

1　外国にある第三者への提供の制限（越境移転規制）のアウトライン

　「外国」にある「第三者」については、必ずしも、我が国と同程度の水準で個人データの保護が確保されるとは限らないため、外国にある第三者への個人データの提供については、通常の第三者提供（法27条）とは別に、法28条が設けられています（読みにくい条文なので網掛けで示します）。

（第28条１項）
　個人情報取扱事業者は、外国（…①個人の権利利益を保護する上で我が国と同等の水準にあると認められる個人情報の保護に関する制度を有している外国として個人情報保護委員会規則で定めるものを除く。…）**にある第三者**（②個人データの取扱いについてこの節の規定により個人情報取扱事業者が講ずべきこととされている措置に相当する措置…を継続的に講ずるために必要なものとして個人情報保護委員会規則で定める基準に適合する体制を整備している者を除く。…）**に個人データを提供する場合には、**③前条第１項各号に掲げる場合を除くほか、あらかじめ外国にある第三者への提供を認める旨の本人の同意を得なければならない。**この場合においては、同条の規定は、適用しない。

　まず、下線部のとおり、外国にある第三者に個人データを提供する場合、原則として、あらかじめ「外国にある第三者への個人データの提供を認める旨の本人の同意」を得る必要があります。

　例外的に、上記内容の本人の同意を得ることなく、個人データを外国にある第三者に提供することができるのは、①から③の網掛け部分、すなわち、

①当該第三者が日本と同等の水準の個人情報保護制度を有している国として、委員会規則で定める外国（**認定国**）に所在する場合（「外国」から除外）
②当該第三者が委員会規則で定める基準に適合する体制を整備している場合（「第三者」から除外）
③前条１項各号に掲げる場合（法27条１項が定める例外事由に該当する場合[108]）

のいずれかの場合です。

【越境移転規制のアウトライン】

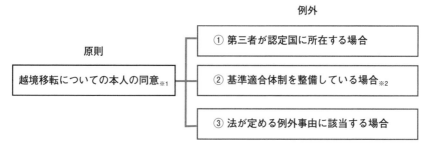

例外

原則

越境移転についての本人の同意※1

① 第三者が認定国に所在する場合

② 基準適合体制を整備している場合※2

③ 法が定める例外事由に該当する場合

※1 同意の取得に先立ち、あらかじめ参考情報の提供が必要
※2 提供先への必要な措置(定期的な確認及び問題発生時の対応)と本人の求めに応じた情報提供が必要

2 越境移転規制のポイント

　外国にある第三者への提供規制（越境移転規制）を理解するポイントは、法28条と法27条の適用関係を押さえることです。

　まず、上記例外①と②にあたる場合、法28条にいう「外国」と「第三者」から、それぞれ除外され、越境移転規制の適用対象にはなりません。もっとも、第三者への提供であることに変わりはないため、通常の第三者提供規制（法27条）に従って、提供する必要があります。すなわち、本人の同意を得て提供するか（同条1項）、オプトアウトにより提供するか（同条2項）、委託、事業の承継、共同利用に伴い提供をするか（同条5項各号）、いずれかの方法により提供する必要があります。

　これに対し、原則どおり、法28条1項の本人の同意を取得した場合は、「この場合においては、同条（注：法27条）の規定は、適用しない」とされていることから、法27条1項の本人の同意を重ねて取得する必要はありません。

108　なお、法27条1項1号の「法令」には、外国の法令は含まれません（GL 外国提供編2※3）。このため、たとえば、米国の外国口座税務コンプライアンス法（Foreign Account Tax Compliance Act：FATCA）への対応として、米国非居住者に関する個人データを内国蔵入庁（Internal Revenue Service：IRS）へ提供する場合については、「法令に基づく場合」にはあたりません。

次に、法28条には、オプトアウトに関する規定（法27条2項から4項）はありません。このため、法28条が適用される場合（上記例外①または②にあたらない場合）、オプトアウトの手続により、個人データを提供することはできません。

また、法28条には、委託や事業の承継、共同利用について定めた法27条5項に相当する規定もありません。このため、委託や事業の承継、共同利用に伴う提供であることを理由に、「第三者」にあたらないとして、法28条1項の本人の同意取得を省略することはできません。

別の言い方をすると、国内で取得した個人データの取扱いを外国の事業者に委託する場合や、合併等により外国の事業者が承継する場合、特定の外国事業者と共同利用する場合には、上記例外①または②のいずれかに該当しない限り、本人の同意（法28条1項）が必要となります。

このように、外国にある第三者に個人データを提供する際には、個人データの第三者提供に関する規制（法27条）と、越境移転規制（法28条）の双方に留意したうえで、同意の要否等を検討する必要があります。

法28条と法27条の適用関係は、質問を受けることも多いところですので、もう少し説明を補足したうえで、「外国にある第三者」について説明をしていきます。（すでに理解されている方は、下記3は飛ばして大丈夫です）。

3 法28条と法27条の関係

法28条と法27条の関係については、以下のとおり、整理することができます。

まず、第三者提供については、法27条が一般的なルールを定めています。そのうえで、「外国」にある「第三者」については、ガバメントアクセスを広く認める国が存在するなど、必ずしも我が国と同程度の水準で個人データの保護が確保されるとは限らないため、外国にある第三者への提供については、法28条が法27条とは別にルールを定めています。

すなわち、法28条では、外国にある第三者への提供について、法が定める例外事由に該当する場合を除き、

・あらかじめ外国にある第三者への提供を認める旨の本人の同意を得なければならないとして、厳格な本人の同意を必要とするとともに（1項前段）、
・同意の取得に際しては、事前に当該外国における個人情報の保護に関する制度など参考となるべき情報を本人に提供することを義務づけ（2項）、
・オプトアウトの手続に係る規定（法27条2項から4項）は設けず、
・委託、事業の承継、共同利用に伴う提供についての適用除外規定（法27条5項）も設けない、

としています。
　このため、法28条が適用される場合、オプトアウトの方法により提供をすることはできません。委託や事業の承継、共同利用に伴い外国にある第三者に個人データを提供する場合も、本人の同意（法28条1項）が必要となります。
　もっとも、法28条は、「外国」にある「第三者」について、必ずしも我が国と同程度の水準で個人データの保護が確保されるとは限らないことから、法27条とは別に特則を定めるものですので、我が国と同等の水準で個人データの保護が確保される場合には、法28条を適用する必要はありません。
　そこで、①第三者が認定国に所在する場合と、②規則で定める基準適合体制を整備している場合については、我が国と同等の水準で個人データの保護が確保されているため、それぞれ法28条1項にいう「外国」と「第三者」から除外し、法28条1項の適用対象から外しているわけです。
　ただし、上記①と②は、我が国と同等の水準で個人データの保護が確保されるかはわからない法28条1項にいう「外国」と「第三者」からそれぞれ除

外されるだけで、①や②の場合も、「第三者への提供」であることにかわりはありません。

このため、①または②に該当する場合については、通常の第三者提供に関するルール（法27条）が適用され、本人の同意を得るか（法27条１項）、オプトアウトの手続により提供するか（同２項）、委託、事業の承継、共同利用に伴い提供するか（同５項)、いずれかの方法に従う必要があります。

なお、法28条の厳格な本人の同意を取得した場合、「この場合においては、同条（注：法27条）の規定は、適用しない」とされていることから、法27条１項の本人の同意を重ねて取得する必要はありません。また、法28条１項は「前条１項の各号に掲げる場合を除くほか、あらかじめ外国にある第三者への提供を認める旨の本人の同意を得なければならない」としているため、法27条１項が定める例外事由に該当する場合も、法28条の本人の同意を得る必要はありません。

コラム 44　提供する方法（手段）からの整理

　以上が条文の構造からの説明になりますが、提供する方法（手段）の側からは、以下のとおり、整理できます。

　まず、オプトアウトの方法により外国にある第三者に個人データを提供できるのは、第三者が認定国に所在する場合（例外①）、または第三者が基準適合体制を整備している場合（例外②）のいずれかです。

　次に、委託や事業の承継、共同利用については、第三者が認定国に所在する場合（例外①）、または第三者が基準適合体制を整備している場合（例外②）には、本人の同意（法27条１項）を得ることなく、提供することができます。

　これに対し、例外①または②に該当しない限り、委託や事業の承継、共同利用については、本人の同意（法28条１項）が必要となります。

4 外国にある第三者

　「外国」とは、本邦の域外にある国または地域をいい、未承認国家も含まれます。また、「第三者」とは、個人データを提供する個人情報取扱事業者と当該個人データによって識別される本人以外の者をいい、外国政府なども含まれます（GL 外国提供編2-2）。

　法人の場合、個人データを提供する個人情報取扱事業者と別の法人格を有するかどうかで「第三者」に該当するかを判断します。

　たとえば、日本企業が、外国の法人格を取得している当該企業の現地子会社に個人データを提供する場合には、当該日本企業にとって「外国にある第三者」への個人データの提供にあたります。また、外資系企業の日本法人が外国にある親会社に従業員情報などの個人データを提供する場合も、親会社は「外国にある第三者」にあたります。

　これに対し、外国事業所、支店など同一法人格内での個人データの移動の場合には、「外国にある第三者」への個人データの提供にはあたりません。

　なお、外国にあるサーバに個人データを保存することは、必ずしも外国にある第三者への提供に該当するわけではありません。

　たとえば、個人情報取扱事業者が自ら外国に設置し、自ら管理・運営するサーバに個人データを保存する場合、物理的には個人データが越境していることになりますが、外国にある「第三者」への提供には該当しません（Q&A12-3）。

　このようにサーバの所在地は、法28条の適用関係を判断する際の基準とはならない点に注意してください。

　また、【27】で説明をした第三者提供・委託とクラウドサービスの利用に関する議論と同様に、当該サーバを外国にある事業者が設置し、管理・運営している場合でも、当該外国事業者が当該サーバに保存された個人データを取り扱わないことになっている場合には、外国にある第三者への提供にはあたりません（Q&A12-3）。

5　外国にある第三者の注意点

「外国にある第三者」の注意点としては、以下の点が挙げられます。

（1）外国法人が「個人情報取扱事業者」にあたる場合

　外国の法令に準拠して設立され外国に住所を有する外国法人であっても、その外国法人が日本国内で個人情報データベース等を事業の用に供していると認められる場合には、「個人情報取扱事業者」にあたり、「外国にある第三者」にあたらないとされています（GL 外国提供編2−2）。

　別の法人格である外国法人への提供ですので、形式的には、「外国にある第三者」への提供にあたりますが、個人情報保護法の義務規定等が適用される「個人情報取扱事業者」に対する提供のため、実質的には、国内に所在する第三者への提供と同視でき、「外国にある」第三者への提供として特別の同意等を要求する必要がないからです。

　たとえば、外国法人であっても、日本国内に事務所を設置している場合、または日本国内で事業活動を行っている場合など、日本国内で「個人情報データベース等」を事業の用に供していると認められるときは、その外国法人は、「個人情報取扱事業者」にあたるため、「外国にある第三者」にはあたりません。

　ただし、日本国内で個人情報データベース等を事業の用に供していると認められるか否かは、日本国内における事業の実態を勘案して、個別の事例ごとに判断することとなります。国内に出張所を有することのみをもって直ちに当該外国事業者への個人データの提供が「外国にある第三者への提供」に該当しないこととなるわけではない点に注意してください（Q&A12−5）。

（2）国内にある個人情報取扱事業者が、他の日本法人の外国支店に直接個人データを提供する場合

　反対に、形式的には外国にある第三者にあたらないものの、実質的に外国

にある第三者への提供と評価される場合もあります。

　たとえば、個人情報取扱事業者が、他の日本法人の外国支店に直接個人データを提供する場合、当該外国支店への個人データの提供は、外国にある第三者への提供に該当し得る場合があるとされています（Q&A12－9）。

　本来、他の日本法人は、個人情報取扱事業者であり、その外国支店は同一の法人格であるため、形式的には「第三者」にはあたりませんが、当該個人データが専ら外国支店において取り扱われ、日本国内では取り扱われない場合などについては、実質的に、当該外国支店を当該日本法人とは別の第三者と評価して、法28条のルールを課す必要があるためです。提供先の第三者が日本法人であるからといって、外国にある第三者への提供にあたらないと即断することはできません。

（3）外国事業者が運営するクラウドサービスを利用する場合（Q&A12-4）

　外国にある事業者が運営するクラウドを利用する場合について、当該外国事業者が、当該サーバに保存された個人データを取り扱っている場合には、サーバが国内にある場合であっても、外国にある第三者への提供（法28条1項）に該当します。

　前記4で説明したとおり、サーバの所在地は、法28条の適用関係を判断する際の基準とはならず、また、【27】で説明したとおり、「個人データを取り扱っている場合」は、提供または委託にあたるからです

　ただし、当該サーバを運営する外国にある事業者が、当該サーバに保存された個人データを日本国内で取り扱っており、日本国内で個人情報データベース等を事業の用に供していると認められる場合には、外国にある第三者への提供（法28条1項）に該当しません。（1）で説明をしたとおり、実質的には国内に所在する第三者への提供と同視できるからです。

　なお、当該サーバを運営する外国にある事業者が、当該サーバに保存された個人データを取り扱わないこととなっている場合には、外国にある第三者

への提供（法28条１項）に該当しません（【27】）。もっとも、この場合、外国において個人データを取り扱っていることになるため、外的環境の把握（【17】）が必要となります（Q&A12－3）。外的環境の把握については、サーバ所在地も把握対象とされるためです。

（4）域外適用される場合

　外国にある個人情報取扱事業者が、日本の居住者等の日本国内にある者に対する物品またはサービスの提供に関連して、日本国内にある者を本人とする個人情報を外国において取り扱う場合には、個人情報保護法の域外適用の対象となります（法171条。【07】）。

　たとえば、外国にある個人情報取扱事業者が、日本国内のユーザー向けのアプリの開発・運営のために、日本国内の事業者から日本国内のユーザーを本人とする個人データの取扱いの委託を受けて外国で取り扱う場合、当該外国にある個人情報取扱事業者による当該個人データの取扱いは、日本国内にある者に対する物品又はサービスの提供に関連するものであると考えられることから、個人情報保護法の域外適用の対象となります。

　この場合、外国にある個人情報取扱事業者に対して個人データを提供する日本国内の個人情報取扱事業者は、法28条１項により、原則として、あらかじめ「外国にある第三者への個人データの提供を認める」旨の本人の同意を得る必要があります（Q&A11－4）。

　外国事業者が域外適用（法171条）される場合でも、日本国内に事務所を設置している場合、または日本国内で事業活動を行っている場合など、日本国内で「個人情報データベース等」を事業の用に供していると認められる場合でなければ、「外国にある第三者」として、法28条が適用されるためです。

　このように、「外国にある第三者」については、個人データの取扱いの実態を踏まえた実質的な判断が必要とされる場合がある点に注意してください。

34 本人の同意に基づき外国にある第三者へ個人データを提供する場合

1　外国にある第三者への個人データの提供を認める旨の本人の同意

　個人データを外国にある第三者に提供する場合、原則として、あらかじめ「外国にある第三者への個人データの提供を認める旨の本人の同意」（越境移転についての本人の同意）を得る必要があります（法28条1項）。

　ここでは、通常の第三者提供における「本人の同意」よりも厳格な内容の同意が必要とされています。

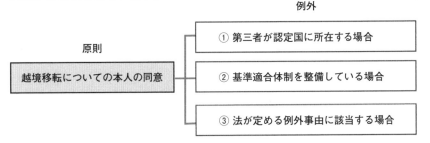

2　参考となるべき情報の提供

　「外国にある第三者への個人データの提供を認める旨の本人の同意」を得ようとする場合には、あらかじめ、当該外国における個人情報の保護に関する制度など、以下の3つの情報を本人に提供する必要があります（法28条2項、規則17条2項各号）。

　①当該外国の名称

②適切かつ合理的な方法により得られた当該外国における個人情報の保護
　に関する制度に関する情報

③当該第三者が講ずる個人情報の保護のための措置に関する情報

　情報提供の方法は、書面の交付、電磁的記録の提供、必要な情報をホーム
ページに掲載し、閲覧させる方法などが認められています（GL外国提供編
5-1）。たとえば、必要な情報を電子メールにより本人に送付する方法など
も考えられます。

3　参考となるべき情報の考え方と注意点

（1）①当該外国の名称

　当該外国の名称については、必ずしも正式名称を求めるものではありませ
んが、本人が自己の個人データの移転先を合理的に認識できると考えられる
名称でなければなりません（GL外国第三者提供編5-2 (1)）。

　また、外国の名称に加え、州等の名称まで示すことは求められませんが、
米国のように州法が主要な規律となっている場合など、州法に関する情報提
供が本人の予測可能性の向上に資するときは、州を示したうえ、州単位での
制度についても情報提供を行うことが望ましいとされています。

　なお、当該外国の名称における外国とは、提供先の第三者が所在する外国
をいい、提供先の第三者が個人データを保存するサーバが所在する外国では
ありません（GL外国提供編5-2）。たとえば、A国に所在し、B国にサー
バを設置している外国事業者に個人データを提供する場合、移転先の所在国
の名称としては、サーバが所在する外国（B国）ではなく、A国の名称を情
報提供する必要があります[109]。

109　もっとも、Q&Aでは、移転先が所在する外国の名称に加え、当該移転先が個人データを取
り扱うサーバの所在国についても情報提供することは望ましい取り組みであるとされています
（Q&A12-11）。

外的環境の把握（【17】）とは異なりますので、注意してください。

（2）②適切かつ合理的な方法により得られた当該外国における個人情報の保護に関する制度に関する情報

当該外国における個人情報の保護に関する制度に関する情報とは、提供先の第三者が所在する外国における個人情報の保護に関する制度と、我が国の個人情報保護法との間の本質的な差異を本人が合理的に認識できる情報のことをいいます（GL外国第三者提供編5-2（2）②）。

具体的には、以下の4つの観点を踏まえる必要があります（同5-2（2）②）。

①当該外国における個人情報の保護に関する制度の有無
②当該外国の個人情報の保護に関する制度についての指標となり得る情報（GDPR第45条に基づく十分性認定の取得国であることや、APECのCBPRシステムの加盟国であること）の存在
③OECDプライバシーガイドライン8原則（コラム45）に対応する事業者の義務または本人の権利の不存在
④その他本人の権利利益に重大な影響を及ぼす可能性のある制度（ガバメントアクセス[110]やデータ・ローカライゼーション等）の存在（コラム26）

まず、提供先の第三者が所在する外国において当該第三者に適用される個人情報の保護に関する制度が存在しない場合には、そのこと自体が個人データの越境移転に伴うリスクを示すものであることから、個人情報の保護に関する制度が存在しない旨を本人に対し情報提供する必要があります（GL外国提供編5-2（2）②）。

110　ガバメントアクセスについて、本人の権利利益に重大な影響を及ぼす可能性のある制度に該当するか否かを判断する際には、OECD「民間部門が保有する個人データに対するガバメントアクセスに関する宣言」（2022年）などを参照することが考えられます（GL外国提供編改正集5-2（※3））

また、当該外国の個人情報の保護に関する制度についての指標となり得る情報については、この情報が存在する場合には、指標となる情報が提供されることにより、個人データの越境移転に伴うリスクについて本人の予測可能性が一定程度担保されることを根拠に、次のOECDプライバシーガイドライン8原則に係る情報の提供は求められません（GL外国提供編5-2(2)②）。

　これに対し、指標となり得る情報が存在しない場合には、OECDプライバシーガイドライン8原則に対応する事業者の義務または本人の権利の不存在についても情報提供が必要となります。

　たとえば、個人情報について原則としてあらかじめ特定した利用目的の範囲内で利用しなければならない旨の制限の不存在、あるいは、事業者が保有する個人情報の開示の請求に関する本人の権利の不存在などが挙げられます（GL外国提供編5-2-(2)②(ウ)）。

　その他、提供先の第三者が所在する外国において、日本の制度と比較して、当該外国への個人データの越境移転に伴い当該個人データに係る本人の権利利益に重大な影響を及ぼす可能性のある制度が存在する場合には、当該制度の存在について本人に情報提供しなければならないとされています。

　確認する方法としては、提供先の外国にある第三者に対し照会する方法のほか、日本または外国の行政機関等が公表している情報を確認する方法が挙げられています（GL外国提供編5-2(2)①）。

　個人情報保護委員会が公表している**情報提供文書**（コラム25）は、前記4項目に沿った内容で構成されているため、情報提供文書が提供されている国または地域については、調査実施時点以降、個人情報の保護に関する制度の改正等がないことが確認できれば、情報提供文書またはそのURLを本人に提供することにより、当該外国の個人情報保護制度に関する情報提供義務を果たすことができる場合と考えられます（Q&A12-10)[111]。

111　ただし、ホームページのURLを本人にとってわかりやすい場所に掲載したうえで、同意の可否の判断の前提として、本人に対して当該情報の確認を明示的に求めるなど、本人が当該URLに掲載された情報を閲覧すると合理的に考えられる形で情報提供を行う必要があるとされています。

これに対し、情報提供文書が提供されていない国と地域に関する個人情報保護制度については、事業者においてみずから調査したうえで、情報提供を行う必要があります。調査の範囲・程度については、情報提供文書の記載を参考にすることが有益です。

（3）③当該第三者が講ずる個人情報の保護のための措置に関する情報

提供先の第三者が講ずる個人情報の保護のための措置に関する情報とは、当該外国にある第三者が講ずる個人情報の保護のための措置と我が国の個人情報保護法により個人データの取扱いについて個人情報取扱事業者に求められる措置との間の本質的な差異を本人が合理的に認識できる情報をいいます。

当該外国にある第三者において、OECD プライバシーガイドライン8原則に対応する措置（本人の権利に基づく請求への対応に関する措置を含む）を講じている場合には、それを情報提供すれば足り、講じていない場合には、当該講じていない措置の内容について、本人が合理的に認識できる情報が提供されなければならないとされています。

たとえば、「提供先が、概ね個人データの取扱いについて我が国の個人情報取扱事業者に求められる措置と同水準の措置を講じているものの、取得した個人情報についての利用目的の通知・公表を行っていない」旨の情報提供を行うことが挙げられます（GL 外国提供編5－2（3））。

当該措置を確認する方法としては、第三者に問い合わせをしたり、第三者との間で締結している個人データの取扱いに関する契約を確認するなどの方法により調査する必要があります。上記②の調査の結果、その第三者が所在する外国において OECD プライバシーガイドライン8原則に対応する法制度を有していることの確認が取れている場合には、所在する国の法律の遵守状況について問い合わせをすることにより、間接的に同8原則の遵守状況について確認することができます。

4 本人の同意に基づき外国にある第三者に個人データを提供する場合の注意点

　本人の同意に基づき外国にある第三者に個人データを提供する場合の注意点としては、以下の点が挙げられます。

（1）同意取得時に移転先が特定できない場合など

　本人の同意を得ようとする時点で、移転先の外国を特定できない場合には、当該外国の名称及び当該外国の個人情報の保護に関する制度に関する情報に代えて、①特定できない旨及びその理由について情報提供するとともに、②当該外国の名称に代わる本人に参考となるべき情報（たとえば、移転先の外国の範囲が具体的に定まっている場合における当該範囲に関する情報や、移転先となる外国の候補が具体的に定まっている場合における当該候補となる外国の名称）がある場合には、当該情報についても提供する必要があります（規則17条3項）。

　また、本人の同意を取得しようとする時点において、提供先の外国にある第三者が講ずる個人情報の保護のための措置に関する情報の提供ができない場合には、当該情報に代えて、当該情報を提供できない旨及びその理由について情報提供する必要があります（規則17条4項）。

　移転先が特定され、事後的に情報提供が可能となった場合には、本人の求めに応じて情報提供を行うことが望ましいとされています（GL外国提供編5-3-1、5-3-2）。

（2）同意取得後に外国の個人情報保護制度に変更があった場合

　個人データを提供した後、当該外国における個人情報の保護に関する制度の改正があった場合について、すでに取得した同意の有効性には影響を及ぼさず、本人に対し、改正後の制度に関する情報を提供したうえで、再度同意を得ることは必要ありません（Q&A12-13）。

もっとも、当該外国における個人情報の保護に関する制度について、我が国の個人情報保護法との間の本質的な差異の認識に影響を及ぼすような重要な変更がなされたことを提供元の事業者が認識した場合には、本人に情報提供することが望ましいとされています。

コラム45　OECD 8原則

　OECD（経済協力開発機構）では、1980年に「プライバシー保護と個人データの国際流通についてのガイドラインに関するOECD理事会勧告」を採択しました。この勧告に付属するガイドラインにおいて、いわゆるOECD 8原則が示されています。

　同原則は、以下の8つの原則を内容としており、OECD加盟国は、同原則を基に国内法を整備しています（日本の個人情報保護法も同原則を踏まえ、制定されています）。

①収集制限の原則 （Collection Limitation Principle）	・利用目的の通知等（法21条） ・適正取得（法20条）
②データ内容の原則 （Data Quality Principle）	・正確性の確保等（法22条）
③目的明確化の原則 （Purpose Specification Principle）	・利用目的の特定（法17条）
④利用制限の原則 （Use Limitation Principle）	・利用目的の制限（法18条） ・第三者提供の制限（法27条）
⑤安全保護の原則 （Security Safeguards Principle）	・安全管理措置（法23条） ・従業者及び委託先の監督（法24条・25条）
⑥公開の原則 （Openness Principle）	・保有個人データに関する事項の公表等（法32条）
⑦個人参加の原則 （Individual Participation Principle）	・開示（法33条） ・訂正等（法34条） ・利用停止等（法35条）
⑧責任の原則 （Accountability Principle）	・個人情報取扱事業者による苦情処理（法40条）

（個人情報保護委員会公表資料を基に、一部加工のうえで作成）

35 認定国に所在する第三者に提供する場合

1 認定国に所在する第三者に提供する場合

個人の権利利益を保護する上で、日本と同等の水準にあると認められる個人情報の保護に関する制度を有している国として個人情報保護委員会規則で定めるもの（**認定国**）は、法28条1項の「外国」から除外され、認定国に所在する第三者への提供は、「外国にある第三者への提供」にあたりません。

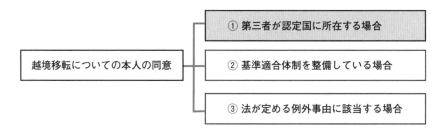

現在は、**EEA**（European Economic Area：欧州経済領域）**加盟国**と**英国**が認定国とされています。

このため、EEA加盟国や英国に所在する第三者に対し、個人データを提供する場合は、「外国にある第三者への個人データの提供を認める旨の本人の同意」（法28条1項）を得る必要はありません。

2 認定国に所在する第三者に提供する場合の注意点

もっとも、【33】で説明したとおり、EEA加盟国及び英国については、あくまで法28条1項の「外国」から除外され、越境移転規制（法28条）の適用対象とならないだけです。これらの国に所在する第三者への提供も第三者への提供にあたるため、法27条に従い、個人データを提供する必要があります。

すなわち、提供に際しては、本人の同意（法27条１項柱書）を得るか、オプトアウトによる提供（法27条２項）によるか、委託・事業の承継・共同利用に伴い提供するか（法27条５項）、いずれかの方法による必要があります。

　本人の同意によるか、あるいはオプトアウトによる提供か、それとも委託・事業の承継・共同利用による提供かによって、記録義務（法29条）が適用されるかどうかが変わることになります。委託・事業の承継・共同利用については、「第三者」にあたらないとされているため、記録義務が適用されないためです。

　また、EEA加盟国及び英国域内に所在する第三者に個人データの取り扱いを委託する場合、前述のとおり、法28条の適用対象からは除外されますが、「外国において個人データを取り扱う場合」にはあたるため、外的環境の把握（【17】）は必要となる点に注意してください。

コラム46　法28条にいう本人の同意が必要な場合

　条文の構成から離れて説明すると、外国にある第三者への個人データの提供を認める旨の本人の合意（法28条１項）が必要となるのは、法27条１項各号のいずれかに該当する場合を除き、①EEA加盟国及び英国を**除く**国（法28条の「外国」から除外されない国）に所在する、②基準適合体制を整備<u>していない</u>第三者に対し個人データを提供する場合ということができます。

36 基準適合体制の整備を根拠として提供する場合

1 基準適合体制の整備を根拠として提供する場合

提供先の第三者が、個人情報取扱事業者が講ずべきとされている措置に相当する措置を継続的に講ずるために必要なものとして委員会規則が定める基準に適合する体制（**基準適合体制**）を整備している場合、法28条1項の「第三者」から除外され、当該第三者への個人データの提供は、「外国にある第三者への提供」にあたりません。

このため、越境移転についての本人の同意（法28条1項）を得る必要はありません。

もっとも、基準適合体制を整備した第三者（事業者）は、あくまで法28条1項の「第三者」から除外されるだけで、当該第三者への提供は、「第三者への提供」にあたるため、法27条が定める通常の第三者提供のルールに従い、個人データを提供する必要があります。

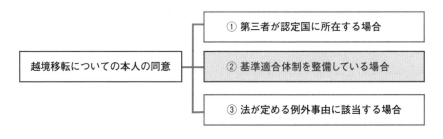

また、基準適合体制を根拠として越境移転を行う場合については、提供先に対する必要な措置（定期的な確認及び問題発生時の対応）と本人の求めに応じた情報提供も必要となります。

2　基準適合体制とは？

　規則が定める基準とは、以下の①または②の体制を整備している場合です（規則16条）。

①個人情報取扱事業者と個人データの提供を受ける者との間で、当該提供を受ける者における当該個人データの取扱いについて、適切かつ合理的な方法により、法第４章第２節の規定の趣旨に沿った措置の実施が確保されていること（規則16条１号）

②個人データの提供を受ける者が、個人情報の取扱いに係る国際的な枠組みに基づく認定を受けていること（規則16条２号）

（1）規則16条１号

　①の「適切かつ合理的な方法」は、「個人データの提供先である外国にある第三者が、我が国の個人情報取扱事業者が講ずべきこととされている措置に相当する措置を継続的に講ずることを担保することができる方法である必要がある」とされています（GL外国提供編4－1）

　たとえば、外国にある事業者に個人データの取扱いを委託する場合は、提供元と提供先の間の契約、確認書、覚書等を締結することをいい、同一の企業グループ内で個人データを移転する場合には、提供元と提供先に共通して適用される内規やプライバシーポリシー等を設けることをいいます[112]。

　①の「法第４章第２節の規定の趣旨に沿った措置」の具体的な内容については、GL外国提供編4－2－1から4－2－20において説明がされています。契

---

[112]　なお、提供先の外国にある第三者にとって個人情報に該当しないデータの取扱いを委託する場合において、委託契約において当該提供先が元となった個人情報を復元しないことが定められているなど、当該提供先が元となった個人情報に係る本人を識別しないこととなっているときは、結果として、基準適合体制を整備しているものと解されます。この場合、当該移転先は、法28条１項における「第三者」にあたらないため、当該提供先に対する個人データの提供に際して、外国にある第三者への個人データの提供を認める旨の本人の同意を得る必要はありません（Q&A12－8）。

約等において、上記 GL に記載されたすべての事項を規定する必要はなく、「法第４章第２節の規定の趣旨」に鑑みて、実質的に適切かつ合理的な方法により、本人の権利利益の保護に必要な範囲で、「措置」の実施が確保されていれば足ります（GL 外国提供編4‐2）。

【法第４章第２節の規定の趣旨に沿った措置】

第17条	利用目的の特定	第27条	第三者提供の制限 ※2
第18条	利用目的による制限	第28条	外国にある第三者への提供の制限
第19条	不適正な利用の禁止	第32条	保有個人データに関する事項の公表 ※3
第20条	適正な取得 ※1	第33条	開示 ※3
第21条	取得に際しての利用目的の通知等	第34条	訂正等
第22条	データ内容の正確性の確保等	第35条	利用停止等
第23条	安全管理措置	第36条	理由の説明 ※3
第24条	従業者の監督	第37条	開示等の請求等に応じる手続
第25条	委託先の監督	第38条	手数料 ※3
第26条	漏えい等の報告等	第40条	個人情報取扱事業者による苦情の処理

※1 要配慮個人情報の取得の規律（法20条2項）は除く
※2 オプトアウト手続（法27条2項・3項）は除く
※3 第三者提供記録の開示関連手続は除く

　ただし、形式的に「個人情報保護法および関係法令に従い適切に対応する」、あるいは「個人情報保護法第４章第２節の規定の趣旨に沿った措置を実施する」旨の条項を記載するだけでは不十分とされています[113]。

　なお、国内にある事業者 A が外国にある事業者との間で、A のグループ会社の個人データの取扱いに係る委託契約を締結しているケースにおいては、A の子会社であり、A と同じ内規等が適用される国内にある事業者 B が、当該外国にある事業者に対して委託に伴って個人データを提供する場合、当該委託契約及び当該内規等によって、個人データの提供先である外国

113　意見募集結果（外国にある第三者への提供編）No19.

にある第三者が、我が国の個人情報取扱事業者の講ずべきこととされている措置に相当する措置を継続的に講ずることを実質的に担保することができる場合には、適切かつ合理的な方法に該当するとされています（Q&A12−6）。

（2）規則16条2号

②については、アジア太平洋経済協力（APEC）の越境プライバシールール（CBPR）システムの認証を取得していることが該当します（GL外国提供編4−3）。

APECのCBPRシステムとは、事業者のAPECプライバシーフレームワークへの適合性を国際的に認証する制度です。外国にある提供先が同認証を取得していれば、上記②にあたり、法28条1項の「第三者」から除外されます。

なお、提供元の個人情報取扱事業者がCBPRの認証を取得しており、提供先の「外国にある第三者」が当該個人情報取扱事業者に代わって個人情報を取り扱う者である場合には、当該個人情報取扱事業者がCBPRの認証の取得要件を充たすことも、①の「適切かつ合理的な方法」の一つであるとされています（GL外国提供編4−1）。CBPRの認証を取得すると、外国企業への委託をしやすくなるため、CBPRの認証取得を検討する企業も増えてきています。

3　基準適合体制の整備を根拠として提供する場合の2つの義務

基準適合体制の整備を根拠として個人データを提供する場合、提供元の事業者には、提供先に対する必要な措置と本人への情報提供という2つの義務が課されます。

すなわち、提供元の事業者は、提供先における相当措置の継続的な実施を確保するために必要な措置を講ずるとともに、本人の求めに応じて必要な措置に関する情報を本人に提供することが求められます（法28条3項）。

基準適合体制を根拠として個人データを越境移転する場合に提供元が負う義務	・提供先における相当措置の継続的な実施を確保するために必要な措置を実施すること
	・本人の求めに応じて必要な措置に関する情報を本人に提供すること

　提供元の事業者が講ずべき必要な措置の内容、本人の求めに応じて提供すべき必要な措置に関する情報の内容及び情報提供の方法については、規則18条に規定されています。

（1）提供元の事業者が講ずべき必要な措置

　提供元の事業者が講ずべき「必要な措置」は、以下の2つです（規則18条1項）。

①当該第三者による相当措置の実施状況並びに当該相当措置の実施に影響を及ぼすおそれのある当該外国の制度の有無及びその内容を、適切かつ合理的な方法により、定期的に確認すること（同1号）

②当該第三者による相当措置の実施に支障が生じたときは、必要かつ適切な措置を講ずるとともに、当該相当措置の継続的な実施の確保が困難となったときは、個人データ（法第31条第2項において読み替えて準用する場合にあっては、個人関連情報）の当該第三者への提供を停止すること（同2号）

ア　①について

　①は、個人データを提供した後も提供先である第三者を継続的にモニタリングすること及び定期的に外国の法制度を調査し、適時にアップデートできる体制を整備しなければならないことを意味します。「定期的に」とは、年に1回程度またはそれ以上の頻度とされています（GL外国提供編6-1）。

　また、相当措置の実施状況を確認する適切かつ合理的な方法としては、たとえば、提供先の外国にある第三者との間で契約を締結することにより基準

適合体制を整備している場合には、当該契約の履行状況を確認すること、同一の企業グループ内で個人データを移転する場合において、提供元及び提供先に共通して適用されるプライバシーポリシーにより、当該提供先の基準適合体制を整備している場合は、当該プライバシーポリシーの履行状況を確認することなどが考えられます（GL 外国提供編6-1（1））。

　外国に所在する提供元のグループ企業が、提供先の第三者を訪問することや提供先の第三者から書面の提出を受けること等により、契約等の履行状況等を確認した上で、提供元が、当該グループ企業から書面により相当措置の実施状況の共有を受けて確認することも、適切かつ合理的な方法に該当し得るとされています（Q&A12-18）。

　相当措置の実施に影響を及ぼすおそれのある当該外国の制度の有無および内容を確認する方法については、当該第三者に照会する方法や、日本または外国の行政機関等が公表している情報を確認する方法等が挙げられ、個人情報保護委員会の**情報提供文書**を参照することも認められています。

イ　②について

　②の支障発生時の必要かつ適切な措置の例としては、たとえば、提供先である外国にある事業者との間で契約を締結することにより基準適合体制を整備している場合において、提供先が契約上の義務の一部に違反して個人データを取り扱っている場合に、これを是正するよう要請することなどが考えられます。

　また、相当措置の継続的な実施の確保が困難となった場合の例としては、提供元の事業者が是正するよう要請したにもかかわらず、提供先が合理的な期間内に契約に違反した取扱いを是正しない場合や、提供先において、提供を受けた個人データに係る重大な漏えい等が発生した後、同様の漏えい等の発生を防止するための必要かつ適切な再発防止策が講じられていない場合などが考えられます。

　外国にある第三者による相当措置の継続的な実施の確保が困難となった場

合、当該第三者は、実質的に基準適合体制を整備しているとはいえないと考えられることから、それ以降、当該第三者への個人データの提供を停止する必要があります（GL 外国提供編6-1 (2)）。

　実務的に問題となるのは、提供先の第三者が所在する外国において「相当措置の実施に影響を及ぼすおそれのある当該外国の制度」が存在する場合です。

　当該制度の存在自体により、ただちに外国にある第三者による「相当措置の継続的な実施の確保が困難となった場合」に該当するわけではなく、当該第三者による個人データの取扱状況や、当該制度の運用状況等を踏まえ、相当措置の継続的な実施の確保が困難となったか否かを個別の事案ごとに判断する必要があるとされており（Q&A12-17）、実態を踏まえた判断が求められます。

ウ　提供元の事業者が講ずべき必要な措置（①②）の注意点

　提供先により相当措置の継続的な実施の確保が困難となり、すでに提供された個人データについて、日本の個人情報取扱事業者により個人データが取り扱われる場合に相当する程度の本人の権利利益の保護を確保することが困難となった場合には、提供元の事業者は「必要かつ適切な措置」の一貫として、当該提供先に対し、個人データの返還または削除を求める必要があります（Q&A12-19）。

　このため、第三者との間で契約を締結する場合には、提供元の請求に応じて、第三者が速やかに個人データの返還または削除に応じるよう定めておく必要がある点に注意が必要です。

　また、上記①②の措置等は、第三者において個人データの取扱いが継続する限り、講ずる必要があり、法に基づき課される義務である以上、第三者との契約等が解除された場合でも免除されません（Q&A12-15）。

　このため、実務的には、提供元は、提供先の第三者に対し、契約等の合意によって、①の措置の実施と制度に関する報告、定期確認に応じる義務、②

の支障発生に関する措置の実施と報告義務、提供元からの措置要求及び提供停止に応じる義務を課すとともに、解除後も上記①②の措置を講じられるよう存続条項を設けておくか、解除後は当該個人データの取扱いを継続させないように消去義務及び消去の証明資料の提供を義務付けておくことが大切です。

（2）相当措置の継続的な実施の確保に関する情報提供

　提供元の個人情報取扱事業者は、本人の求めを受けた場合、遅滞なく、本人に対し、以下の情報を提供する必要があります（規則18条3項、GL外国提供編6-2-2）。

（ア）当該第三者による法第28条1項に規定する体制の整備の方法
（イ）当該第三者が実施する相当措置の概要
（ウ）規則18条1項1号の規定による確認の頻度及び方法
（エ）当該外国の名称
（オ）当該第三者による相当措置の実施に影響を及ぼすおそれのある当該外国の制度の有無及びその概要
（カ）当該第三者による相当措置の実施に関する支障の有無及びその概要
（キ）前号の支障に関して規則18条1項2号の規定により当該個人情報取扱事業者が講ずる措置の概要

　情報提供は、書面の交付による方法、電磁的記録の提供による方法その他の適切な方法による必要があります（規則18条2項）。たとえば、提供が求められる情報が掲載されたウェブページが存在する場合、当該ウェブページのURLを本人に対し提供する方法も適切な方法に該当するとされています（Q&A12-20）。
　（イ）の相当措置の概要に関する情報提供については、当該外国にある第三者との間で締結している契約内容をすべて提供する必要はなく（GL外国提供編6-2-2）、当該契約のうち法第4章第2節の規定の趣旨に沿った措置の

実施の有無について情報提供をすれば足ります。

　また、（エ）及び（オ）については、個人情報保護委員会が公表をしている**情報提供文書**の記載内容を提供することが考えられます。

　情報提供することにより当該個人情報取扱事業者の業務の適正な実施に著しい支障を及ぼすおそれがある場合には、その全部または一部を提供しないことができます（規則18条3項但書）。「著しい支障を及ぼすおそれ」とは、個人情報取扱事業者の業務の実施に単なる支障ではなく、より重い支障を及ぼすおそれが存在するような例外的なときに限定されます。このため、単に開示すべき情報の量が多いという理由や、特定に手間がかかるという理由のみでは、これに該当しないとされています（Q&A12-21）。

　また、情報の全部または一部について情報提供しない旨の決定をしたときは、遅滞なく、その旨を本人に通知しなければならず、本人に対し、情報提供をしない理由を説明するよう努めなければならないとされています（規則18条4項、5項。GL外国提供編6-2-3）。

　【34】でみたとおり、本人の同意を根拠に越境移転する場合については、同意に先立つ情報提供が必要とされていますが（規則17条2項）、基準適合体制を根拠に越境移転する場合については、本人からの情報提供の求めがあったときに、事後的に情報提供することになります。

4　外国にある第三者に個人データを提供する場合の記録義務

　最後に、外国にある第三者に対する個人データを提供する場合の記録義務について、みていきます。

　まず、これまでに説明した内容をまとめると、外国にある第三者に対する個人データの提供は、次の表の類型に分けられます。

　そして、【32】でみたとおり、法が定める例外事由に該当する場合は、個人データが転々流通することは想定されにくいので、確認・記録義務は適用されません。また、委託、事業の承継、共同利用により個人データを提供す

る場合については、「第三者」にあたらないとされているため、確認・記録義務は適用されません。

　このため、外国にある第三者に対する個人データを提供する場合の記録義務については、以下のとおり、提供する類型に応じて、記録義務がある場合とない場合とにわかれることになります。

類型		記録義務
① 外国にある第三者への個人データの提供を認める旨の本人の同意を得ている場合		あり
② 例外事由（法27条1項各号）に該当する場合		なし
③ 同等性認定国 または ④ 基準適合体制の整備	本人の同意（法27条1項柱書）またはオプトアウトによる第三者提供（法27条2項）による場合（委託・事業の承継・共同利用によらない場合）	あり
	委託・事業承継・共同利用による場合	なし

コラム 47　基準適合体制の整備を根拠に個人データを提供した後の再提供

　基準適合体制を根拠として、個人データを提供した後、当該提供先からさらに別の「第三者」に対し、当該個人データを再提供する場合、再提供先が日本の域外にある国または地域にある者であるときは、当該提供先と同一国若しくは地域にあるか、または異なる国若しくは地域にあるかにかかわらず、当該提供先による再提供先への個人データの提供について、法28条の規定の趣旨に沿った措置（GL 外国提供編4−2−12）の実施が確保される必要があります。

　委託元は委託先に対する監督義務を負うため（法25条）、当該委託先が法28条3項に基づき必要な措置等を講じているかや、委託先が再委託先に対する必要かつ適切な監督を行っているか、監督する必要があります。このため、実務上は、基準適合体制を根拠として、外国にある事業者に個人データの取扱いを委託する場合には、①そもそも再委託自体を禁止するか、②再委託を許容する場合には、再委託先である外国にある第三者においても、法第4章第2節の規定の趣旨に沿った措置の実施を契約書等において確保する必要があります。

これに対し、再提供先が日本にある者であるときは、再提供先は、「外国にある第三者」（法28 条１項）に該当しないため、この場合には、提供先による再提供先への個人データの移転について法27条の規定の趣旨に沿った措置（GL 外国提供編4－2－11）の実施が確保される必要があります（Q&A12－7）。

6 開示請求等への対応に関するルール

　この章では、取得、利用、保管、提供、開示請求等への対応の5つの場面のうち、本人からの**開示請求等への対応**に関するルールを取り上げます。

| ①取得 | ②利用 | ③保管 | ④提供 | ⑤開示等への対応 |

　開示請求等への対応に関するルールのポイントは、①**公表等の義務**、②**保有個人データ及び第三者提供記録の開示**、③**内容の訂正、追加または削除**、④**利用停止等**の4つでした。

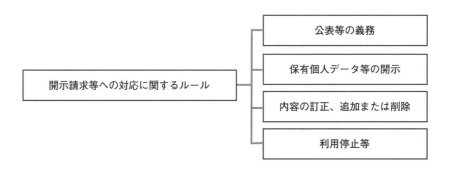

	公表等の義務
開示請求等への対応に関するルール	保有個人データ等の開示
	内容の訂正、追加または削除
	利用停止等

　この章の構成は以下のとおりです。

37 保有個人データ
38 保有個人データに関する事項の周知と利用目的の通知

開示等の請求等は「**保有個人データ**」を対象とするものですので、「**保有個人データ**」の内容から確認していきます。

37 保有個人データ

1 保有個人データ

「**保有個人データ**」とは、個人情報取扱事業者が、開示、内容の訂正、追加または削除、利用の停止、消去及び第三者への提供の停止（「開示等」）を行うことのできる権限を有する個人データをいいます（法16条4項）。

個人情報保護法では、個人情報を容易に検索できるように体系的に構成してデータベース等にした場合、このデータベース等を構成する個人情報を「個人データ」としています（法16条3項）。そして、個人情報取扱事業者が、本人またはその代理人から請求される開示等に応じることができる権限を有する個人データを「保有個人データ」と定義しています。

個人データの取扱いについて、外部の事業者に委託をしている場合、委託先が委託元に確認をすることなく、独自に開示等を行うことができないこともあります。そのような場合は、委託先は開示等に応じる権限を有していないため、委託先においては「保有個人データ」にはあたらないことになります（Q&A1−56）。

このように、同一の個人データであっても、保有個人データに該当するかは、事業者ごとに異なる場合があります。

2　保有個人データから除外されるもの

保有個人データについては、「その存否が明らかになることにより公益その他の利益が害されるものとして政令で定めるもの」が除外されます（法16条4項、施行令5条）。

施行令で定めるもの	具体例
① 当該個人データの存否が明らかになることにより、本人または第三者の生命、身体または財産に危害が及ぶおそれがあるもの	家庭内暴力、児童虐待の被害者の支援団体が保有している、加害者（配偶者または親権者）及び被害者（配偶者または子）を本人とする個人データなど
② 当該個人データの存否が明らかになることにより、違法または不当な行為を助長し、または誘発するおそれがあるもの	暴力団等の反社会的勢力や不審者、悪質なクレーマー等による不当要求の被害等を防止するために事業者が保有している、反社会的勢力等に該当する人物を本人とする個人データなど
③ 当該個人データの存否が明らかになることにより、国の安全が害されるおそれ、他国若しくは国際機関との信頼関係が損なわれるおそれまたは他国若しくは国際機関との交渉上不利益を被るおそれがあるもの	製造業者、情報サービス事業者等が保有している、防衛に関連する兵器・設備・機器・ソフトウェア等の設計または開発の担当者名が記録された、当該担当者を本人とする個人データなど
④ 当該個人データの存否が明らかになることにより、犯罪の予防、鎮圧または捜査その他の公共の安全と秩序の維持に支障が及ぶおそれがあるもの	警察から契約者情報等について捜査関係事項照会等を受けた事業者が、その対応の過程で作成した照会受理簿・回答発信簿、照会対象者リスト等の個人データ（※なお、当該契約者情報自体は「保有個人データ」に該当する）など

3　6カ月要件の撤廃

以前は、取得日から6カ月以内に消去することとなる個人データについて

も、「保有個人データ」から除外され、本人からの開示等の請求に応じる義務はないとされていましたが、令和2年改正により、この規定が削除され、6カ月以内に消去する短期保存データについても保有個人データに含めることになりました（16条4項）。短期間で消去される個人データについても、消去までの間に漏えい等が生じ、拡散されしまう可能性があり、個人の権利利益を侵害する危険性が低いとはいえないためです。

このため、保有期間の長短が保有個人データにあたるかの判断に影響することはありません。

もっとも、これまで短期間で消去していた個人データについて、開示等の請求等に応じるためだけに保存する必要はありません。利用目的を達成した場合には、遅滞なく消去するよう努める必要があります（佐脇10頁）。そして、消去をしてしまえば、それ以降は義務の対象になりません。

4　仮名加工情報である保有個人データ

仮名加工情報には、個人情報である仮名加工情報と個人情報ではない仮名加工情報の2種類が存在します（【51】）。個人情報である仮名加工情報が存在する以上、「仮名加工情報である個人データ」、「仮名加工情報である保有個人データ」も存在することになります。

もっとも、「仮名加工情報である保有個人データ」については、開示等の請求（法32条から法39条までの規定）を適用しないとされています（法41条9項）。[114]

これまでに説明した「**個人情報**」、「**個人データ**」と「**保有個人データ**」の関係（入れ子構造）及び適用されるルールを示すと以下のとおりとなります。

個人情報は個人データを、個人データは保有個人データを包含するため、適用されるルール（義務）が加重されていくことになります。すなわち、保有個人データを取り扱う事業者には、保有個人データを対象とする義務に加

【個人情報】

生存する個人に関する情報で、特定の個人を識別することができるもの

（例：1枚の名刺）

①取得・利用に関するルール

- 利用目的を特定して、その範囲内で利用する。
- 利用目的を通知または公表する。
- 違法又は不当な行為を助長し、又は誘発するおそれがある方法により利用しない。
- 偽りその他不正の手段により個人情報を取得しない。

【個人データ】

個人情報データベース等を構成する個人情報

→分類・整理され、検索可能な個人情報

（例：名刺管理ソフト内の1枚の名刺）

②保管・管理に関するルール

- データ内容を正確かつ最新の内容に保つとともに、利用する必要がなくなったときは消去するように努める。
- 漏えい等が生じないよう、安全に管理する[113]。
- 従業者・委託先にも安全管理を徹底する。
- 委員会規則で定める漏えい等が生じたときは、委員会に対して報告を行うとともに、本人への通知を行う。

③第三者提供に関するルール

- 第三者に提供する場合は、あらかじめ本人から同意を得る。
- 外国にある第三者に提供する場合は、当該提供について、参考情報を提供した上で、あらかじめ本人から同意を得る。
- 第三者に提供した場合・第三者から提供を受けた場合は、一定事項を記録する。

【保有個人データ】

開示、訂正、利用停止、消去等の権限を有する個人データ

④公表事項・開示請求等への対応に関するルール

- 事業者の名称や利用目的、開示等手続きなどについて事項を公表する。
- 本人から開示等の請求があった場合はこれに対応する。
- 苦情等に適切、迅速に対応する。

個人情報保護委員会「個人情報保護法の基本」（令和4年7月）を基に作成

114　なお、令和6年4月1日施行予定のGL改正案では、「個人情報取扱事業者が取得し、または取得しようとしている個人情報であって、当該個人情報取扱事業者が個人データとして取り扱うことを予定しているもの」も安全管理措置の対象となる予定です。

え、個人データを対象とする義務規定（法22条から法30条）、さらには個人情報（要配慮個人情報を含みます）を対象とする義務規定（法17条から21条、40条）も適用されます。

コラム 48　クレーマー情報等について開示等の請求等を受けた場合

　開示等の請求等は、あくまで「保有個人データ」を対象とするものですので、保有個人データに該当しないものについては、開示等の請求等の対象にはなりません。

　たとえば、暴力団等の反社会的勢力や悪質クレーマーによる不当要求被害を防止するため、事業者が保有している反社会的勢力に該当する人物に関する個人データや、クレーマーに関する個人データなどについては、本文で説明した除外事由の②に該当し、「保有個人データ」にあたらないため、開示等の請求等の対象になりません（Q&A9−9を参照）。

　また、仮に、保有個人データに該当する場合であっても、それを開示することにより、当該個人情報取扱事業者の業務の適正な実施に著しい支障を及ぼすおそれがある場合には、当該保有個人データの全部または一部を開示しないことができます（法33条2項2号）。

---

38 保有個人データに関する事項の周知と利用目的の通知

1　保有個人データに関する事項の本人への周知

　個人情報取扱事業者は、開示等の請求によって、本人が保有個人データに適切に関与することを可能とするため、保有個人データ（【37】）に関し、以

下の項目を「本人の知り得る状態（本人の求めに応じて遅滞なく回答する場合を含む)」に置く必要があります（法32条１項、施行令10条)。

①個人情報取扱事業者の氏名または名称及び住所並びに法人にあってはその代表者の氏名

②全ての保有個人データの利用目的（ただし、法21条４項１号から３号までに該当する場合を除く）

③保有個人データの利用目的の通知の求めまたは開示等の請求に応じる手続及び保有個人データの利用目的の通知の求めまたは開示の請求に係る手数料の額（※定めた場合）

④保有個人データの安全管理のために講じた措置（ただし、本人の知り得る状態に置くことにより当該保有個人データの安全管理に支障を及ぼすおそれがあるものを除く）[115]

⑤保有個人データの取扱いに関する苦情の申出先（当該個人情報取扱事業者が認定個人情報保護団体の対象事業者である場合にあっては、当該認定個人情報保護団体の名称及び苦情の解決の申出先）

②について、利用目的に第三者提供が含まれている場合には、その旨も明らかにしなければなりません（GL 通則編3－8－1※3)。

④は、【16】で説明した安全管理措置を指します。このため、個人情報取扱事業者は、安全管理措置の内容を本人の知り得る状態に置かなければなりません。また、従業者及び委託先の監督（法24条、法25条)は、安全管理措置の一部を構成するものですので、従業者及び委託先に対する監督についても、保有個人データの安全管理のために講じた措置として、本人の知り得る状態に置く必要があります（Q&A9－4)。

---

[115] 令和６年４月１日施行予定の GL 改正案では、「当該安全管理のために講じた措置には、個人情報取扱事業者が取得し、または取得しようとしている個人情報であって、当該個人情報取扱事業者が保有個人データとして取り扱うことを予定しているものの漏えい等を防止するために講じた措置も含まれる」とされる予定です。

もっとも、安全管理措置の内容を詳細に周知してしまうと、セキュリティ対策の内容が明らかなとなり、情報漏えいのリスクが高まることになりかねません。そこで、④の括弧書きのとおり、本人の知り得る状態に置くことにより、当該保有個人データの「安全管理に支障を及ぼすおそれがあるもの」は除かれています（GL 通則編3-8-1（1）※9）。

　たとえば、個人データが記録された機器等の廃棄方法、盗難防止のための管理方法、個人データ管理区域の入退室管理の方法、アクセス制御の範囲やアクセス者の認証方法等、不正アクセス防止措置の内容などです。

　ただし、GL では、「『個人情報の保護に関する法律についてのガイドライン（通則編）』に沿って安全管理措置を実施している」といった内容の掲載や回答のみでは適切ではないとされています（GL 通則編3-8-1（1）④）。

2　本人の知り得る状態

　「本人の知り得る状態（本人の求めに応じて遅滞なく回答する場合を含む）」とは、ホームページへの掲載や本人の求めに応じて遅滞なく回答を行うことなど、本人が知ろうとすれば、知ることができる状態に置くことをいいます（GL 通則編3-8-1（1）※1）。

　実務的には、プライバシーポリシーを策定し、そこに前記項目を記載し、掲載することで、「本人の知り得る状態」にして対応をする例も多いですが、「本人の知り得る状態」には、本人の求めに応じて遅滞なく回答する場合も含まれるため、必ずしもホームページへの掲載や、事務所等の窓口等へ掲示することなどが継続的に行われることまでを必要とするものではありません。事業者の規模等を踏まえ、問合せがあった場合に本人に遅滞なく回答する体制を整備しておく対応も認められていますし（佐脇70頁）、講じた措置の概要や一部をホームページに掲載し、残りを本人の求めに応じて遅滞なく回答するといった対応も認められています（GL 通則編3-8-1（1））。また、

複数のウェブページに分けて掲載するといった対応も可能とされています[116]。

どこまでをプライバシーポリシーに記載し、どこからを問い合わせ対応にするかは、自社の事情を踏まえ、検討をすることが大切です。

ここでは、個人情報保護法が「**公表**」（法21条1項など）と「**本人の知り得る状態**（本人の求めに応じて遅滞なく回答する場合を含む）」とを使い分けていることに注意してください。

3　保有個人データの利用目的の通知

個人情報取扱事業者は、本人から、本人が識別される保有個人データの利用目的の通知を求められたときは、遅滞なく、本人に通知する必要があります（法32条2項）。

本人への周知（法32条1項）は、保有個人データに係るすべての利用目的を本人が知り得る状態にして置くことを求めるものであるのに対し、通知（2項）は、利用目的のうち、当該本人が識別される保有個人データの利用目的について、本人からの求めに応じて、通知をすることを求めるものです（Q&A9-2）。

ただし、以下の①から④のいずれかに該当する場合には、通知する必要はありません（法32条2項1号及び2号）。

①本人への周知措置により、本人が識別される保有個人データの利用目的が明らかである場合

②利用目的を本人に通知し、また公表することにより本人また第三者の生命、身体、財産その他の権利利益を害するおそれがある場合（法21条4項1号）

116　意見募集結果（通則編）No446。たとえば、個人情報取扱事業者の住所や法人の代表者の氏名については、変更が生じた場合にプライバシーポリシーを修正する負担を避けるため、プライバシーポリシーには記載せず、会社概要等のページで記載し対応することもあります。

③利用目的を本人に通知し、また公表することにより当該個人情報取扱事業者の権利または利益が侵害されるおそれがある場合（法21条4項2号）
④国の機関等が法令の定める事務を実施する上で、民間企業等の協力を得る必要がある場合であり、協力する民間企業等が国の機関等から受け取った保有個人データの利用目的を本人に通知し、または公表することにより、本人の同意を得ることが当該事務の遂行に支障を及ぼすおそれがある場合（法21条4項3号）

　通知しない旨を決定したときは、個人情報取扱事業者は、遅滞なく、その旨を本人に通知する必要があります（法32条3項）。

コラム49　プライバシーポリシーにおける安全管理措置の記載

　保有個人データに関する事項の本人への周知に関しては、安全管理措置、特に外的環境の把握について、プライバシーポリシー等にどこまで記載すべきか相談を受けることが多くあります。
　一部の企業等においては、プライバシーポリシー等において詳細に記載し、周知をしている例が見られるものの、どの程度記載するかは事業者ごとに幅があるのが実情です。
　本文でも説明したとおり、「本人の知り得る状態」には、本人の求めに応じて遅滞なく回答する場合も含まれるため、実務的には本人が求めた場合に対象となる保有個人データを有していることを確認したうえで、遅滞なく回答する方法で対応するように助言することも多くあります（Q＆A9－3は、問い合わせに対し、安全管理措置の具体的な内容を遅滞なく回答する体制を構築している場合には、「本人の知り得る状態」に置いたこととなるとしています）。
　どこまでをプライバシーポリシーに記載し、どこからを問い合わせ対応にするかは、自社の個別事情を踏まえ、検討することが大切です。

39 保有個人データの開示請求

1 保有個人データの開示請求

　本人は、個人情報取扱事業者に対し、本人が識別される保有個人データの開示（存在しないときにはその旨を知らせることを含む）を請求することができます（法33条1項）。

　本人から開示請求を受けたときは、個人情報取扱事業者は、本人に対し、本人が請求した方法により、遅滞なく当該保有個人データを開示する必要があります（同条2項）。

　開示請求のポイントは、開示請求そのものを拒否できる場合と、本人が指定した方法による開示を拒否できる場合とを分けて理解することです。

2 開示請求そのものを拒否できる場合

　開示をすることにより、以下の①から③のいずれかに該当する場合は、その全部または一部を開示しないことができます（法33条2項但書、同項各号）。

① 本人または第三者の生命、身体、財産その他の権利利益を害するおそれがある場合	・医療機関等において、病名等を患者に開示することにより、患者本人の心身状況を悪化させるおそれがある場合など

② 個人情報取扱事業者の業務の適正な実施に著しい支障を及ぼすおそれがある場合	・試験実施機関において、採点情報の全てを開示することにより、試験制度の維持に著しい支障を及ぼす恐れがある場合 ・同一の本人から複雑な対応を要する同一内容について繰り返し開示の請求があり、事実上問合せ窓口が占有されることによって他の問合せ対応業務が立ち行かなくなる等、業務上著しい支障を及ぼすおそれがある場合 ・電磁的記録の提供にふさわしい音声・動画ファイル等のデータを、あえて書面で請求することにより、業務上著しい支障を及ぼすおそれがある場合など
③ 他の法令に違反することとなる場合	・刑法134条(秘密漏示罪)や電気通信事業法4条(通信の秘密の保護)に違反することとなる場合など

②の「著しい支障を及ぼすおそれ」とは、個人情報取扱事業者の業務の実施に単なる支障ではなく、より重い支障を及ぼすおそれが存在するような例外的なときに限られます。このため、単に開示すべき保有個人データの量が多いという理由のみでは、一般にはこれに該当しないとされています(GL通則編3-8-2(2))。

実務上、「業務の適正な実施に著しい支障を及ぼすおそれがある」ことを理由に非開示とすることが多いものとして、人事評価や選考に係る個々人の情報が挙げられます。これらの情報は、非開示を前提に率直かつ具体的に記載することが期待されており、開示をすると当たり障りのない記載しかされなくなる結果、制度自体が形骸化してしまうおそれがあります(たとえば、最判平成22・2・25判時1502号5頁など)。

Q&Aでは、「雇用管理情報の開示の請求に応じる手続について、あらかじめ、労働組合等と必要に応じ協議した上で、本人から開示の請求を受けた保有個人データについて、その全部または一部を開示することによりその業務の適正な実施に著しい支障を及ぼすおそれがある場合に該当するとして非開示とすることが想定される保有個人データの開示に関する事項を定め、従業者に周知するための措置を講ずることが望ましい」とされているため(Q&A

9 - 11)、上記プロセスを経たうえで、非開示とすることが一般的です[117]。

　なお、開示しない旨の決定をしたとき、または請求に係る保有個人データが存在しないときは、遅滞なく、その旨を本人に通知する必要があります（法33条3項）。

3　開示の方法（開示のデジタル化）

（1）本人が請求した方法

　開示の方法について、以前は、書面の交付による方法が原則とされていましたが、令和2年改正により、電磁的記録の提供を含め、本人が開示の方法についても請求することができるようになりました。請求を受けた事業者は、原則として、本人が請求した方法により開示することが義務付けられます。

　本人が請求できる開示方法は、電磁的記録の提供による方法、書面の交付による方法、当該個人情報取扱事業者の定める方法の3つです（規則30条）。

（2）データ（電磁的記録）の提供方法の詳細は事業者が決めることができる

　「電磁的記録の提供による方法」については、個人情報取扱事業者がファイル形式や記録媒体などの具体的な方法を定めることができます（GL通則編3-8-2）。たとえば、CD-ROM等の媒体に保存して、当該媒体を郵送する方法や、電子メールに添付して送信する方法、会員専用サイト等のウェブサイト上で電磁的記録をダウンロードしてもらう方法などが考えられます。事業者が対応可能な方法により対応すれば足り、本人から具体的なファイル形式等を要望された場合でも、これに応じる義務はありません（Q&A9-10）。

　もっとも、開示請求等で得た保有個人データの利用等における本人の利便

117　なお、旧雇用分野ガイドラインにおいては、評価基準を作成している場合、基準自体は個人情報に該当しないものの、公開することが望ましいとされており、かかる実務対応をしている場合もあります。

性向上の観点から、可読性・検索性のある形式による提供や、技術的に可能な場合には、他の事業者へ移行可能な形式による提供を含め、できる限り本人の要望に沿った形で対応することが望ましいとされています（GL 通則編3-8-2）。

次に、「個人情報取扱事業者の定める方法」としては、指定した場所における音声データの視聴や文書の閲覧などが考えられます。

なお、本人から開示の方法について特に指定がなく、個人情報取扱事業者が提示した方法に対して異議を述べなかった場合については、当該個人情報取扱事業者が提示した方法で開示することが認められています（GL 通則編3-8-2※1）。

4　本人が請求した方法による開示が困難な場合

本人が請求した「方法による開示に多額の費用を要する場合その他の当該方法による開示が困難である場合」には、書面の交付による方法による開示が認められています。

GL では、「当該方法による開示が困難である場合」として、以下の例が挙げられています（GL 通則編3-8-2）。

- 本人が電磁的記録の提供による開示を請求した場合であって、個人情報取扱事業者が当該開示請求に応じるために、大規模なシステム改修を行わなければならないような場合

- 本人が電磁的記録の提供による開示を請求した場合であって、書面で個人情報や帳簿等の管理を行っている小規模事業者が、電磁的記録の提供に対応することが困難な場合

この場合、本人が請求した方法による開示が困難である旨を本人に通知し

た上で、書面の交付による方法により開示をすることになります（法33条2項本文括弧書き）。

　もっとも、GLでは、本人が請求する方法による開示が困難な場合に、直ちに書面の交付による開示を行うのではなく、個人情報取扱事業者が対応できる方法への変更を求めることが望ましいとされています（GL通則編3-8-2※2）。

　なお、「開示に多額の費用を要する」ことを理由により拒否することができるのは、あくまで本人の請求した「方法による開示」です。上記理由によって開示請求自体を拒否することはできず、書面の交付による方法により開示を行う必要はありますので、混同しないように注意してください。

5　開示請求についての注意点

　開示請求を受けた場合の注意点としては、以下の点が挙げられます。

（1）いつまでに対応をする必要があるか？

　本人から開示請求を受けた場合、個人情報取扱事業者は「遅滞なく」対応をする必要があります。「遅滞なく」とは、理由のない滞りを生じさせることなくという趣旨のため、請求対象となるデータを検索・集約するなどの一定の作業を要する場合には、当該作業を行うために通常必要と考えられる期間も考慮した上で、合理的な期間内に開示を行えば「遅滞なく」開示したことになります（Q&A9-12）。

　本人は、開示請求を行い、当該請求が当該個人情報取扱事業者に到達した日から2週間を経過した後は、裁判所に対し当該請求に関する訴えを提起することができます（法39条1項）。

　このため、実務上は、個人情報取扱事業者は、2週間以内を目途に何らかの対応をすることが一般的です。

（2）本人以外の他の情報が含まれている場合

　保有個人データについて、本人以外の他の個人情報（例えば、家族の氏名等）が同時に含まれている場合があります。

　開示請求は、当該本人が識別される保有個人データが対象ですので、本人以外の他の個人情報は開示請求の対象にならず、開示する必要はありません（Q&A9−8）。

（3）濫用的な開示請求を受けた場合

　たとえば、電磁的記録の提供にふさわしい音声等のデータについて、業務を妨害するために、あえて書面で請求するなど、法33条の規定を濫用する形で開示請求が行われた場合については、「業務の適正な実施に著しい支障を及ぼすおそれ」（法33条２項２号）があるものとして、開示請求に応じる必要はないと考えられています（佐脇76頁）。

コラム 50　「私の情報をすべて開示してください」と言われた場合

　実務上、本人から「貴社が保有する私の情報のすべてを開示してください」と開示請求を受ける場合があります。

　個人情報取扱事業者は、法37条２項前段に基づき、開示を請求している本人に対して、対象となる保有個人データを特定するに足りる事項の提示を求めることができます。本人がこの求めに応じて開示を請求する範囲を一部に特定した場合には、本人が特定した範囲で開示をすれば足ります（Q&A9−7）。

　このため、上記内容の請求を受けた場合には、まずは本人と上記のコミュニケーションを取ることが大切です。

　もっとも、法37条２項前段は、本人に対し開示を請求する保有個人データの範囲を一部に限定する義務を課すものではなく、また、個人情報取扱事業者に対し、本人が開示を請求する範囲を限定させる権利を認めるものでもありません。

本人が一部に特定することに応じず、なお全部の保有個人データの開示を請求する場合には、個人情報取扱事業者としては、法33条２項各号のいずれかに該当しない限り、全部の開示に応じる必要があります。

　その場合、本文で説明したとおり、単に開示すべき保有個人データの量が多いという理由のみでは、「著しい支障を及ぼすおそれ」にはあたりませんが、当該事案における個別の事実関係を前提に、上記例外事由に当たらないかを検討することも大切です。

40 第三者提供記録の開示請求

1　第三者提供記録の開示請求

　本人は、個人情報取扱事業者に対し、本人が識別される個人データに係る第三者提供記録の開示（存在しないときにはその旨を知らせることを含む）を請求することができます（法33条５項）。個人情報取扱事業者は、上記開示請求を受けたときは、本人に対し、本人が請求した方法により、遅滞なく当該第三者提供記録を開示する必要があります（同条２項）。

　以前は、第三者提供記録については、開示請求の対象とされていませんでしたが、令和２年改正により、第三者提供記録も開示請求の対象とされました。

　開示の方法を本人が指定できることなどは、【39】で説明をした保有個人データの開示請求の場合と同じです（法33条５項、同条１項）。

　以下、第三者提供記録の内容と不開示事由の具体例、開示する際の注意点について、みていくことにします。

2 第三者提供記録

　第三者提供記録とは、個人データを第三者に提供したときに個人情報取扱事業者が作成する記録（法29条1項）及び第三者から個人データの提供を受ける際に行う確認の記録（法30条3項）をいいます。

　もっとも、保有個人データと同様に、「その存否が明らかになることにより公益その他の利益が害されるものとして政令で定めるもの」は、除かれます（法33条5項、施行令11条）。

① 当該記録の存否が明らかになることにより、本人または第三者の生命、身体または財産に危害が及ぶおそれがあるもの	・犯罪被害者支援や児童虐待防止を目的とする団体が、加害者を本人とする個人データの提供を受けた場合に作成された記録など
② 当該記録の存否が明らかになることにより、違法または不当な行為を助長し、または誘発するおそれがあるもの	・暴力団等の反社会的勢力による不当要求の被害等を防止するために、暴力団等の反社会的勢力に該当する人物を本人とする個人データの提供を受けた場合に作成された記録など
③ 当該記録の存否が明らかになることにより、国の安全が害されるおそれ、他国若しくは国際機関との信頼関係が損なわれるおそれ、または他国若しくは国際機関との交渉上不利益を被るおそれがあるもの	・要人の警備のために、要人を本人とする行動記録等に関する個人データの提供を受けた場合に作成された記録など
④ 当該記録の存否が明らかになることにより、犯罪の予防、鎮圧または捜査その他の公共の安全と秩序の維持に支障が及ぶおそれがあるもの	・警察の犯罪捜査の協力のために、事前に取得していた同意に基づき、犯罪者を本人とする個人データの提供を行った場合に作成された記録など

　第三者提供記録から除外されるものについては、開示請求を行った本人に対し、第三者提供記録が存在しない旨を通知することになります（Q&A9-15）。

　なお、第三者提供記録には、令和2年改正法施行前（令和4年4月1日）に旧法25条1項または26条3項に基づいて作成された記録も含まれます[118]。

118　意見募集結果（規則・政令）No.43

これに対し、明文または解釈により法29条1項または30条3項の規定が適用されない場合において、これらの規定に基づくことなく作成された記録については、第三者提供記録には含まれません（GL通則編3-8-3-1）。

3　開示請求そのものを拒否できる場合（不開示事由）

保有個人データの開示請求の場合と同様に、第三者提供記録を開示することにより、以下の①から③のいずれかに該当する場合は、その全部または一部を開示しないことができます。

もっとも、これにより開示しない旨の決定をしたとき、または請求に係る第三者提供記録が存在しないときは、遅滞なくその旨を本人に通知しなければなりません（法33条5項、3項）。

①本人または第三者の生命、身体、財産その他の権利利益を害するおそれがある場合
②個人情報取扱事業者の業務の適正な実施に著しい支障を及ぼすおそれがある場合
③他の法令に違反することとなる場合

①については、たとえば、

- 第三者提供記録に個人データの項目として本人が難病であることを示す内容が記載されている場合において、当該第三者提供記録を開示することにより、患者本人の心身状況を悪化させるおそれがある場合
- 企業の与信判断等に用いられる企業情報の一部として代表者の氏名等が提供され、第三者提供記録が作成された場合において、当該第三者提供記録を開示することにより、提供を受けた第三者が与信判断、出資の検

などが挙げられています。

なお、②について、他の事業者と取引関係にあることが契約上秘密情報とされている場合であっても、記録事項そのものを開示することについては、直ちにこれに該当するものではなく、個別具体的に判断する必要があるとされています（GL 通則編3-8-3-3（2））。

このため、秘密保持契約（NDA）を締結しているからといって、直ちに「業務の適正な実施に著しい支障を及ぼすおそれがある場合」にあたるわけではない点に注意が必要です。

4　第三者提供記録を開示する際の注意点

第三者提供記録を開示する際の注意点としては、以下の点が挙げられます。

（1）記録事項を開示すれば足りる

個人情報取扱事業者が第三者提供記録を本人に開示するにあたっては、個人情報保護法において記録事項とされている事項を本人が求める方法により開示すれば足り、それ以外の事項を開示する必要はありません。

たとえば、契約書等の代替手段による方法で記録を作成した場合（【30】、【31】）には、当該契約書の中から記録事項を抽出した上で、本人が求める方法により開示すれば足り、契約書そのものを開示する必要はありません（GL 通則編3-8-3-2）。

記録事項以外の部分をマスキングしたうえで、開示することも考えられますが、記録事項を抜粋して別媒体に記録して開示することも認められています（Q&A9-16）。

（2）個人関連情報の第三者提供記録

個人関連情報の第三者提供に関する記録（【48】）については、第三者提供記録の開示対象ではありませんので、請求を受けた場合でも開示する必要はありません（Q&A9-14）。

41 保有個人データの訂正等

1 保有個人データの訂正等

本人は、個人情報取扱事業者に対し、本人が識別される保有個人データの内容が事実でないとき、当該保有個人データの内容の訂正、追加または削除[119]（訂正等）を請求することができます（法34条1項）。

個人情報取扱事業者は、本人から訂正等の請求を受けた場合、利用目的の達成に必要な範囲内において遅滞なく必要な調査を行い、その結果に基づいて、当該保有個人データの内容の訂正等を行う必要があります（同条2項）。

個人情報取扱事業者は、保有個人データの内容の全部若しくは一部について訂正等を行ったとき、または訂正等を行わない旨の決定をしたときは、遅滞なく、その旨（訂正等を行ったときは、その内容を含む）を本人に通知する必要があります（同条3項）。

2 訂正等の請求を受けた場合の注意点

訂正等の請求を受けた場合の注意点としては、以下の点が挙げられます。

---

119 「削除」とは、不要な情報を除くことをいいます（GL通則編3-8-4※1）。

（1）保有個人データの内容が事実でないこと

　訂正等の請求は、「保有個人データの内容が事実でない」ことを理由とするものに限られます。

　このため、本人からの事実でないという指摘が正しくない場合には、訂正等を行う必要はありません（GL 通則編3-8-4※2）。

　また、訂正等の対象が事実ではなく評価に関する情報である場合には、訂正等を行う必要はありません。

　もっとも、評価に関する保有個人データに評価の前提となっている事実も記載されており、それに誤りがある場合においては、その限りにおいて訂正等を行う義務が生じます（Q&A9-19）。

（2）訂正の範囲

　訂正等の請求を受けた場合でも、訂正等は「利用目的の達成に必要な範囲内」で行えば足ります。

　このため、たとえば、利用目的との関係で過去のある時点やある状況下でのデータを記録しておく必要があるのであれば、現在の事実と離齬が生じている場合でも、事業者は訂正等の請求に応じる必要はないと考えられます。

　もっとも、この場合は、遅滞なく、訂正等を行わない旨を本人に対し通知しなければなりません（GL 通則編3-8-4※2）。

（3）他の法令により特別の手続が定められている場合

　保有個人データの内容の訂正等に関して、他の法令の規定により特別の手続が定められている場合には、法34条1項及び2項の規定は適用されず、当該他の法令の規定が適用されることになります（GL 通則編3-8-4）。

42 保有個人データの利用停止等

1 利用停止等のアウトライン

　本人は、個人情報取扱事業者に対し、本人が識別される保有個人データが、個人情報保護法に違反して取り扱われていたり、利用する必要がなくなった場合などについて、当該保有個人データの利用の停止もしくは消去（以下「**利用停止等**」）または第三者提供の停止を請求することができます（法35条1項、3項、5項）。

　利用停止等は、今後、請求の件数が増えていくことが予想されており、実務的な関心も高いところですので、少し詳しくみていくことにします。

2 法に違反する場合の利用停止等

　本人は、自己が識別される保有個人データについて、法18条違反（目的外利用）、法19条違反（不適正利用）、法20条違反（不正取得）、法20条2項違反（本人の同意を得ない要配慮個人情報の取得）を理由として、利用停止等の請求をすることができます。

　個人情報取扱事業者は、その請求に理由があると判明したときは、原則として、違反を是正するために必要な限度で、遅滞なく、利用停止等を行う必要があります。

　【15】でも説明したとおり、不適正利用（法19条違反）を理由とする利用停止等も認められているため、個人情報取扱事業者としては、請求を受けた場合に備え、個人データの取扱いが適法・適正であることを説明できるようにしておくことが大切です。

3 法に違反する場合の第三者提供の停止

　本人は、自己が識別される保有個人データが、第三者提供に関する規定（法27条または法28条）に違反して本人の同意なく第三者に提供されていることを理由として、当該保有個人データの第三者提供の停止を請求することができます。

　個人情報取扱事業者は、その請求に理由があることが判明したとき、原則として、遅滞なく、第三者提供の停止を行う必要があります。

4 法35条5項が定める請求事由

　本人は、以下の（1）から（3）のいずれかに該当する場合についても、利用停止等または第三者提供の停止を請求することができます（法35条5項）。

（1）利用する必要がなくなった場合

　本人は、自己が識別される保有個人データを当該個人情報取扱事業者が利用する必要がなくなった場合、当該保有個人データの利用停止等または第三者提供の停止の請求することができます。

　請求に理由があることが判明したとき、請求を受けた個人情報取扱事業者は、原則として、遅滞なく、利用停止等または第三者提供の停止を行う必要があります。

　「利用する必要がなくなった」とは、法22条と同様に、当該保有個人データについて利用する必要がなくなったとき、すなわち、利用目的が達成され当該目的との関係では当該保有個人データを保有する合理的な理由が存在しなくなった場合や、利用目的が達成されなかったものの当該目的の前提となる事業自体が中止となった場合などをいいます。

　請求の対象となっている保有個人データについて複数の利用目的がある場合は、すべての利用目的との関係において「利用する必要がなくなった」か

どうかを判断する必要があります（GL 通則編3−8−5−1※4）。

　このため、1つの利用目的との関係では利用する必要がなくなった場合で
も、残りの利用目的との関係で利用の必要があれば、利用停止等や第三者提
供の停止に応じなくとも違法とはならないと考えられます。

　GL では、「利用する必要がなくなったとして利用停止等または第三者提
供の停止が認められる事例」として、以下の事例が挙げられています（GL
通則編3−8−5−1（3））。

- ダイレクトメールを送付するために個人情報取扱事業者が保有していた
  情報について、当該個人情報取扱事業者がダイレクトメールの送付を停
  止した後、本人が消去を請求した場合
- 電話勧誘のために個人情報取扱事業者が保有していた情報について、当該
  個人情報取扱事業者が電話勧誘を停止した後、本人が消去を請求した場合
- キャンペーンの懸賞品送付のために個人情報取扱事業者が保有していた
  当該キャンペーンの応募者の情報について、懸賞品の発送が終わり、不
  着対応等のための合理的な期間が経過した後に、本人が利用停止等を請
  求した場合
- 採用応募者のうち、採用に至らなかった応募者の情報について、再応募
  への対応等のための合理的な期間が経過した後に、本人が利用停止等を
  請求した場合

（2）本人が識別される保有個人データに係る法26条1項本文に 規定する事態（個人データの漏えい等による報告義務）が生じ た場合

　個人の権利利益を害するおそれが大きい個人データの漏えい等が発生した
場合、個人情報取扱事業者には、個人情報保護委員会への報告及び本人への
通知が義務付けられています（法26条1項。【20】〜【22】）。

　報告等の対象となる漏えい等事案が生じた場合、本人は、個人情報取扱事

業者に対し、自己が識別される保有個人データの利用停止等や第三者提供の停止を請求することができます。そして、請求に理由があることが判明したときは、個人情報取扱事業者は、原則として、遅滞なく、利用停止等または第三者への提供の停止を行わなければなりません。

　事業者の立場からみると、報告等の対象となる漏えい等が発生した場合、本人から個人データの利用停止等の請求を受ける可能性があり、個人データの漏えい等が生じた際の対応事項が増えたことになります。

　なお、報告等の対象となる漏えい等が生じ、本人が利用停止等の請求を行った場合でも、たとえば、当該本人との契約が存続している場合などにおいては、後述のとおり、利用停止等が困難であるとして、代替措置により対応することも可能です。

（3）本人の権利または正当な利益が害されるおそれがある場合

　本人は、自己が識別される保有データの取扱いにより、自己の権利または正当な利益が害されるおそれがあることを理由として、個人情報取扱事業者に対し、当該保有個人データの利用停止等または第三者提供の停止を請求することができます。

　請求に理由があることが判明したとき、請求を受けた個人情報取扱事業者は、原則として、遅滞なく、利用停止等または第三者への提供の停止を行う必要があります。

　「本人の権利または正当な利益が害されるおそれがある場合」とは、法目的に照らして保護に値する正当な利益が存在し、それが侵害されるおそれがある場合をいい、「おそれ」の有無は、一般人の認識を基準に客観的に判断されます（GL通則編3-8-5-1※6）。

　「正当」かどうかは、相手方である個人情報取扱事業者との関係で決まり、個人情報取扱事業者に本人の権利利益の保護の必要性を上回る特別な事情がない限りは、個人情報取扱事業者は請求に応じる必要があります。

　本人の権利利益の保護の必要性を上回る特別な事情があるかどうかを判断

するに当たっては、

（ア）本人または第三者の生命、身体、財産その他の権利利益を保護するために当該保有個人データを取り扱う事情
（イ）法令を遵守するために当該保有個人データを取り扱う事情
（ウ）契約に係る義務を履行するために当該保有個人データを取り扱う事情
（エ）違法または不当な行為を防止するために当該保有個人データを取り扱う事情
（オ）法的主張、権利行使または防御のために当該保有個人データを取り扱う事情

などを考慮することになります（GL 通則編3−8−5−1※5）。

　GL では、本人の権利または正当な利益が害されるおそれがあるとして利用停止等の請求が認められると考えられる事例と、認められないと考えられる事例として、それぞれ次の例が挙げられています。

請求が認められると考えられる事例	請求が認められないと考えられる事例
・ダイレクトメールの送付を受けた本人が、送付の停止を求める意思を表示したにもかかわらず、個人情報取扱事業者がダイレクトメールを繰り返し送付していることから、本人が利用停止等を請求する場合 ・電話勧誘を受けた本人が、電話勧誘の停止を求める意思を表示したにもかかわらず、個人情報取扱事業者が本人に対する電話勧誘を繰り返し行っていることから、本人が利用停止等を請求する場合 ・個人情報取扱事業者が、安全管理措置を十分に講じておらず、本人を識別する保有個人データが漏えい等するおそれがあることから、本人が利用停止等を請求する場合 ・個人情報取扱事業者が、法27条1項に違反して第三者提供を行っており、本人を識別する保有個人データについても本人の同意なく提供されるおそれがあることから、本人が利用停止等を請求する場合 ・個人情報取扱事業者が、退職した従業員の情報を現在も自社の従業員であるようにホームページ等に掲載し、これによって本人に不利益が生じるおそれがあることから、本人が利用停止等を請求する場合	・電話の加入者が、電話料金の支払いを免れるため、電話会社に対して課金に必要な情報の利用停止等を請求する場合 ・インターネット上で匿名の投稿を行った者が、発信者情報開示請求による発信者の特定やその後の損害賠償請求を免れるため、プロバイダに対してその保有する接続認証ログ等の利用停止等を請求する場合 ・過去に利用規約に違反したことを理由としてサービスの強制退会処分を受けた者が、再度当該サービスを利用するため、当該サービスを提供する個人情報取扱事業者に対して強制退会処分を受けたことを含むユーザー情報の利用停止等を請求する場合 ・過去の信用情報に基づく融資審査により新たな融資を受けることが困難になった者が、新規の借入れを受けるため、当該信用情報を保有している個人情報取扱事業者に対して現に審査に必要な信用情報の利用停止等または第三者提供の停止を請求する場合

参考：利用停止等と第三者提供の停止の請求事由の比較

	利用停止等	第三者提供の停止
利用目的制限違反（法18条違反）	○	－
不適正利用禁止違反（法19条違反）	○	－
適正取得違反（法20条違反）	○	－
同意なき要配慮個人情報の取得（法20条2項違反）	○	－
第三者提供制限違反（法27条1項違反）	－	○
越境移転規制違反（法28条違反）	－	○
利用する必要がなくなった場合	○	○
報告対象事態（法26条）が生じた場合	○	○
本人の権利・正当な利益が害されるおそれがある場合	○	○

5 実務上の注意点

（1）本人の権利利益の侵害を防止するために必要な限度での対応

　個人情報取扱事業者は、その請求に理由があることが判明したときは、原則として、遅滞なく、利用停止等または第三者への提供の停止を行わなければなりませんが、本人の権利利益の侵害を防止するために必要な限度で、利用停止等または第三者提供の停止を行えば足り、必ずしも本人から請求された措置の全てをそのまま講ずる必要はありません。

　必要な限度での対応として、たとえば、本人から保有個人データの全てについて、利用停止等が請求された場合に、一部の保有個人データの利用停止等によって、生じている本人の権利利益の侵害のおそれを防止できるものとして、一部の保有個人データに限定して対応を行う場合や、法27条1項に違反して第三者提供が行われているとして保有個人データの消去を請求された場合に、利用停止または第三者提供の停止による対応によって、生じている本人の権利利益の侵害のおそれを防止できるものとして、利用停止または第三者提供の停止による対応を行う場合などが挙げられます（GL通則編3-8-5-2）。

（2）代替措置等

　前記2から4のいずれかに該当する場合であっても、事業者の負担軽減等の観点から、利用停止・消去または第三者提供の停止に多額の費用を要する場合その他の利用停止・消去または第三者への提供の停止を行うことが困難な場合であって、本人の権利利益を保護するために必要なこれに代わるべき措置（代替措置）を講じるときは、請求に応じないことが認められています（法35条2項、4項、6項但書）。

　「困難な場合」には、利用停止等または第三者提供の停止に多額の費用を要する場合だけでなく、個人情報取扱事業者が正当な事業活動において保有個人データを必要とする場合も含まれます（GL通則編3-8-5-3）。

代替措置の内容については、事案に応じて様々なものが考えられますが、生じている本人の権利利益の侵害のおそれに対応するものであり、本人の権利利益の保護に資するものである必要があります。

　GLでは、本人の権利利益を保護するため必要なこれに代わるべき措置として考えられる事例として、以下の例が挙げられています（GL通則編3－8－5－3）。

> ・既に市販されている名簿の刷り直し及び回収作業に多額の費用を要するとして、名簿の増刷時の訂正を約束する場合や必要に応じて金銭の支払いをする場合
> ・個人情報保護委員会への報告の対象となる重大な漏えい等が発生した場合において、当該本人との契約が存続しているため、利用停止等が困難であるとして、以後漏えい等の事態が生じることがないよう、必要かつ適切な再発防止策を講じる場合
> ・他の法令の規定により保存が義務付けられている保有個人データを遅滞なく消去する代わりに、当該法令の規定による保存期間の終了後に消去することを約束する場合

　その他、個人情報取扱事業者は、利用停止等を行ったとき若しくは利用停止等を行わない旨の決定をしたとき、または、第三者提供の停止を行ったとき若しくは第三者提供を停止しない旨の決定をしたときは、遅滞なく、その旨を本人に通知しなければならない点にも注意してください（法35条7項）。

コラム51　採用応募者から履歴書の返還等を求められた場合

　実務上、採用応募者から履歴書の返還やデータの削除等を求められる場合がありますが、Q&Aでは、以下のとおり、整理されています（Q&A9－20）。

個人情報保護法上、本人からの請求による保有個人データの削除（法34条）や、保有個人データの利用の停止または消去（法35条）に関する規定は定められていますが、履歴書等の受け取った書類を返還する義務は規定されていません。このため、個人情報保護法上、提出された履歴書を返却する義務はありません。

　これに対し、応募者本人から、履歴書に記載された当該本人の情報について、再応募への対応等のための合理的な期間が経過した後、利用する必要がなくなった場合に該当するとして利用停止等の請求を受けたときには、当該請求に応じる義務があるとされています（法35条6項）。

　もっとも、本文で説明したとおり、「利用する必要がなくなった」か否かは、利用目的との関係において判断されますので、利用目的の特定の仕方次第では、上記期間経過後でも請求に応じないことが可能です。

43 開示請求等に関するその他の注意点

　開示等の請求等に関するその他の注意点としては、以下の点が挙げられます。

1　理由の説明

　個人情報取扱事業者は、保有個人データの利用目的の通知の求め、保有個人データの開示、訂正等、利用停止等もしくは第三者提供の停止に関する請求、または第三者提供記録の開示に関する請求（開示等の請求等）に係る措置の全部または一部について、その措置をとらない旨またはその措置と異なる措置をとる旨を本人に通知する場合は、併せて、本人に対し、その理由を説明するように努めなければなりません（法36条）。

2 開示等の請求等に応じる手続

　個人情報取扱事業者は、開示等の請求等について、事前に、これを受け付ける方法として、以下の事項を定めることができます（法37条1項、施行令12条）。

①開示等の請求等の申出先
　担当窓口名・係名、郵送先住所、受付電話・FAX番号、メールアドレス等
②開示等の請求等に際して提出すべき書面（電磁的記録を含む）の様式、その他の開示等の請求等の受付方法
　郵送、FAX、電子メールやウェブサイト等のオンラインで受け付ける等
③開示等の請求等をする者が本人またはその代理人（①未成年者または成年被後見人の法定代理人、②開示等の請求等をすることにつき本人が委任した代理人）であることの確認の方法
④保有個人データの利用目的の通知または保有個人データの開示をする際に徴収する手数料の徴収方法

　開示等の請求等を受け付ける方法を定めていない場合、本人に自由な請求を認めることとなり、対応の負担が増えるのに対し、開示等の請求等を受け付ける方法を合理的な範囲で定めたときは、本人は、定められた方法に従って開示等の請求等を行わなければならず、従わなかった場合は、個人情報取扱事業者は当該開示等の請求等を拒否することができます（GL 通則編3-8-7）。

　請求を受けた後の開示方法は、原則として本人の求めた方法によることとされていますが（【39】）、開示等の請求等に応じる手続（受付方法）については、事業者の側で決めることができます。

　このため、実務的には、事前に開示等の請求等に応じる手続を整備しておくことが大切です。

3　手続を定める際の注意点

　もっとも、開示等の請求等を受け付ける方法を定めるにあたっては、当該手続が、事業の性質、保有個人データの取扱状況、開示等の請求等の受付方法等に応じて適切なものになるよう配慮するとともに、必要以上に煩雑な書類を書かせたり、請求等を受け付ける窓口を他の業務を行う拠点とは別にいたずらに不便な場所に限定したりするなど、本人に過重な負担を課するものとならないよう配慮しなければなりません（GL 通則編3-8-7（4））。

　また、開示等の請求等を受け付ける方法を定めた場合には、本人の知り得る状態（本人の求めに応じて遅滞なく回答する場合を含む）に置く必要があります（法32条1項3号）。

4　本人等の確認

　開示等の請求等に応じる手続に関して、実務的に重要なのが③の本人等の確認です。なりすましによる請求や誤開示を防ぐ必要があるためです。

　GL では、「事業の性質、保有個人データの取扱状況、開示等の請求等の受付方法等に応じて、適切なものでなければならず、本人確認のために事業者が保有している個人データに比して必要以上に多くの情報を求めないようにするなど、本人に過重な負担を課するものとならないよう配慮しなくてはならない」としたうえで、以下の内容を例示しています（GL 通則編3-8-7※2）。

来所の場合	・運転免許証、健康保険の被保険者証、個人番号カード（マイナンバーカード）表面、旅券（パスポート）、在留カード、特別永住者証明、年金手帳、印鑑証明書と実印
オンラインの場合	・あらかじめ本人が個人情報取扱事業者に対して登録済みのIDとパスワード、公的個人認証による電子署名
電話の場合	・あらかじめ本人が個人情報取扱事業者に対して登録済みの登録情報（生年月日等）、コールバック

送付（郵送、FAX等）の場合	• 運転免許証や健康保険の被保険者証等の公的証明書のコピーの送付を顧客等から受け、当該公的証明書のコピーに記載された顧客等の住所に宛てて文書を書留郵便により送付

　代理人による来所や送付等の場合については、確認書類として、本人及び代理人についての書類等のほか、代理人について、代理権を与える旨の委任状（親権者が未成年者の法定代理人であることを示す場合は、本人及び代理人が共に記載され、その続柄が示された戸籍謄抄本、住民票の写し。成年後見人が成年被後見人の法定代理人であることを示す場合は、登記事項証明書）が考えられます。

　また、個人情報取扱事業者は、円滑に開示等の手続が行えるよう、本人に対し、開示等の請求等の対象となる当該本人が識別される保有個人データまたは第三者提供記録の特定に必要な事項（住所、ID、パスワード、会員番号等）の提示を求めることもできます（法37条2項前段）。

　その際は、本人が容易かつ的確に開示等の請求等をすることができるよう、当該保有個人データまたは第三者提供記録の特定に資する情報を提供するなど、本人の利便性を考慮する必要があります（GL通則編3-8-7）。

5　手数料

　個人情報取扱事業者は、保有個人データの利用目的の通知を求められ、または保有個人データの開示の請求もしくは第三者提供記録の開示の請求を受けたときは、当該措置の実施に関し、手数料の額を定め、これを徴収することができます（法38条1項）。

　手数料の額を定めた場合には、本人の知り得る状態（本人の求めに応じて遅滞なく回答する場合を含みます）に置かなければならず（法32条1項3号）、また、手数料を徴収する場合は、実費を勘案して合理的であると認められる範囲内において、その手数料の額を定める必要があります。

　法38条は、現に開示を行ったか否かにより特に区別をしていないため、結

果として開示しなかった場合でも、徴収した手数料を返還する義務はありません（Q&A9-28）。

　なお、法38条1項の反対解釈として、訂正等と利用停止等の請求については、手数料を定め、徴収することはできませんので、注意してください。

6　事前の請求

　保有個人データの開示、訂正等、利用停止等もしくは第三者提供の停止または自己が識別される個人データに係る第三者提供記録の開示については、法的な請求権ですので、裁判上の訴えを提起することができます（仮処分も含みます）。

　もっとも、裁判を通じて請求するためには、原則として、事前に被告となるべき者（開示等請求をする事業者）に対し、あらかじめ裁判外で請求を行い、請求が到達した日から2週間を経過した後でなければ、訴えを提起することはできません（法39条1項本文）。

　ただし、個人情報取扱事業者が裁判外の請求を拒んだときは、2週間を経過する前に、当該請求に係る裁判上の訴えを提起することが認められています（同条但書）。

7　苦情の処理

　個人情報取扱事業者は、個人情報の取扱いに関する苦情についても、適切かつ迅速な処理に努めなければならないとされています（法40条）。

　苦情の適切かつ迅速な処理を行うに当たり、苦情処理窓口の設置や苦情処理の手順を定めるなど必要な体制の整備に努めなければなりません。

　なお、苦情の申出先[120]については、本人の知り得る状態（本人の求めに

120　認定個人情報保護団体の対象事業者については、当該団体の名称・苦情解決申出先も対象となります。

応じて遅滞なく回答する場合を含む）に置く必要があります（法32条１項４号、施行令10条２号、３号）。実務的には、プライバシーポリシーに記載し、公表することで対応することが一般的です。

コラム 52　本人確認の重要性

「漏えい」とは、個人データが外部に流出することをいいます（【20】）。GLでは、漏えいの具体例として「個人データが記載された書類を第三者に誤送付した場合」や「個人データを含むメールを第三者に誤送信した場合」などが挙げられています（GL通則編3-5-1-1事例1・事例2）。

このため、本人Aの個人データを誤ってB（別人）に開示（交付）してしまった場合、個人データの「漏えい」にあたると考えられます（Q&A6-9）。

誤って開示した個人データに、要配慮個人情報や、クレジットカード番号など財産的被害が生じるおそれがある個人データが含まれていなければ、個人情報保護員会への報告及び本人への通知義務は生じませんが、これらの情報が含まれている場合には、報告及び通知が必要となります（規則７条）。

このため、開示等の請求等を受けた場合には、本人確認を行う必要があり、本文で説明したとおり、事前に本人確認の方法を定めておくことが大切です。

コラム 53　死者の個人情報に対する開示請求

死者に関する情報は、同時に遺族等の個人情報に該当する場合があります（【01】）。この場合、遺族等は自己が識別される個人情報（厳密には保有個人データ）であるとして、開示等の請求等をすることが可能です（その場合に、遺族等の「個人に関する情報」に該当するかが問題となることについては、コラム01を参照）。

医療・介護ガイダンスでは、患者・利用者が死亡した際の遺族に対する診療情報の提供について、「診療情報の提供等に関する指針」（「診療情報の

提供等に関する指針の策定について」（平成15年9月12日 医政発第0912001号））の9において定められている取扱いに従って、医療・介護関係事業者は、同指針の規定により遺族に対して診療情報・介護関係の記録の提供を行うものとする」されています（ガイダンスⅠ.8）。

　そして、上記指針の9では、医療従事者等は、患者が死亡した際には遅滞なく、遺族に対して、死亡に至るまでの診療経過、死亡原因等についての診療情報を提供しなければならないとされています。

7 要配慮個人情報と個人関連情報

　この章では、**要配慮個人情報**と**個人関連情報**について、GL の内容を中心に、注意点を確認していきます。

　この章の構成は、以下のとおりです。

　個人関連情報の第三者提供規制は、第三者提供の一部に限定した規制ではあるものの、個人関連情報の定義が広く、検討対象となることも多いため、少し詳しくみていくことにします。

44 要配慮個人情報

1　要配慮個人情報

　要配慮個人情報とは、本人に対する不当な差別や偏見その他の不利益が生じないようにその取扱いに特に配慮を要するものとして、以下の①から⑪の

記述が含まれる個人情報をいいます（法2条3項、GL 通則編2-3）。

　個人情報に該当することが前提のため、死者の情報や個人識別性がない情報など、個人情報に該当しなければ、要配慮個人情報にもあたりません。

① 人種	• 民族的出身を含み、「在日韓国人」や「アイヌ」なども含む（単純な国籍や肌の色は含まない）。
② 信条	• 「○○教の信仰者」という情報や、「○○政党の党員」である情報。 • 「○△教に関する本を購入した」という購買履歴の情報や、特定の政党が発行する新聞や機関誌等を購読しているという情報は、信条を推知させる情報に過ぎないため、当該情報のみではあたらない（Q&A 1-27）。
③ 社会的身分	• 被差別部落出身であることや非嫡出子であること。 • 単なる職業的地位や学生は含まない。
④ 病歴	• 病気に罹患した経歴を意味するもので、特定の病歴を示した部分（がんに罹患している事実など）。
⑤ 犯罪の経歴	• 前科（有罪判決を受け、これが確定した事実）。 • 受刑の経歴（Q&A 1-30）。
⑥ 犯罪により害を被った事実	• 身体的被害、精神的被害及び金銭的被害の別を問わず、犯罪の被害を受けた事実。 • 刑罰法令に規定される構成要件に該当し得る行為のうち、刑事事件に関する手続に着手されたもの。
⑦ 身体障害、知的障害、精神障害（発達障害を含む）その他規則で定める心身の機能の障害があること	• 医師または身体障害者更生相談所により、身体障害者福祉法（昭和24年法律第283号）別表に掲げる身体上の障害があることを診断または判定されたこと。 • 都道府県知事、指定都市の長または中核市の長から身体障害者手帳の交付を受け、これを所持していることまたは過去に所持していたこと。 （その他の具体例はGL通則編2-3（7）を参照）
⑧ 本人に対して医師その他医療に関連する事務に従事する者により行われた疾病の予防及び早期発見のための健康診断その他の検査の結果	• 疾病の予防や早期発見を目的として行われた健康診査、健康診断、特定健康診査、健康測定、ストレスチェック、遺伝子検査（診療の過程で行われたものを除く）など、受診者本人の健康状態が判明する検査の結果。なお、健康診断等を受診したという事実は該当しない。 • 人間ドックなど保険者や事業主が任意で実施または助成する検査の結果も該当する。 • 医療機関を介さないで行われた遺伝子検査により得られた本人の遺伝型とその遺伝型の疾患へのかかりやすさに該当する結果等も含まれる。

⑨ 健康診断等の結果に基づき、または疾病、負傷その他の心身の変化を理由として、本人に対して医師等により心身の状態の改善のための指導または診療若しくは調剤が行われたこと	• 健康診断等の結果、特に健康の保持に努める必要がある者に対し、医師または保健師が行う保健指導等の内容。 • 労働安全衛生法に基づき医師または保健師により行われた保健指導の内容、医師により行われた面接指導の内容、高齢者の医療の確保に関する法律に基づき医師、保健師、管理栄養士により行われた特定保健指導の内容等（法律に定められた保健指導の内容に限定されるものではなく、保険者や事業主が任意で実施または助成により受診した保健指導の内容も該当する）、保健指導等を受けたという事実、診療記録等、病院等を受診した事実、調剤録、薬剤服用歴、お薬手帳に記載された情報、薬局等で調剤を受けたという事実など。
⑩ 本人を被疑者または被告人として、逮捕、捜索、差押え、勾留、公訴の提起その他の刑事事件に関する手続が行われたこと	• 本人を被疑者または被告人として刑事事件に関する手続が行われたという事実。 • 外国政府により、本人を被疑者または被告人として刑事手続が行われた事実（Q&A 1-32）、無罪判決を受けた事実（Q&A 1-33）、刑事訴訟法に基づく逮捕、捜索、差押え、勾留、公訴の提起のほか、不起訴、不送致、微罪処分等を受けた事実も含まれる（Q&A 1-34）。
⑪ 本人を少年法に規定する少年またはその疑いのある者として、調査、観護の措置、審判、保護処分その他の少年の保護事件に関する手続が行われたこと	• 本人を非行少年またはその疑いのある者として、保護処分等の少年の保護事件に関する手続が行われたという事実。

⑧の「健康診断等の結果」には、ストレスチェックの結果、さらには法律に定められた健康診断の結果等に限定されず、人間ドックなど保険者や事業主が任意で実施または助成する検査の結果も含まれます。

また、⑨は「指導または診療…が行われたこと」自体が該当することから、たとえば、病院等を受診した事実や薬局等で調剤を受けたという事実も要配慮個人情報にあたります（Q&A1−28）。

2　要配慮個人情報の注意点

要配慮個人情報の注意点としては、以下の点が挙げられます。

（1）要配慮個人情報を推知させるに過ぎない情報（推知情報）

特定の宗教に関する書籍の購入や貸出しに係る情報、肌の色など、要配慮個人情報を推知させるにすぎない情報は、要配慮個人情報にはあたりません（GL 通則編2-3、Q&A1-27）。

たとえば、本人の話し方などから障害や疾患の事情が推知されるにすぎない場合については、要配慮個人情報には該当しません。

（2）性自認等に関する情報

服装や施設（トイレや更衣室など）の使用、あるいは健康診断の受診等に関連して、トランスジェンダーの従業員から、性自認に関する情報を取得する（カミングアウトを受ける）ことがあります。

性同一障害の診断の事実やその治療歴については、要配慮個人情報にあたると考えられます[121]。

これに対し、性自認に関する情報は、法2条3項の列挙事由及び政令で定める記述が含まれる個人情報にも該当しないため、個人情報保護法上は、要配慮個人情報にはあたりません（なお、後記（3）も参照）。

もっとも、性自認、さらには性的指向に関する個人情報は、機微性が高い情報であるとともに、不当な差別や偏見を招きかねない情報です[122]。

また、本人の承諾を得ずに、本人が公にしていない性自認や性的指向に関する情報を第三者に暴露する行為（アウティング）は、プライバシーを侵害する行為であるとともに、パワーハラスメント（個の侵害）にもあたり得ます[123]。

このため、雇用管理等に関連して従業員から性自認や性的指向に関する情報を取得した場合には、情報の機微性等を踏まえ、あらかじめ本人と情報を

---

[121] 性同一障害者の性別の取扱いの特例に関する法律では、性同一障害を医師の診断によるものと定義し（同法2条）、同障害を治療の対象として位置付けています（同法3条2項）。なお、意見募集結果（補完的ルール）No.70も参照。

[122] 自らの性自認に基づいた性別で社会生活を送ることは法律上保護された利益であると判示した裁判例として、東京地判令和元年12・12労働判例1223号52頁（経産省事件）があります。

共有して良い範囲について話し合い、本人から了解を取ったうえで、対応をする必要があります。併せて、当該情報にアクセスできる者の範囲を限定するとともに、職務上の必要がないアクセスを禁じたり、他の従業員にアウティングをしないように指導等をするなど、不適切な取扱いが生じないように配慮することが大切です。

（3）十分性認定に基づき提供を受けた個人データに特別な種類の個人データとされている情報が含まれている場合

EU または英国域内から十分性認定に基づき提供を受けた個人データに、性生活や性的指向、労働組合に関する情報など、GDPR 及び英国 GDPR で特別な種類の個人データとされている情報が含まれている場合、「個人情報の保護に関する法律に係る EU 及び英国域内から十分性認定により移転を受けた個人データの取扱いに関する補完的ルール」（**補完的ルール**。コラム55）により、要配慮個人情報と同様に取り扱う必要があります（補完的ルール（1）、第2章第7節2（2））。

性生活とは、性的な生活に関する概念であり、補完的ルールにおける「性生活に関する情報」には、例えば、「性生活の存在・不存在」や「同性との性生活に関する情報」なども含まれ得るとされています[124]。また、「性的指向」とは、人が何を恋愛・性愛の対象とするかを表すものであり、具体的には、同性愛、異性愛、両性愛などが含まれます[125]。

「労働組合に関する情報」には、組合員か否か、組合員である場合にどの組合に属しているか、どのような組合活動を行ってきたかなどの情報が該当

---

[123]　労働施策総合推進法（いわゆるパワハラ防止法）に基づく「事業主が職場における優越的関係を背景とした言動に起因する問題に関して雇用管理上講ずべき措置等についての指針」（令和2年厚生労働省告示第5号）では、「個の侵害」の例として、「労働者の性的指向・性自認や病歴、不妊治療等の機微な個人情報について、当該労働者の了解を得ずに他の労働者に暴露すること」が明記されています。

[124]　意見募集結果（補完的ルール）No.69、No.72

[125]　意見募集結果（補完的ルール）No.70

します[126]。

　EUまたは英国域内の子会社の従業員情報を日本の本社で集約している場合などについては、補完的ルールが適用される可能性がありますので、注意が必要です。

（4）ワクチン接種に関する情報

　新型コロナウイルス感染症（COVID-19）の流行を機に論点となったワクチン接種に関する情報については、GLやQ&Aで明示されていないものの、④「病歴」にも、⑧「健康診断の結果」にも、⑨「医師等により心身の状態の改善のための指導または診療若しくは調剤が行われたこと」にも該当しないため、要配慮個人情報にはあたらないと考えられます。

　もっとも、ワクチンの接種は強制ではなく、事業者において、接種を強制したり、従業員が接種を受けていないことを理由に解雇、退職勧奨、いじめなどの差別的な扱いをすることは許されず、また、人によっては差別や偏見を招きかねない情報ともいえます。

　このため、事業者としては、本人が公にしている場合を除き、当該情報の取扱いについては、一定の配慮をすることが望ましいといえます。

コラム54　従業員の健康情報

　企業には、従業員の雇入れ時、あるいは入社後、定期的に健康診断を実施する義務があり（労働安全衛生法66条、同規則43条、44条）、当該健康診断の記録を作成し、5年間保存する必要があります（同規則51条）。
　「雇用管理分野における個人情報のうち健康情報を取り扱うに当たっての留意事項」では、個人情報のうち、健康診断の結果、病歴、その他の健康に関するものを「健康情報」と定め、健康情報は「要配慮個人情報」に該当することが多いとし、健康情報の取扱いについて事業者が留意すべき事

126　意見募集結果（補完的ルール）No.74

項を規定しています（なお、要配慮個人情報に該当しない健康情報について
も、労働者に関する機微な情報が含まれ得ること等から、要配慮個人情
報に準じて取り扱うことが望ましいとされています）。

　健康情報は、労働者個人の心身の健康に関する情報であり、本人に対す
る不利益な取扱い、または差別等につながるおそれのある要配慮個人情報
であるため、事業者においては健康情報の取扱いに特に配慮を要すること
や、労働者の健康確保に必要な範囲で利用されるべきものであり、事業者
は、必要な範囲を超えて、これらの健康情報を取り扱ってはならないこと
などが示されています。

　また、「労働者の心身の状態に関する情報の適正な取扱いのために事業者
が講ずべき措置に関する指針」は、健康情報等に関する取扱規程の策定に
ついて定めており、厚生労働省は、「事業場における労働者の健康情報等の
取扱規程を策定するための手引き」を公開しています。

【45】で説明するとおり、健康情報を含む要配慮個人情報を取得する場合、
原則として、本人の同意を得る必要があるところ、手引きでは、就業規則
への記載による同意取得の方法について記載されており、参考になります
（手引き10頁）。

　なお、手引きには、ストレスチェックの結果に関する同意についての補
足説明も記載されています。

コラム 55　補完的ルール

　個人情報保護委員会は、日本が欧州委員会から GDPR 45条に基づく十
分性認定を取得したことを受け、「個人情報の保護に関する法律に係る EU
域内から十分性認定による移転を受けた個人データの取扱いに関する補完
的ルール」を公表しました（なお、2020年 2 月 1 日に英国が EU から離脱
したことに伴い、「個人情報の保護に関する法律に係る EU 域内及び英国か
ら十分性認定により移転を受けた個人データの取扱いに関する補完的ルー
ル」に改められています）。

補完的ルールは、要配慮個人情報に加え、利用目的、外国にある第三者への提供の制限、仮名加工情報、匿名加工情報について規定しています。

補完的ルールは法的拘束力を有する規律のため、十分性認定により移転される個人データを受領する個人情報取扱事業者は、補完的ルールを遵守することが求められます（補完的ルールは個人情報保護委員会の執行対象となります）。

45 要配慮個人情報の取扱い

1 要配慮個人情報の取扱いに関するポイント

要配慮個人情報の取扱いに関するポイントは、取得する際、原則として、あらかじめ本人の同意を得なければならないこと、オプトアウトによる第三者提供ができないこと、漏えい時に報告義務の対象となることの3つです[127]。

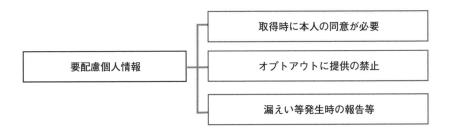

127　要配慮個人情報から匿名加工情報や仮名加工情報を作成することも認められています（Q&A 15－10、14－6）。

2 取得時の取扱い

（1）本人の同意

　要配慮個人情報は、差別や偏見を生むおそれがある情報であることから、取得する際には、あらかじめ本人の同意を得る必要があります（法20条2項柱書）。

　個人情報を取得する場合、個人情報保護法上は、本人の同意は必要なく、利用目的を特定し、通知等をすれば足りましたが、要配慮個人情報については、取得する際、原則として、あらかじめ本人の同意を得る必要があります。

　もっとも、本人から要配慮個人情報を書面や口頭などにより直接取得する場合については、本人が要配慮個人情報を提供したという事実をもって、本人の同意があったものと解され、別途、書面などにより要配慮個人情報を取得することについての同意を得る必要はないとされています（GL 通則編3−3−2※2）。

　【13】で説明したとおり、医療介護ガイダンスでは、「患者が医療機関の受付等で、問診票に患者自身の身体状況や病状などを記載し、保険証とともに受診を申し出ることは、患者自身が自己の要配慮個人情報を含めた個人情報を医療機関等に取得されることを前提としていると考えられるため、医療機関等が要配慮個人情報を書面または口頭等により本人から適正に直接取得する場合は、患者の当該行為をもって、当該医療機関等が当該情報を取得することについて本人の同意があったものと解される」とされています（同ガイダンスⅣ.6）。

（2）例外

　例外的に、次の①から⑨のいずれかに該当する場合については、要配慮個人情報の取得に際し、本人の同意を得る必要はありません（法20条2項1号から8号、施行令9条）

①法令に基づく場合

②人の生命、身体または財産の保護のために必要がある場合であって、本人の同意を得ることが困難であるとき

③公衆衛生の向上または児童の健全な育成の推進のために特に必要がある場合であって、本人の同意を得ることが困難であるとき

④国の機関若しくは地方公共団体またはその委託を受けた者が法令の定める事務を遂行することに対して協力する必要がある場合であって、本人の同意を得ることにより当該事務の遂行に支障を及ぼすおそれがあるとき

⑤当該個人情報取扱事業者が学術研究機関等である場合であって、当該要配慮個人情報を学術研究目的で取り扱う必要があるとき（当該要配慮個人情報を取り扱う目的の一部が学術研究目的である場合を含み、個人の権利利益を不当に侵害するおそれがある場合を除く）

⑥学術研究機関等から当該要配慮個人情報を取得する場合であって、当該要配慮個人情報を学術研究目的で取得する必要があるとき（当該要配慮個人情報を取得する目的の一部が学術研究目的である場合を含み、個人の権利利益を不当に侵害するおそれがある場合を除く）（当該個人情報取扱事業者と当該学術研究機関等が共同して学術研究を行う場合に限る）。

⑦当該要配慮個人情報が、本人、国の機関、地方公共団体、学術研究機関など法57条1項各号に掲げる者その他個人情報保護委員会規則で定める者[128]により公開されている場合

⑧本人を目視し、または撮影することにより、その外形上明らかな要配慮個人情報を取得する場合

⑨法27条5項各号に定める委託、事業承継、共同利用により、個人データである要配慮個人情報の提供を受けるとき

128　放送機関・新聞社・通信社その他の報道機関（報道を業として行う個人を含む）、著述を業として行う者、宗教団体、政治団体、外国政府、外国の政府機関、外国の地方公共団体または国際機関、外国において法16条8項に規定する学術研究機関等に相当する者、外国において法57条1項各号に掲げる者に相当する者。

①から④は、利用目的による制限の適用除外事由（法18条3項各号、【12】）及び第三者提供の制限の適用除外事由（法27条1項各号、【25】）と同じです。また、⑤と⑥は学術研究機関等の特例に関するものです。

⑦には、たとえば、本人が自らSNSなどで要配慮個人情報を公開している場合などがあたります。⑧については、たとえば、身体の不自由な方が店舗に来店し、対応した店員がその旨をお客様対応録等に記録した場合（目視による取得）や、店舗に設置した防犯カメラに写り込んだ場合（撮影による取得）などがこれにあたります。

また、⑨の委託や共同利用等により要配慮個人情報を取得する場合（法20条2項4号、同法施行令9条2号、法27条5項）についても、本人の同意を得る必要はありません。

（3）実務上の注意点
ア　健康診断等の結果

健康診断その他の結果は、要配慮個人情報にあたりますが（【44】）、労働安全衛生法で定められた年1回の健康診断や雇入れ時の健康診断については、①の「法令に基づく場合」にあたるため、同健康診断の結果を取得することについて、本人の同意を得る必要はありません。

これに対し、労働安全衛生法とは別に健康診断を行っている場合や、たとえば半年に1回、上乗せして健康診断を実施している場合などについては、「法令に基づく場合」にあたらないため、これら診断結果の取得については、原則どおり、本人の同意を得る必要があります。

イ　障害に関する情報

事業者は、障害者雇用促進法に基づく障害者雇用率制度や障害者雇用納付金制度の適用に関して、障害者である労働者の人数、障害種別、障害程度等を把握（取得）し、確認する必要があります。

障害に関する情報は、要配慮個人情報にあたるため、取得に際しては、原

則として本人の同意が必要となります。その際には、厚生労働省が公表している「プライバシーに配慮した障害者の把握・確認ガイドライン」（平成17年11月)[129]や「発達障害がある人の雇用管理マニュアル」（平成18年3月）などが参考になります。

　ガイドラインでは、知的障害者など、本人の判断能力に疑義がある場合は、利用目的等について本人が理解できるよう十分に説明を行うとともに、本人だけでなく家族等に対しても説明を行うことが必要となる場合もあると指摘されています（15頁）。

　また、マニュアルでは、たとえば、企業が本人の自己申告以外の方法により特定の個人を名指しして障害の把握・確認を行うことは不適切であるとみなされる場合があることや、仮に本人が発達障害の診断を受け障害を受容できている場合であっても、本人が告知していないのに会社から「障害があるのではないか」という話をされれば、そのことに驚き、自信喪失や情緒不安等を生じさせる場合もあるため、障害の確認・把握という手続に関しては、極めて慎重な対応が求められるとされています（18頁)[130]。

ウ　要配慮個人情報を第三者提供の方法により取得した場合

　個人情報取扱事業者が要配慮個人情報を第三者提供の方法により取得した場合、提供元において、要配慮個人情報の取得（法20条2項）及び第三者提供（法27条1項）に関する同意を本人から取得していることが前提となるため、提供を受けた個人情報取扱事業者が、改めて本人から法20条2項に基づく取得に関する同意を得る必要はありません（GL通則編3-3-2※2）。

　ただし、提供元と提供先で要配慮個人情報の利用目的が異なる場合については、別途、提供先において本人から同意を取得する必要があります。

129　なお、同ガイドラインは、平成17年以降、改定されていないため、たとえば、個人情報データベース等に関する記述など、現行法と異なる点があることに注意してください。

130　本人が同意したことによって生ずる結果について十分な判断能力を有しない障害者であるような場合については、Q&A 1-36を参照。

コラム 56 プロファイリングによる要配慮個人情報の推知

　プロファイリングによって要配慮個人情報を推知する行為が要配慮個人情報の「取得」にあたるかという問題があります。

　学説上は、取得にあたるとする見解も有力に主張されているものの、プロファイリングによって、要配慮個人情報を推知すること自体は、本人の同意を要する要配慮個人情報の「取得」にはあたらないと考えられており、現状、共通 GL では特に規制はされていません。

　もっとも、特定分野ガイドライン等の中には、プロファイリングのリスクを念頭に、共通 GL に上乗せした規制を定めているものもあります。

　たとえば、電気通信 GL 解説では、利用目的の特定に関する部分で、プロファイリングにより「要配慮個人情報」の項目に相当する情報が生成される場合には、「あらかじめ本人の同意を得ることが望ましい。これらの情報について、本人の同意を取得することなく不必要に広告のセグメント情報として広告配信その他の行為に用いないようにすることが望ましい」とされています（同解説 3 － 1 － 1 ※ 1）。

　また、放送 GL では、受信者情報取扱事業者に対し、視聴履歴が長期間蓄積することにより、プロファイリングのリスクが高まることなどを考慮し、保存期間の通知または公表の努力義務を課すとともに（同40条）、受信情報取扱事業者が多様かつ膨大な視聴履歴を分析し、信条等の要配慮個人情報まで推知することが可能となるおそれがあることに鑑み「視聴者特定視聴履歴を取り扱うに当たっては、要配慮個人情報を推知し、または第三者に推知させることのないように注意しなければならない」と注意義務を課しています（同42条 1 項）。

　その他、「情報信託機能の認定に係る指針 Ver2.2」では、要配慮個人情報等を推知することにより利用者個人に重大な不利益を与える可能性のあるプロファイリングを「要配慮プロファイリング」と定義したうえで、要配慮プロファイリングを取り扱うことに加え、分析・予測に含まれるロジック（実施する場合）や、利用者個人への影響・リスクに関する有意な情報について明示し、本人同意を得ることが望ましいこと、その際、利用者個人への説明内容、説明方法について、情報銀行における本人関与の実効性を高めるための工夫がなされることが望ましいとしています（指針Ⅲ.2（3））。

現状、共通GLでは、プロファイリングについて、利用目的の特定を除き、直接的な規制は設けられていませんが、一般論として、不適正利用の禁止（法19条）はプロファイリングに及ぶとされています（コラム21）。また、内心の自由やプライバシーへの配慮が必要となることもあります[131]。

このため、実務的にはプロファイリングのリスク等に鑑み、上記指針等で示された考え方を参考に、透明性や本人関与等に配慮した対応をしている場合もあります。

3 提供時の特則

要配慮個人情報については、その機微性を考慮して、オプトアウトによる第三者提供が禁止されています（法27条2項但書）。

このため、要配慮個人情報を第三者提供するには、法律上の例外事由に該当する場合を除き、本人の同意を得るか、委託、事業の承継、共同利用により提供するか、あるいは匿名加工情報とするかなどの方法による必要があります（次世代医療基盤法については、コラム57）。

4 漏えい等が生じた場合

要配慮個人情報が含まれる個人データ（高度な暗号化その他の個人の権利

131　なお、「カメラ画像利活用ガイドブック ver.3.0」では、「内心など、生活者の最も私的な事項に係る情報を抽出して検知したり、推定を行ったりすることについては、プライバシーへの影響が高いため、慎重な配慮が求められる」とされています（同13項）。

利益を保護するために必要な措置を講じたものを除く）の漏えい等が発生し、または発生したおそれがある場合には、たとえそれが1人分の個人データであっても、報告等の対象とされています（法26条、規則7条1号。【21】）。

コラム 57　次世代医療基盤法

次世代医療基盤法は、デジタルデータを活用した次世代の医療分野の研究、医療システム、医療行政を実現するための基盤として、医療現場から多様なデータを大規模に収集・利活用する仕組みを設けた法律です。

同法では、認定を受けた事業者（認定匿名加工医療情報作成事業者）が、本人または遺族からのオプトアウトを受けるなどの一定の条件を満たす場合に、病院等の医療情報取扱事業者から医療情報（医療に関する個人情報。なお、故人の情報を含みます）の提供を受け、匿名加工医療情報を作成することが認められています。

匿名加工医療情報は、特定の個人を識別することができないように加工された個人に関する情報であるため（同法2項3項）、個人情報にはあたりません。このため、個人情報保護法上の規制を受けることなく、第三者に提供することが可能です。

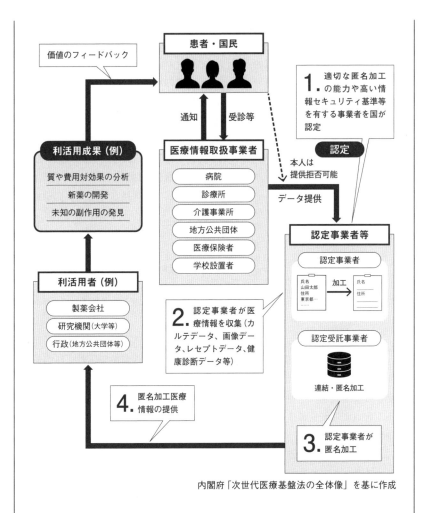

価値のフィードバック

患者・国民

通知　受診等

利活用成果（例）

質や費用対効果の分析

新薬の開発

未知の副作用の発見

医療情報取扱事業者

病院

診療所

介護事業所

地方公共団体

医療保険者

学校設置者

1. 適切な匿名加工の能力や高い情報セキュリティ基準等を有する事業者を国が認定

認定

本人は提供拒否可能

データ提供

認定事業者等

認定事業者

氏名
山田太郎
住所
東京都…
……

加工

氏名

住所

利活用者（例）

製薬会社

研究機関（大学等）

行政（地方公共団体等）

2. 認定事業者が医療情報を収集（カルテデータ、画像データ、レセプトデータ、健康診断データ等）

認定受託事業者

連結・匿名加工

3. 認定事業者が匿名加工

4. 匿名加工医療情報の提供

内閣府「次世代医療基盤法の全体像」を基に作成

　なお、次世代医療基盤法については、令和5年に改正が行われ、仮名加工医療情報の利活用に係る仕組みの創設や公的データベースとの連結などが整備されています。

コラム 58　遺伝情報の取扱い

　遺伝情報の解析を含む取扱いについては、本人およびその血縁者の遺伝的素因を明らかにすることができるなど、その取扱いによって、法的な問題に加え、倫理的な問題や社会的な問題を招く可能性もあることから、別途「**経済産業分野のうち個人遺伝情報を用いた事業分野における個人情報保護ガイドライン**」が策定されています。

　ガイドラインでは、「個人遺伝情報」及び「遺伝情報」を、以下のとおり、定義したうえで、個人遺伝情報取扱事業者や遺伝情報取扱事業者が「個人遺伝情報」や「遺伝情報」を取り扱う場合に講ずべき措置等について定めています。

個人遺伝情報	・個人情報のうち、試料を用いて実施される事業の過程で通じて得られ、または既に当該試料に付随している情報で、個人の遺伝的特徴やそれに基づく体質を示す情報を含むもの
遺伝情報	・試料を用いて実施される事業の過程で通じて得られ、または既に当該試料に付随している個人に関する情報で、個人の遺伝的特徴やそれに基づく体質を示す情報であって、個人情報に該当しないもの

　たとえば、個人遺伝情報取扱事業者は、個人遺伝情報を用いた事業の実施にあたり、一定の項目について、事前に本人に十分な説明をし、本人の文書による同意（インフォームド・コンセント）を受けることが求められるとともに（ガイドラインⅡ.2.(3) ①）、個人遺伝情報取扱事業者や遺伝情報取扱事業者らが、個人遺伝情報に係る検査、解析および鑑定等を行うにあたって「分析的妥当性」や「科学的根拠」など、検査等の質の確保に努めることを求めています（同Ⅱ.2.(15)）。

　遺伝情報は、本人に帰責することができない内容を含み、自己責任の原則との関係も問題となり得るため、遺伝情報を含むデータの利活用については、慎重な取扱いが求められます（ガイドラインの適用対象等については、ガイドラインⅠを参照）。

46 個人関連情報

1 個人関連情報

　個人関連情報とは、生存する個人に関する情報であって、個人情報、仮名加工情報及び匿名加工情報のいずれにも該当しないものをいいます（法2条6項）。

　「個人に関する情報」とは、ある個人の身体、財産、職種、肩書等の属性に関して、事実、判断、評価を表す全ての情報をいいます（GL通則編2-1）。

　GLでは、個人関連情報にあたるものとして、以下の例が挙げられています（GL通則編2-8）[132]。

> ・Cookie等の端末識別子を通じて収集された、ある個人のウェブサイトの閲覧履歴
> ・メールアドレスに結び付いた、ある個人の年齢・性別・家族構成等
> ・ある個人の商品購買履歴・サービス利用履歴
> ・ある個人の位置情報
> ・ある個人の興味・関心を示す情報

　Cookie等の端末識別子それ自体も、個人情報に該当しない場合には、通常、当該端末識別子に係る情報端末の利用者に関する情報として、「個人に関する情報」に該当し、個人関連情報にあたります。家族等の特定少数の人が情報端末を共有している場合であっても、通常、情報端末の共用者各人と

132　電気通信事業GLの解説では、個人関連情報に該当する事例として、「ある個人の契約者固有IDやある個人の利用する情報端末に係る端末識別子」、「情報収集モジュール等を通じて収集された、ある個人のアプリケーションの利用履歴や利用者端末情報」が追記されています（同2-9）。

の関係で、「個人に関する情報」に該当し、個人関連情報に該当することとなると考えられています（Q&A8-1）。

　また、ある個人の購買履歴やサービス利用履歴から推知された情報も、個人に関する情報である限り、個人関連情報にあたります。

　メールアドレスも、個人情報に該当しない場合には、通常、当該メールアドレスに係るアカウントの利用者に関する情報として、「個人に関する情報」に該当し、個人関連情報に該当することとなると考えられます（Q&A 8-2）。

　これに対し、【01】で説明したとおり、統計情報は、特定の個人との対応関係が排斥されている限り、「個人に関する情報」にあたらないため、個人関連情報にも該当しません。

　また、客観的に個人関連情報に該当するか否かを問わず、個人情報取扱事業者が個人情報として取り扱う旨の判断をした場合は、個人関連情報として取り扱う必要はないとされています[133]。

2　個人関連情報の第三者提供規制のアウトライン

　個人関連情報取扱事業者[134]は、提供先の第三者が個人関連情報（個人関連情報データベース等を構成するものに限る）を個人データとして取得することが想定されるときは、法27条1項各号に掲げる場合を除き、以下の事項について、あらかじめ規則で定めるところにより確認し、当該個人関連情報を当該第三者に提供する必要があります（法31条1項）。

　①当該第三者が個人関連情報取扱事業者から個人関連情報の提供を受けて

133　意見募集結果（通則編）No.295。

134　個人関連情報データベース等（個人関連情報を含む情報の集合物であって、特定の個人関連情報を電子計算機を用いて検索することができるように体系的に構成したものその他特定の個人関連情報を容易に検索することができるように体系的に構成したものとして政令で定めるもの）を事業の用に供している者をいいます（法16条7項、ただし、同条2項各号に掲げる者を除きます）。

本人が識別される個人データとして取得することを認める旨の当該本人の同意が得られていること（同項1号）

②外国にある第三者への提供にあたっては、前号の本人の同意を得ようとする場合において、個人情報保護委員会規則で定めるところにより、あらかじめ、当該外国における個人情報の保護に関する制度、当該第三者が講ずる個人情報の保護のための措置その他当該本人に参考となるべき情報が当該本人に提供されていること（同項2号）

このように、個人関連情報取扱事業者は、個人関連情報を提供する場合、提供先の第三者が当該個人関連情報を個人データとして取得することが想定されるときは、本人の同意が取得されていることの確認が必要となり、さらに、当該第三者が国外に所在する場合には、【34】でみた本人に対する情報提供等の措置が講じられていることを確認することが必要となります。

個人関連情報の第三者提供規制は、個人関連情報取扱事業者による個人関連情報の第三者提供一般（※表の4段目）に適用されるものではなく、提供先の第三者が個人関連情報を**「個人データとして取得することが想定されるとき」**（【47】）に限り（表の3段目）、適用されます。

提供元	提供先	適用されるルール
個人データ	個人データ	個人データの第三者提供規制
個人データ	非個人データ	個人データの第三者提供規制 （※提供元基準）
個人関連情報	**個人データ**	**個人関連情報の第三者提供規制**
個人関連情報	個人関連情報	規制なし

【個人関連情報を個人データとして取得する場合のイメージ】

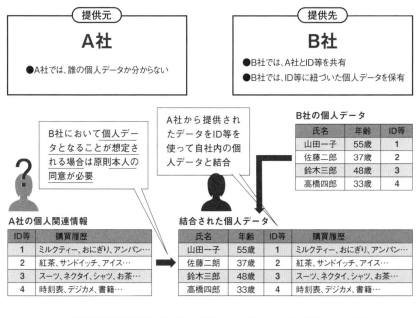

個人情報保護委員会「改正法に関連するガイドライン等の整備に向けた論点について（個人関連情報）」（2021年4月7日）2頁を基に作成

　このため、個人関連情報の提供を行う個人関連情報取扱事業者は、提供先の第三者との間で、提供を行う個人関連情報の項目や、提供先の第三者における個人関連情報の取扱い等を踏まえた上で、それに基づいて法31条1項の適用の有無を判断することが求められます（GL通則編3-7-1）。

3　個人関連情報の第三者提供規制の注意点

　個人関連情報の第三者提供規制の注意点としては、以下の点が挙げられます。

（1）提供先において個人関連情報を個人データとして取得することが想定される場合

　個人関連情報については、第三者提供に関する規制のみが設けられており、それ以外の取得や利用に関する規制はありません。

　また、第三者提供に関する規制も、第三者提供一般を対象とするものではなく、提供先の第三者が個人関連情報を「個人データとして取得することが想定されるとき」に限り、適用されます（GL通則編3－7－1）。

　このため、上記以外の場合には、本人の同意が得られていること等を確認することなく、個人関連情報を提供することができます（Q&A8－3）。

「個人データとして取得する」	・提供先の第三者において、個人データに個人関連情報を付加するなど、個人データとして利用しようとする場合
「想定される」	・「個人データとして取得する」ことを現に想定している場合、または一般人の認識（同種の事業を営む事業者の一般的な判断力・理解力を前提とする認識）を基準として通常想定できる場合

（2）オプトアウトによる提供や委託等

　次に、個人関連情報の第三者提供については、法27条2項や同条5項各号に相当する例外規定はありません。このため、個人関連情報については、オプトアウトにより提供することはできず、また、委託、事業の承継、共同利用を理由として、本人の同意が得られていること等の確認を省略することもできません。すなわち、共同利用や委託、事業の承継に伴い提供する場合でも、提供先の第三者が個人関連情報を「個人データとして取得することが想定される場合」には、所定の確認が必要となります（Q&A8－8）。

（3）散在情報である個人関連情報

　個人関連情報の第三者提供規制の対象となる個人関連情報は、「個人関連情報データベース等を構成するものに限る」とされているため（法31条1項）、個人関連情報データベース等（法16条7項括弧書き）を構成しない個

人関連情報（散在情報である個人関連情報）は対象になりません。

47 個人データとして取得することが想定される場合

1 「個人データとして取得する」とは？

　「個人データとして取得する」とは、提供先の第三者において、個人データに個人関連情報を付加するなど、個人データとして利用しようとする場合をいいます（GL 通則編3-7-1-1）。

　提供先の第三者が、提供を受けた個人関連情報を、ID 等を介して提供先が保有する他の個人データに付加する場合は、「個人データとして取得する」場合にあたります。

　たとえば、最近では、広告主がプラットフォーム上での広告配信を行うため、プラットフォーム提供事業者に対し、広告主が保有する Cookie ID や広告 ID 等の識別子等を提供し、プラットフォーム提供事業者において、自社が保有するデータベースの中から、同じ識別子等を持つユーザーの氏名等の情報と突合をしたうえで、閲覧履歴や購買履歴等を付加し、ユーザーの興味関心に応じた広告が配信されることがあります。この場合は、「個人データとして取得する」にあたります。

　これに対し、提供先の第三者が、個人関連情報を直接個人データに紐付けて利用しない場合は、提供先の第三者が保有する個人データとの容易照合性が排除しきれないとしても、直ちに「個人データとして取得する」にはあたりません（GL 通則編3-7-1-1）。

　提供先において容易照合性の観点から偶然個人データとなってしまうケースを規制の対象から除外するためです。

2 ソーシャルプラグインなどのタグを設置して閲覧履歴等を送信する行為

この「個人データとして取得する」に関連して、たとえばＡ社が自社のウェブサイトにＢ社のソーシャルプラグインなどのタグを設置し、Ｂ社が当該タグを通じてＡ社ウェブサイトを閲覧したユーザーの閲覧履歴を取得している場合、Ａ社はＢ社に対しユーザーの閲覧履歴を提供したことになるか、それともＢ社がユーザーの情報を直接取得しているのかという問題があります。

Q&Aでは、個別の事案ごとに判断することになるという留保の下、Ａ社がＢ社のタグにより収集される閲覧履歴を取り扱っていないのであれば、Ａ社がＢ社に閲覧履歴を提供したことにはならず、Ｂ社が直接にユーザーから閲覧履歴を取得したこととなると考えられ、このため、Ｂ社がそのタグを通じて閲覧履歴を取得することについて、法30条１項は適用されないと整理されています（Q&A8−10）。

タグを設置した事業者が当該情報を取り扱っているかを判断する際には、事業者と送信先の第三者の契約内容やプラグインの内容等を精査する必要があります。

なお、上記事例において、閲覧履歴を個人情報として取得する場合、個人情報取扱事業者であるＢ社は、偽りその他不正の手段によりこれを取得してはならず（法20条１項）、また、個人情報の利用目的を通知または公表する必要があります（法21条１項）。

また、Ａ社においては、電気通信事業法の外部送信規律に留意する必要があります。

3 委託先が委託された業務の範囲内で委託元に当該データを返す行為

委託に伴って委託元が提供した個人データが、委託先にとって個人データに該当せず、個人関連情報に該当する場合において、委託先が委託された業務の範囲内で委託元に当該データを返す行為（いわゆる戻し行為）については、法31条1項は適用されません。

もっとも、委託先が、委託先で独自に取得した個人関連情報を当該データに付加し、その付加後の当該データを委託元に返す場合には、同項が適用されます（Q&A8-9）。

4 「想定される」とは？

個人データとして取得することが「想定される」とは、①提供元の個人関連情報取扱事業者において、提供先の第三者が「個人データとして取得する」ことを現に想定している場合、または、②提供元の個人関連情報取扱事業者において現に想定していない場合であっても、提供先の第三者との取引状況等の客観的事情に照らし、一般人の認識（同種の事業を営む事業者の一般的な判断力・理解力を前提とする認識）を基準に通常想定できる場合をいいます（GL通則編3-7-1-2）。提供元の主観のみによって判断されるわけではありません。

GLでは、「想定される」にあたる例として、以下の例が挙げられています。

> ・提供元の個人関連情報取扱事業者が、顧客情報等の個人データを保有する提供先の第三者に対し、ID等を用いることで個人関連情報を個人データと紐付けて取得することが可能であることを説明している場合

- 提供元の個人関連情報取扱事業者が、提供先の第三者から、個人関連情報を受領した後に個人データと紐付けて取得することを告げられている場合
- 個人関連情報を提供する際、提供先の第三者において当該個人関連情報を氏名等と紐付けて利用することを念頭に、そのために用いる ID 等も併せて提供する場合[135]

5　判断の基準時

個人データとして取得することが「想定される」かは、個人関連情報の**提供時点**を基準に判断することになります。

個人関連情報の提供時点において、提供先の第三者が「個人データとして取得する」ことが想定されないのであれば、本人の同意が得られていること等を確認することなく、個人関連情報を提供することができます。事後的に、提供先の第三者が個人関連情報を個人データとして利用したことが明らかになったとしても、提供元の個人関連情報取扱事業者は、法31条1項に違反することにはなりません（Q&A8－4）。

なお、個人情報取扱事業者である提供先の第三者は、提供元である個人関連情報取扱事業者に対し、当該確認に係る事項を偽ってはならないとされており（法31項3項、法30条2項）、提供元である個人関連情報取扱事業者に個人データとして利用する意図を秘して、本人同意を得ずに個人関連情報を個人データとして取得した場合には、法20条1項に違反することとなるとともに、違反者は10万円以下の過料の対象となります（法185条1号）。

135　その他電気通信 GL 解説では、【「個人データとして取得する」ことを通常想定できる場合】として、「提供元の個人関連情報取扱事業者である電気通信事業者が、高精度または連続した位置情報等を提供する際、提供先の第三者において当該個人関連情報を個人データと紐付けて利用することを念頭に、そのために用いる ID 等も併せて提供する場合」が挙げられています（同解説3－8－1－2(2)）。

6 契約書や誓約書等による対応

　「想定される」の判断において、一般人基準も併用されていることから、提供元としては、提供先での取扱いによって規制を受けることにならないかという懸念が生じます。このため、あらかじめ「個人データとして取得することが想定されるとき」に該当しないように、契約書や誓約書等において対応することが考えられます。

　すなわち、個人関連情報の第三者提供規制は、提供先において、個人データとして取得することが想定されるときに適用されるものであり、個人関連情報を「個人関連情報」として取得する場合には適用されません（【46】の表を参照）。

　そこで、提供元の個人関連情報取扱事業者と提供先の第三者との契約等において、提供先での個人関連情報の取扱いについて合意をすることで、法31条1項が適用されないことを明確にしておくことが考えられます。

　GLでは、提供元の個人関連情報取扱事業者と提供先の第三者との間の契約等において、提供先の第三者が、提供を受けた個人関連情報を個人データとして利用しない旨が定められている場合には、通常、「個人データとして取得する」ことが想定されず、法31条1項は適用されない。この場合、提供元の個人関連情報取扱事業者は、提供先の第三者における個人関連情報の取扱いの確認まで行わなくとも、通常、「個人データとして取得する」ことが想定されないとしています（GL通則編3−7−1−3）。

　また、誓約書についても、個別の事案ごとに判断することとなるものの、提供先の第三者が、提供元の個人関連情報取扱事業者に対して、提供を受けた個人関連情報を個人データとして利用しない旨の誓約書を提出した場合には、通常、提供先の第三者は当該誓約に従って個人関連情報を取り扱うものと考えられるため、原則として、「個人データとして取得する」ことは想定されず、法31条1項は適用されないとされています（Q&A8−6）。

　このため、個人関連情報を提供する可能性がある第三者については、あら

かじめ、契約書や誓約書等によって、個人データとして利用しない旨の表明保証等をとることで、「個人データとして取得する」ことが想定されない状況にしておくことが考えられます。

もっとも、これらの対応をした場合でも、提供先の第三者が個人関連情報を個人データとして利用することが**窺われる事情がある場合**には、当該事情に応じ、別途、提供先の第三者における個人関連情報の取扱いを確認した上で「個人データとして取得する」ことが想定されるかどうか判断する必要があるとされていますので、注意が必要です（GL 通則編3-7-1-3。Q&A 8-5）。

コラム 59 「窺われる事情がある場合」とは？

「窺われる事情がある場合」にあたるかについては、ケースバイケースで判断をすることになります。

Q&A では、個別の事案ごとに判断することになるという留保の下、たとえば、契約に基づき個人関連情報を継続的に提供している場合において、提供先の第三者が契約の定めに反して個人関連情報を個人データとして利用したことが明らかになった場合、提供先の第三者は引き続き個人関連情報を個人データとして利用することが窺われるのであり、その後の個人関連情報の提供については、提供先の第三者における個人関連情報の取扱いを確認した上で、「個人データとして取得する」ことが想定されるかどうかを判断する必要があるとしています（Q&A8-7）。

なお、立法担当者からは、たとえば、提供先である第三者が不特定多数の顧客情報を保有している大規模通販事業者である場合などは、一般人の認識を基準としたときに、提供した個人関連情報が顧客情報と照合された個人データとして取得される蓋然性が高い場合も考えられることから、個人関連情報の第三者提供に係る契約を締結する際に、当該個人関連情報と容易に照合することができる顧客情報等を当該第三者が保有していないことを確認しておくのが望ましいと指摘されています（佐脇66頁）。

48 個人関連情報の提供についての 本人の同意取得とその確認

1 本人の同意

　個人関連情報の第三者提供規制（法31条）が適用される場合、提供元の個人関連情報取扱事業者は、本人の同意が得られていることを確認しなければ、個人関連情報を提供することはできません。

　本人の同意とは、個人関連情報取扱事業者が第三者に個人関連情報を提供し、当該第三者が当該個人関連情報を個人データとして取得することを承諾する旨の本人の意思表示をいいます。

　同意の取得にあたっては、本人が同意に係る判断を行うために必要と考えられる合理的かつ適切な範囲の内容を明確に示した上で、本人の同意の意思が明確に確認できることが必要とされています（GL通則編3-7-2-1）。

　なお、本人の同意は、必ずしも第三者提供のたびに取得しなければならないものではなく、本人が予測できる範囲において、包括的に同意を取得することも可能です。

2 同意を取得する主体

　本人の同意を取得する主体は、本人と接点を持ち、情報を利用する主体となる**提供先の第三者**です。

　もっとも、同等の本人の権利利益の保護が図られることを前提に、本人からの同意取得を提供元の個人関連情報取扱事業者が**代行**することも認められています（GL通則編3-7-2-2）。

　いずれの同意取得の場合も、①個人関連情報の提供を受けて個人データとして取得する主体（「誰が」）、②対象となる個人関連情報の項目（「何を」）、

③個人関連情報の提供を受けて個人データとして取得した後の利用目的等（「どのように」）について、本人が認識できるようにする必要があります。

　提供先の第三者による同意取得の場合、提供先の第三者が、個人関連情報の提供を受けて個人データとして取得する主体として、本人に対して、対象となる個人関連情報を特定できるように示した上で同意を取得しなければなりません。なお、個人関連情報を個人データとして取得した後の利用目的については、提供先の第三者において法21条により通知または公表を行う必要がありますが、提供先において同意を取得する際には、同時に当該利用目的についても本人に示すことが望ましいとされています（GL通則編3-7-2-2（2））。

　これに対し、提供元が提供先の同意取得を代行する場合、本人は利用の主体を認識することができないことから、①については、提供先を個別に明示し、対象となる個人関連情報を特定できるように示す必要があります（②）。また、個人関連情報を個人データとして取得した後の利用目的（③）については、提供先において、法21条により通知または公表を行う必要がある点に注意が必要です（GL通則編3-7-2-2（2））。

　なお、提供元の個人関連情報取扱事業者が同意取得を代行する場合であっても、提供先の第三者が同意取得の主体であることに変わりはないことから、提供先の第三者は、提供元の個人関連情報取扱事業者に適切に同意取得させなければならない点にも注意してください。

3　同意を取得する方法

　同意の取得方法としては、本人から同意する旨を示した書面や電子メールを受領する方法、確認欄へのチェックを求めるなどの方法が挙げられます。
　ウェブサイト上で同意を取得する場合については、単にウェブサイト上に本人に示すべき事項を記載するだけでは足りません。あくまで本人の同意（意思表示）が必要ですので、それらの事項を示した上でウェブサイト上の

ボタンのクリックを求める方法等による必要があります（GL 通則編3−7−2−3）。

　たとえば、Cookie 等の端末識別子を通じて収集されたウェブサイトの閲覧履歴と分析結果について、広告配信に利用するなどと記載（説明）をしたうえで、同意ボタンをクリックさせる、あるいは同意欄にチェックをさせるなどの方法が考えられます。

4　本人の同意が得られていることの確認

　本人から同意を得る主体は、原則として提供先の第三者です。このため、個人関連情報取扱事業者は、提供先の第三者から申告を受ける方法その他の適切な方法によって本人の同意が得られていることを確認することになります（GL 通則編3−7−3−1）。

　提供先の第三者から口頭で申告を受ける方法、提供先の第三者が本人の同意を得ていることを誓約する書面を受け入れる方法、提供先の第三者が取得した本人の同意を示す書面等を確認する方法、提供元の個人関連情報取扱事業者において同意取得を代行して、当該同意を自ら確認する方法などにより確認します。

　提供先の第三者から申告を受ける場合、個人関連情報取扱事業者は、その申告内容を一般的な注意力をもって確認すれば足り、特段の事情がない限り、真正性や正確性まで提供元が独自に調査する必要はないとされています。

　また、提供先の第三者において、複数の本人から同一の方式で同意を取得している場合、提供元はそれぞれの本人から同意が取得されていることを確認する必要がありますが、同意取得の方法については、本人ごとに個別の申告を受ける必要はなく、複数の本人からどのように同意を取得したか申告を受け、それによって確認を行えば足ります（Q&A8−11）。

5 外国にある第三者に提供する場合

　個人関連情報の提供先が外国にある第三者である場合には、本人の同意が得られていることを確認するにあたって、同意が得られていることに加え、同意を得ようとする時点において、次の①から③までの情報が本人に提供されていることを確認する必要があります（法31条１項２号）。確認は書面の提示その他の適切な方法により行います（規則17条２項）。

①当該外国の名称
②適切かつ合理的な方法により得られた当該外国における個人情報の保護に関する制度に関する情報
③当該第三者が講ずる個人情報の保護のための措置に関する情報

　越境移転規制の場合（【33】）と同様に、個人関連情報の提供先が、認定国に所在する場合や、基準適合体制を整備している場合については、法31条１項２号の「外国」と「第三者」から除外され、同号は適用されず、本人同意の取得時に上記の①から③までの情報が提供されていることを確認する必要はありません（GL 通則編3－7－3－2）。

　もっとも、基準適合体制の整備を理由とする場合、個人関連情報取扱事業者は、法31条２項により読み替えて準用される法28条３項に基づき、以下の（ア）及び（イ）の措置を講じなければならない点に注意が必要です。

（ア）当該第三者による相当措置の実施状況ならびに当該相当措置の実施に影響を及ぼすおそれのある当該外国の制度の有無およびその内容を適切かつ合理的な方法により、定期的に確認すること（規則18条１項１号）

（イ）当該第三者による相当措置の実施に支障が生じたときは、必要かつ適切な措置を講ずるとともに、当該相当措置の継続的な実施の確保が困難となったときは、個人関連情報の当該第三者への提供を停止すること（同項2号）。

　なお、個人関連情報の提供先が外国にある第三者である場合の、提供先の第三者からの本人への情報提供の確認については、情報提供が行われていることを示す書面の提示を受ける方法その他の適切な方法により行うものとされています（規則26条2項）。

　書面の提示を受ける方法としては、提供先の第三者が本人に対して情報提供を行う際に使用している書面の提示を受ける方法、提供先の第三者が本人に対してホームページ上で情報提供を行っている場合、当該ホームページの写しの提示を受ける方法などが挙げられています。「その他の適切な方法」としては、当該ホームページの記載内容を確認する方法や、提供元の個人情報取扱事業者において同意取得を代行している場合、同意取得にあたって必要な情報が提供されていることを自ら確認する方法などが挙げられています（GL通則編3-7-3-2）。

6　同一人物に対する確認の省略

　複数回にわたって同一本人の個人関連情報を提供する場合において、同一の内容である事項を重複して確認する合理性はないため、すでに適法に同意を確認し、かつ、記録した本人への確認については、省略することができます（GL通則編3-7-3-3）。

　たとえば、提供先の第三者が、ID及びウェブサイトの閲覧履歴の取得につき包括的に本人の同意を得ていることを確認し、当該本人のID及びこれに紐付くウェブサイトの閲覧履歴を提供し、その記録を作成した後、当該第三者に対し、同一本人のウェブサイトの閲覧履歴（前回提供後に取得された

もの）を提供する場合については、提供元の個人関連情報取扱事業者は、本人の同意が得られていることの確認を省略することができます。

　これに対し、同一本人のIDに紐づくものであっても、たとえば、商品購買履歴を提供する場合については、既に確認した「本人の同意」の範囲に含まれていない（内容が異なる）ため、商品購買履歴を提供するにあたっては、商品購買履歴の取得につき本人の同意が得られていることを確認する必要があります（Q&A8-12）

7　提供元における記録義務

　個人関連情報取扱事業者は、法31条1項の規定による確認を行った場合、以下の事項に関する記録を作成する必要があります（法31条3項、法30条3項）。

①本人の同意が得られていることを確認した旨及び外国にある第三者への提供にあっては、本人に参考となるべき情報の提供が行われていることを確認した旨
②個人関連情報を提供した年月日
③当該第三者の氏名または名称及び住所並びに法人にあっては、その代表者の氏名
④当該個人関連情報の項目

	提供年月日	第三者の氏名等	本人の氏名等	個人関連情報の項目	本人の同意等
個人関連情報の第三者提供	○	○		○	○

　①については、確認した旨を確認の方法を含め記載する必要があります。提供元において同意取得を代行した場合、それぞれの事項を提供元の個人関

連情報取扱事業者が自ら確認した旨を記載する必要があります。また、④は、当該記載からどのような個人関連情報が提供されているか分かる程度に具体的に記載する必要があるため、「当社が有するいずれかの情報」等の記載では不十分であり、「ウェブサイトの閲覧履歴」、「商品購入履歴」、「年齢、性別」など記載する必要がある点に注意してください（GL 通則編3−7−4−3−1）。

　記録の作成については、個人関連情報の提供の都度、記録を作成する方法のほか、特定の事業者に対し継続的に、または反復して個人関連情報を提供する場合には、一括して記録を作成すること（規則27条2項、GL 通則編3−7−4−2−2）や、契約書等の代替手段による方法（規則27条3項、GL 通則編3−7−4−2−3（3））、記録事項の省略（規則28条2項、GL 通則編3−7−4−3−2）も認められています。

　そのうえで、個人関連情報取扱事業者は、作成した記録を、以下の類型に応じて、規則で定める期間、保存する必要があります。

記録の作成方法の別	保存期間
契約書等の代替手段による方法により記録を作成した場合	最後に当該記録に係る個人関連情報の提供を行った日から起算して1年を経過する日までの間
一括して記録を作成する方法により記録を作成した場合	最後に当該記録に係る個人関連情報の提供を行った日から起算して3年を経過する日までの間
上記以外の場合	3年

（GL 通則編3−7−4−4）

8　提供先の第三者における確認義務・記録義務

　提供先の第三者は、個人関連情報の提供を受けて個人データとして取得する場合、法30条1項の確認義務及び法30条3項の記録義務の適用を受けます。

これらの確認・記録義務の履行の方法は、個人データの第三者提供を受ける場合と基本的に同様ですが[136]、記録事項については、個人データの第三者提供を受ける場合と異なり、以下の項目を記録しなければなりません（規則24条1項3号）。

①本人の同意が得られている旨及び外国にある個人情報取扱事業者にあっては、本人に参考となるべき情報の提供が行われている旨
②提供元の個人関連情報取扱事業者の氏名または名称及び住所並びに法人にあっては、その代表者の氏名
③当該個人データによって識別される本人の氏名その他の当該本人を特定するに足りる事項
④当該個人関連情報の項目

	提供を受けた年月日	第三者の氏名等	取得の経緯	本人の氏名等	個人関連情報の項目	委員会による公表	本人の同意等
個人関連情報の提供を受けて個人データとして取得した場合		○		○	○		○

そのうえで、作成した記録を、以下の類型に応じて、規則で定める期間、保存する必要があります。

136　なお、「当該第三者による当該個人データの取得の経緯」（法30条1項2号）については、提供元の個人関連情報取扱事業者において、提供する個人関連情報を個人データとして取得していないことから、提供先の個人情報取扱事業者における確認の対象となりません（GL通則編3−7−5−1）。

記録の作成方法の別	保存期間
契約書等の代替手段による方法により記録を作成した場合	• 最後に当該記録に係る提供を受けて個人データとして取得した日から起算して1年を経過する日までの間
一括して記録を作成する方法により記録を作成した場合	• 最後に当該記録に係る提供を受けて個人データとして取得した日から起算して3年を経過する日までの間
上記以外の場合	3年

（GL 通則編3−7−6−4）

コラム 60　エンジニアなど社内の人への尋ね方

　個人関連情報の第三者提供規制が導入されたことを受け、自社のウェブサイトや提供するアプリケーション等を含め、自社から第三者に対し、個人に関するデータが外部に送信されたり、移送されていることはないか、反対に第三者から提供を受けていることはないかを確認する必要があります。

　確認の際、実務担当者としては、社内のエンジニア等にヒアリングをする場合も多いと思いますが、「個人関連情報を第三者に提供している事実はありますか」と聞いても、個人情報保護法に詳しいエンジニアの方を除き、想定しているような答えは返ってこないことが多いと思います。

　実際には様々な態様において各種データが外部送信・移送されていることがあるため、アプリケーションが自動的にファイル等を転送する機能を実装していたり、またはプラグインを導入していないか、あるいは、たとえば、自社が運営する EC サイト等で取得した Cookie 等を第三者に利用させていないかなど、様々な角度からヒアリングを行い、外部送信・移送されているデータはあるのか、「個人関連情報」にあたるのか、提供行為はあるか、送信・移送先の第三者が「個人データとして取得することが想定される」かなどを、1つ1つ確認していくことが求められます。

　そして、提供先の第三者において「個人データとして取得することが想定されるとき」には、本人の同意が得られているかなどの確認を行うとともに、提供元においても記録義務を果たすことが求められます。

第 **3** 部

個人情報を加工する場合や
学術研究機関等の特例など

第3部では、**匿名加工情報、仮名加工情報、学術研究機関等の特例**について、GL の内容を説明します。そのうえで、**個人情報保護法とプライバシーとの関係**、そして、**特定分野ガイドラインの概要と金融分野ガイドラインの主な特徴**について、説明していきます。

　仮名加工情報については、AI の学習用データとして利用する場合など、活用されることも増えてきており、実務的な関心も高いテーマですので、少し詳しく説明しています。

	個人情報※1	仮名加工情報※2	匿名加工情報※2
適正な加工	－	容易照合性の余地を残す加工	本人か一切分からない程度まで加工
利用目的の制限等	○	○ （但し利用目的の変更は可能）	×
消去の努力義務	○	○	×
安全管理措置	○	○	○
漏えい等の報告等	○	×	×
第三者提供時の同意取得	○	－ （原則第三者提供禁止）	×
開示等の請求対応	○	×	×
識別行為の禁止	－	○	○

※1　個人データ、保有個人データに係る規定を含みます。
※2　仮名加工情報データベース等、匿名加工情報データベース等を構成するものに限ります。

49 匿名加工情報

1 匿名加工情報

匿名加工情報とは、個人情報を以下の区分に応じて定められた措置を講じて特定の個人を識別することができないように加工して得られる個人に関する情報であって、当該個人情報を復元することができないようにしたものをいいます（法2条6項）。

法2条1項1号の個人情報（個人識別性を理由に個人情報とされるもの）	• 当該個人情報に含まれる特定の個人を識別することができる記述等の一部を削除すること
法2条1項2号の個人情報（個人識別符号）	• 当該個人情報に含まれる個人識別符号の全部を削除すること

匿名加工情報は、パーソナルデータの保護を図りつつ、自由な利活用を促進する環境整備のため、平成27年の改正により、新たなカテゴリーとして導入されました。

匿名加工情報が導入されたことに伴い、「匿名加工情報データベース等」及び「匿名加工情報取扱事業者」という概念も併せて導入されていますが、基本的な考え方は、「個人情報データベース等」及び「個人情報取扱事業者」と同じです。

2 匿名加工情報のポイント

匿名加工情報のポイントは、**非識別化**（特定の個人を識別することができないように加工すること）と**非復元化**（当該情報を復元して特定の個人を再識別することができないようにすること）を前提に、**本人の同意を得ること**

なく目的外利用や第三者提供ができる点です。

【24】で説明をしたとおり、提供元において個人データに該当するのであれば、提供先において個人データに該当しない場合であっても、当該提供は個人データの第三者提供にあたり、第三者提供規制の適用を受けます（いわゆる**提供元基準**）。

　これに対し、匿名加工情報制度は、規則で定める基準に従って個人情報から匿名加工情報を作成し、安全管理措置等のルールを遵守することを前提に、匿名加工情報の目的外利用や第三者提供を認めるものです。

　なお、非識別化及び非復元化は、あらゆる手法によって特定や復元をすることができないように技術的側面から全ての可能性を排除することまでを求めるものではありません。一般人及び一般的な事業者の能力、手法等を基準として、当該情報を個人情報取扱事業者または匿名加工情報取扱事業者が通常の方法により特定・復元できないような状態にすれば足ります（GL 加工情報編3-1-1）。

3　匿名加工情報の加工基準

（1）加工基準の具体的な内容

　匿名加工情報を作成するときは、特定の個人を識別できないように、かつ、その作成に用いる個人情報を復元できないようにするために、規則34条各号に定める基準に従って、当該個人情報を加工する必要があります。

　識別性を失わせるための加工（同条1号・2号）と、復元可能性を排除するための措置（同条3号から5号）が必要となります。

①個人情報に含まれる特定の個人を識別することができる記述等の全部または一部を削除すること
②個人情報に含まれる個人識別符号の全部を削除すること

③個人情報と当該個人情報に措置を講じて得られる情報とを連結する符号（現に個人情報取扱事業者において取り扱う情報を相互に連結する符号に限る）を削除すること

④特異な記述等を削除すること

⑤前各号に掲げる措置のほか、個人情報に含まれる記述等と当該個人情報を含む個人情報データベース等[137]を構成する他の個人情報に含まれる記述等との差異その他の当該個人情報データベース等の性質を勘案し、その結果を踏まえて適切な措置を講ずること

　該当する情報がない場合は、当該措置を講ずる必要はありませんが、該当する情報がある限り各号に定める措置を選択的に講ずれば良いものではなく、各号全ての措置を講じる必要があります。

　上記加工基準に従って加工する限り、要配慮個人情報を含む個人情報を加工して匿名加工情報を作成することも可能です（Q&A15-10）。また、匿名加工情報への加工を行うこと自体を利用目的とする必要もありません（Q&A15-7）。

　もっとも、匿名加工情報を作成するためには、匿名加工情報作成の意図を持って、上記基準に従い加工する必要があります。このため、上記加工基準に基づかずに、個人情報を安全管理措置の一環等としてマスキング等によって匿名化した場合については、匿名加工情報としては扱われません。客観的に匿名加工情報の加工基準に沿った加工がされている場合であっても、引き続き個人情報の取扱いに係る規律が適用されるものとして取り扱う意図で加工された個人に関する情報については、匿名加工情報の取扱いに係る規律は適用されません（Q&A15-6）。匿名化された情報と、匿名加工情報とは、別のものとして扱われますので、注意してください（GL加工情報編3-2-

---

137　ここでの「当該個人情報を含む個人情報データベース等」とは、当該個人情報取扱事業者が匿名加工情報を作成する際に加工対象とする個人情報データベース等が想定されています。すなわち、加工対象とならない個人情報を含む全ての個人情報データベース等の性質を勘案することを求めるものではありません（Q&A15-12）。

2※2）。

（2）加工時の注意点

「削除すること」には、「当該一部の記述等」または「当該個人識別符号」を他の記述等に置き換えることも含まれますが、他の記述等に置き換える場合には、元の記述等を復元できる規則性を有しない方法による必要があります（GL加工情報編3−1−1）。

このため、コラム04でも説明したとおり、たとえば、ハッシュ関数等を用いて氏名・住所・連絡先・クレジットカード番号のように個々人に固有の記述等から仮IDを生成し、仮IDに置き換える場合、元の記述に同じ関数を単純に用いると元となる記述等を復元することができる規則性を有することとなる可能性がある場合には、元の記述（例えば、氏名＋連絡先）に乱数等の他の記述を加えた上でハッシュ関数等を用いるなどの手法を検討する必要があります（GL加工情報編3−2−2−1※）。

また、乱数等の他の記述等を加えた上でハッシュ関数等を用いるなどの手法を用いた場合、匿名加工情報の作成後に、仮IDへの置き換えに用いたハッシュ関数等と乱数等の他の記述等の組み合わせを保有し続けることも認められませんので注意してください（GL加工情報編3−2−3−1※、【50】も参照）。

実際に匿名加工情報を作成する際には、「事務局レポート」や「匿名加工情報制度について」（個人情報保護委員会ウェブサイト）に掲載されている事例集等を参照することが有益です。

50 匿名加工情報に関する義務

1 匿名加工情報に関する義務の注意点

匿名加工情報は、本人の同意を得ることなく、目的外利用や第三者提供をすることができますが、その取扱いについては、以下のとおり、作成者及び受領者（作成者以外の匿名加工情報取扱事業者）に対し、一定の義務が課されます。

なお、以下の義務は、匿名加工情報データベース等を構成する匿名加工情報に限り課されます（法43条1項括弧書き）。別の言い方をすると、データベース化されていない（散在情報である）匿名加工情報については、適用されません（GL加工情報編3-2-2※1）。

2 匿名加工情報を作成する個人情報取扱事業者の義務

匿名加工情報を作成する個人情報取扱事業者に対しては、以下の①から⑥の義務が課されます。

① 適正な加工（法43条1項）	• 匿名加工情報を作成するときは、適正な加工を行わなければならない。
② 加工方法等の安全管理措置（法43条2項）	• 匿名加工情報を作成したときは、加工方法等の情報の安全管理措置を講じなければならない（措置の具体例については、GL加工情報編3-2-3-1別表3を参照）。
③ 作成時の公表（法43条3項）	• 匿名加工情報を作成したときは、当該情報に含まれる情報の項目を公表しなければならない。
④ 匿名加工情報の第三者提供（法43条第4項）	• 匿名加工情報を第三者提供するときは、あらかじめ提供する情報の項目及び提供方法について公表するとともに、提供先に当該情報が匿名加工情報である旨を明示しなければならない。

⑤ 識別行為の禁止 （法43条第5項）	・匿名加工情報を自ら利用するときは、元の個人情報に係る本人を識別する目的で他の情報と照合することを行ってはならない（識別行為の該当例については、GL加工情報編3-2-6を参照）。
⑥ 匿名加工情報等の安全管理措置等（法43条6項）	・匿名加工情報を作成したときは、匿名加工情報の適正な取扱いを確保するため、安全管理措置、苦情の処理などの措置を自主的に講じて、その内容を公表するよう努めなければならない。

3 匿名加工情報データベース等を事業の用に供している 匿名加工情報取扱事業者が遵守する義務等

　次に、匿名加工情報データベース等を事業の用に供している匿名加工情報取扱事業者については、以下の義務が課されます。

⑦ 匿名加工情報の第三者提供 （法44条）	・匿名加工情報を第三者提供するときは、提供する情報の項目及び提供方法について公表するとともに、提供先に当該情報が匿名加工情報である旨を明示しなければならない。
⑧ 識別行為の禁止（法45条）	・匿名加工情報を利用するときは、元の個人情報に係る本人を識別する目的で、加工方法等の情報を取得し、または他の情報と照合することを行ってはならない。
⑨ 匿名加工情報等の安全管理措置等（法46条）	・匿名加工情報の適正な取扱いを確保するため、安全管理措置、苦情の処理などの措置を自主的に講じて、その内容を公表するよう努めなければならない。

　個人情報取扱事業者が自ら個人情報を加工して作成した匿名加工情報については、前記⑦から⑨が適用対象から除外されており、前記④から⑥までの規定が適用されます（GL加工情報編3-2-1※）。

　また、⑧については、匿名加工方法に関する情報を取得することも禁止されている点が作成者の識別行為の禁止（前記⑤）と異なります（偶然の識別

については、Q&A15-29)。

識別行為の禁止（前記⑤・⑧）は、事前に従業員に対し周知しておかないと、従業員が識別行為に及んでしまう可能性もあるため、注意が必要です。

4　実務上の注意点

（1）「公表」について

匿名加工情報に含まれる個人に関する情報の項目の公表は、「作成したとき」または「提供したとき」に行うことが求められ、実際に匿名加工情報に含まれる個人に関する情報の項目が分かるようにする必要があります。このため、事前にプライバシーポリシーに「取得した個人情報から匿名加工情報を作成することがあります」といった趣旨の包括的な記載を掲載するだけでは当該義務を履行したものとはされません（Q&A15-20)。

これに対し、個人に関する情報の項目が同じである匿名加工情報を同じ手法により反復・継続的に作成する場合や、反復・継続的に第三者へ同じ方法により提供する場合については、最初に公表をする際に、継続的に作成・提供されることとなる旨を明らかにしておくことで、その後の公表については、先の公表により行われたものとすることが認められています（GL加工情報編3-2-4、3-2-5)。

また、前記③について、他の個人情報取扱事業者との委託契約により個人データの提供を受けて匿名加工情報を作成する場合など、委託により匿名加工情報を作成する場合については、委託元において当該匿名加工情報に含まれる個人に関する情報の項目を公表する必要がある点に注意してください（法43条3項、規則36条2項)。

（2）対応表等の取扱いの厳格化

匿名加工情報を作成する際の対応表（仮ID表）等の取扱いについては、令和2年の個人情報保護法改正を受け、GL等の内容が変更されています。

令和2年の改正前は、匿名加工情報を作成した後、作成元の個人データに加え、匿名加工情報を作成するためのアルゴリズムや氏名と仮ID表の対応表（加工方法等情報。規則35条1号）を削除しないことが認められ、加工方法等情報として安全管理措置を講ずる必要があるとされていました。

　これに対し、令和2年改正に伴うGLの改正により、対応表や氏名等と仮IDへの置き換えに用いたアルゴリズムと乱数等のパラメータの組み合わせについては、匿名加工情報の作成後は、廃棄しなければならず、保有することが禁じられています（GL加工情報編3-2-3-1※）。

　すなわち、匿名加工情報の作成の過程において、氏名等を仮IDに置き換えた場合における氏名と仮IDの対応表は、匿名加工情報と容易に照合することができ、それにより匿名加工情報の作成の元となった個人情報の本人を識別することができるものであることから、匿名加工情報の作成後は破棄する必要があります。また、匿名加工情報を作成した個人情報取扱事業者が、氏名等を仮IDに置き換えるために用いた置き換えアルゴリズムと乱数等のパラメータの組み合わせを保有している場合には、当該置き換えアルゴリズム及び当該乱数等のパラメータを用いて再度同じ置き換えを行うことによって、匿名加工情報とその作成の元となった個人情報とを容易に照合でき、それにより匿名加工情報の作成の元となった個人情報の本人を識別することができることから、匿名加工情報の作成後は、当該パラメータを破棄する必要があります（Q&A15-14）。

　このように、対応表等の取扱いについては、令和2年改正を契機にGL等の内容が変更されていますので、注意してください。

51 仮名加工情報

1 仮名加工情報

　仮名加工情報とは、個人情報を、その区分に応じて次に掲げる措置を講じて、他の情報と照合しない限り特定の個人を識別することができないように加工して得られる個人に関する情報をいいます（法2条5項）。

　別の言い方をすると、仮名加工情報は、情報それ自体から個人識別性のみを排した、容易照合性の余地を残した情報といえます。

法2条1項1号に該当する個人情報（個人識別性を理由に個人情報とされるもの）	• 当該個人情報に含まれる記述等の一部を削除すること
法2条1項2号に該当する個人情報（個人識別符号）	• 当該個人情報に含まれる個人識別符号の全部を削除すること（この措置を講じた上で、まだなお法第2条1項1号に該当する個人情報であった場合には、同号に該当する個人情報としての加工を行う必要がある）

※「削除すること」に、「復元することのできる規則性を有しない方法により他の記述等に置き換えることを含む」こと（GL加工情報編2-1-1）は、匿名加工情報の場合と同じです。

　事業者の中には、以前から、事業者内部で個人情報を取り扱うにあたり、安全管理措置等の一環として、氏名等の記述を削除したり他の記述に置き換えたりすることで、加工後のデータそれ自体からは、特定の個人を識別できないようにしたうえで、情報の利活用が行う例が見られました。

　このような背景を踏まえ、令和2年改正により、個人情報と匿名加工情報の中間的な概念として仮名加工情報が新たに導入されました。

2 仮名加工情報のポイント

仮名加工情報のポイントは、本人を識別しない、内部での分析・利用であることを条件に、**①利用目的の変更の制限を受けないこと**（新たな目的での利用が可能なこと）、**②漏えい等の報告義務等の適用もないこと**、**③開示や利用停止等の請求の対象外とされていること**の3つです（法41条9項）。

このため、過去に取得し、集積している個人情報について、仮名加工情報とすることで、たとえば、AIの学習用データとして利用するなど、取得時に想定していなかった利用目的（新たな利用目的）で利用することができます。

また、漏えい等の報告義務等や開示等の請求等の対象外とされているため、たとえば、既に顧客ではなくなった人の個人情報について、仮名加工情報としたうえで、社内分析等に用いれば、漏えい等のリスクや開示等の請求等を受けるリスクを負うことなく、利活用することができます。

なお、この後に説明をするとおり、仮名加工情報には、**個人情報である仮名加工情報**と**個人情報ではない仮名加工情報の2種類がある**点にも注意する必要があります。

3 個人情報である仮名加工情報と個人情報ではない仮名加工情報

仮名加工情報は、容易照合性の余地を残す程度の加工で足りるため、加工後の情報とそれ以外の他の情報を照合することによって特定の個人を識別することができる状態にあることを否定するものではありません（GL加工編2−1−1）。

このため、仮名加工情報取扱事業者が、仮名加工情報の作成の元となった個人情報やその仮名加工情報に関する「削除情報等」[138]を保有しているなど

138　仮名加工情報の作成に用いられた個人情報から削除された記述等及び個人識別符号並びに法41条1項により行われた加工の方法に関する情報をいいいます（GL加工情報編2−2−1※1）。

の理由で、当該仮名加工情報が「他の情報と容易に照合することができ、それにより特定の個人を識別することができる」状態にある場合、その仮名加工情報は個人情報にあたります。

その一方で、仮名加工情報については、第三者提供は禁止されるものの、委託や共同利用等は認められています（法41条6項、27条5項各号）。このため、委託や共同利用で提供した場合など、当該仮名加工情報の作成の元となった個人情報や当該仮名加工情報に係る削除情報等を保有していない場合においては、当該提供先では、容易照合性が認められず、個人情報には該当しないことも考えられます。

このため、仮名加工情報には、「個人情報である仮名加工情報」と、「個人情報ではない仮名加工情報」の2種類が存在することになり、個人情報保護法は、それぞれについてルールを定めています（【53】）。

4　仮名加工情報取扱事業者

仮名加工情報が導入されたことにともない、「仮名加工情報取扱事業者」（法16条5項）という概念も導入されていますが、基本的な考え方は、個人情報取扱事業者と同じです。

また、【53】でみる仮名加工情報の取扱いに係る義務（法41条及び法42条）は、匿名加工情報の場合と同様、仮名加工情報データベース等を構成する仮名加工情報に適用されます。仮名加工情報データベース等を構成しない仮名加工情報には、これらの義務は適用されません（GL加工情報編2－2－2－1※1。ただし、個人情報に該当する場合には、個人情報に関する義務規定（法17条から21条、40条）の対象になります）。

仮名加工情報に関するルールは、複雑な面があることは否めませんが、実務的な関心も高いテーマですので、少し詳しくみていくことにします。

コラム 61　仮名加工情報のユースケース

　個人情報保護委員会事務局は、仮名加工情報と匿名加工情報の取扱いに関するレポート（事務局レポート）を公表しており、それぞれについてユースケースを紹介したうえで、具体的な加工の方法・手順や注意点等を説明しています。

　事務局レポート事例編では、仮名加工情報について、事業者が持つデータベースに含まれる個人情報を仮名加工情報に加工し利用目的を変更する事例（事例1）と、事業者が持つ複数のデータベースに含まれる個人情報からそれぞれ仮名加工情報を作成し利用目的を変更した上で同一の個人ごとに突合して利用する事例（事例2）の2つが紹介されています。

　いずれも特定した利用目的の範囲を超える個人情報の利用のため、本来であれば、本人の同意を得て利用目的の変更をしなければならないところ、仮名加工情報を作成することで、本人の同意を得ることなく実現する具体例を示しており、実務上、参考になります。

52 仮名加工情報を作成する個人情報取扱事業者の義務等

　仮名加工情報を作成する個人情報取扱事業者の義務等は、適正な加工と削除情報等の安全管理措置の2つです。

1　適正な加工

　仮名加工情報を作成する場合、個人情報取扱事業者は、他の情報と照合しない限り特定の個人を識別することができないようにするために、規則31条各号に定める基準に従って、個人情報を加工する必要があります（法41条1項）。

①個人情報に含まれる特定の個人を識別することができる記述等の全部または一部を削除すること（当該全部または一部の記述等を復元することのできる規則性を有しない方法により他の記述等に置き換えることを含む）。
②個人情報に含まれる個人識別符号の全部を削除すること。
③個人情報に含まれる不正に利用されることにより財産的被害が生じるおそれがある記述等を削除すること。

①と②は、個人識別性を失わせるための措置で、匿名加工情報の作成方法に関する基準を定めた規則34条１号及び２号と同じ内容です。なお、他の記述等への置き換えとして、仮IDを付す場合は、元の記述を復元することのできる規則性を有しない方法による必要があります（GL加工情報編2－2－2－1－1※1）。

また、③の「不正に利用されることにより財産的被害が生じるおそれがある記述等」とは、たとえば、クレジットカード番号や送金や決済機能のあるウェブサービスのログインID・パスワードなどです（GL加工情報編2－2－2－1－3）。口座番号やクレジットカード番号の下４桁は、それ自体が不正に利用されることにより、直ちに財産的被害が生じるおそれがあるとはいえないため、③にはあたりませんが、その部分を何らかの分析等に利用する必要性がないのであれば、削除等することが望ましいとされています（Q&A14－8）。

匿名加工情報の加工基準と異なり、仮名加工情報については、情報を相互に連結する符号や、特異な記述等の削除は求められておらず、個人情報データベース等の性質を踏まえた措置も求められません（後述する比較表を参照）。

加工基準に従って加工する限り、要配慮個人情報を含む個人情報を加工して仮名加工情報を作成することも可能です（Q&A14－6）。また、仮名加工情報への加工を行うこと自体を、加工前の個人情報の利用目的として特定する必要もありません（Q&A14－9）。

なお、匿名加工情報の場合と同様に、安全管理措置の一環等として氏名等

の一部の個人情報を削除（または他の記述等に置き換え）した上で、引き続き個人情報として取り扱う場合や、あるいは匿名加工情報または統計情報を作成するために個人情報を加工する場合等については、仮名加工情報を「作成するとき」にはあたりません（GL加工編2－2－2－1※2）。

　安全管理措置の一環等としての仮名化処理と、仮名加工情報の作成とは、仮名加工情報作成の意図の有無により判断されます（Q&A14－4）。

　すなわち、仮名加工情報とするためには、適切な加工基準（法41条1項・規則31条）に従い、仮名加工情報を作成する意図をもって加工する必要があります。客観的に仮名加工情報の加工基準に従った加工がされている場合であっても、引き続き、個人情報の取扱いに係る規律が適用されるものとして取り扱う意図で加工された個人に関する情報については、仮名加工情報の取扱いに関する規律は適用されません。

　既に仮名化された個人情報について、客観的に加工基準を満たす加工がなされている場合、更なる加工を行うことなく仮名加工情報として取り扱うことが可能ですが、この場合には、当該個人情報を仮名加工情報として取り扱うこととした時点から、仮名加工情報の取扱いに係る規律が適用されることになります（Q&A14－5）。

　仮名加工情報の加工のイメージとしては、たとえば、以下の例が挙げられます。

　アパレル事業を営む X 社において、下記表の個人情報（購買記録）を有しているとします。

氏名	年齢	年月日	金額	クレカ番号	店舗	購入品
甲野一郎	29歳	22/2/15	38,500	487242	六本木	ネクタイ
乙野太郎	32歳	22/2/20	198,000	858410	銀座	ジャケット
丙山花子	25歳	22/2/23	67,200	048271	表参道	ニット
丁川三郎	28歳	22/2/27	43,000	163849	新宿	シャツ

　この場合、個人識別符号は含まれていないため、先ほど説明した加工基準によれば、たとえば、氏名を仮 ID に置換し（前記①）、クレジットカード番号を削除すれば（前記③）、その他の項目はそのまま仮名加工情報として利用することができます。

氏名	年齢	年月日	金額		店舗	購入品
A0010	29歳	22/2/15	38,500		六本木	ネクタイ
B0008	32歳	22/2/20	198,000		銀座	ジャケット
C0040	25歳	22/2/23	67,200		表参道	ニット
D0022	28歳	22/2/27	43,000		新宿	シャツ

　このように、仮名加工情報は、統計情報や匿名加工情報と比較して、個人ごとの特徴を詳細に残した簡便な加工で足りるため、データとしての有用性を保ったまま、分析等を行うことが可能です。

2　削除情報等の安全管理措置

　個人情報取扱事業者は、仮名加工情報を作成したとき、または仮名加工情報及び当該仮名加工情報に係る削除情報等を取得したときは、削除情報等の漏えいを防止するために、規則で定める基準に従い、必要な措置（安全管理

措置）を講じる必要があります（法41条2項）。

　削除情報等とは、仮名加工情報の作成に用いられた個人情報から削除された記述等及び個人識別符号並びに法41条第1項により行われた加工の方法に関する情報をいいます（GL加工情報編2-2-1）。たとえば、氏名を仮IDに置き換えた場合の置き換えアルゴリズムに用いられる乱数等のパラメータや氏名と仮IDの対応表などがこれにあたります（GL加工情報編2-2-2-2※1）。

　安全管理措置が必要となる削除情報等に該当する加工の方法に関する情報とは、その情報を用いることによって元の個人情報を復元することができるものをいいます（Q&A14-10）。このため、例えば、住所を都道府県レベルに加工したことや、年齢を10歳刻みにしたことといった情報などについては、元の個人情報を復元できるものではなく、削除情報等には該当しません（Q&A14-11）。

　安全管理措置の内容は、対象となる削除情報等が漏えいした場合における個人の権利利益の侵害リスクの大きさを考慮し、削除情報等の量、性質等に応じた内容とする必要があります。GL加工情報編2-2-2-2別表1では、規則32条の基準を踏まえ、削除情報等の安全管理で求められる措置の具体例として、以下の例が挙げられています。

講じなければならない措置	具体例
① 削除情報等（加工の方法に関する情報にあっては、その情報を用いて仮名加工情報の作成に用いられた個人情報を復元することができるものに限る）を取り扱う者の権限及び責任の明確化（規則32条1号）	• 削除情報等の安全管理措置を講ずるための組織体制の整備
② 削除情報等の取扱いに関する規程類の整備及び当該規程類に従った削除情報等の適切な取扱い並びに削除情報等の取扱状況の評価及びその結果に基づき改善を図るために必要な措置の実施（規則32条2号）	• 削除情報等の取扱いに係る規程等の整備とこれに従った運用 • 従業者の教育 • 削除情報等の取扱状況を確認する手段の整備 • 削除情報等の取扱状況の把握、安全管理措置の評価、見直し及び改善
③ 削除情報等を取り扱う正当な権限を有しない者による削除情報等の取扱いを防止するために必要かつ適切な措置の実施（規則32条3号）	• 削除情報等を取り扱う権限を有しない者による閲覧等の防止 • 機器、電子媒体等の盗難等の防止 • 電子媒体等を持ち運ぶ場合の漏えいの防止 • 削除情報等の削除並びに機器、電子媒体等の廃棄 • 削除情報等へのアクセス制御 • 削除情報等へのアクセス者の識別と認証 • 外部からの不正アクセス等の防止 • 情報システムの使用に伴う削除情報等の漏えいの防止

　上記①から③は、匿名加工情報を作成した事業者が講じなければならないとされている匿名加工情報の加工方法等の情報に関する安全管理措置（規則35条1号ないし3号）の具体例（GL 加工情報編3-2-3-1別表3）と同じ内容です（もっとも、情報の性質に応じて異なり得るものと考えられます）[139]。

　なお、仮名加工情報を作成した事業者は、加工前の情報を消去する義務を負いませんが、【53】で説明するとおり、識別行為は禁止されます（法41条7項）。

139　意見募集結果（規則・政令・概要）No.58

参考：匿名加工情報と仮名加工情報の加工基準の違い（概要）

	匿名加工情報	仮名加工情報
定義	• 特定の個人を識別することができないように個人情報を加工して得られる個人に関する情報であって、当該個人情報を復元することができないようにしたもの	• 他の情報と照合しない限り特定の個人を識別することができないように個人情報を加工して得られる個人に関する情報
加工基準	• 特定の個人を識別することができる記述等の全部または一部の削除（規則34条1号）	• 特定の個人を識別することができる記述等の全部または一部の削除（規則31条1号）
	• 個人識別符号の全部の削除（規則34条2号）	• 個人識別符号の全部の削除（規則31条2号）
	• 個人情報と当該個人情報に措置を講じて得られる情報を連結する符号（現に個人情報取扱事業者において取り扱う情報を相互に連結する符号に限る）を削除	
	• 特異な記述等の削除（規則34条4号）	
	• 前各号に掲げる措置のほか、個人情報に含まれる記述等と当該個人情報を含む個人情報データベース等を構成する他の個人情報に含まれる記述等との差異その他の当該個人情報データベース等の性質を勘案し、その結果を踏まえて適切な措置を講ずる（規則34条5号）	
		• 不正に利用されることにより財産的被害が生じるおそれのある記述等の削除（規則第31条3号）

（GL 加工情報編・付録）

　なお、仮名加工基準では、匿名加工情報と異なり、「特異な記述の削除または置換」（規則34条4号）は求められませんが、加工前の個人情報に含まれる「特異な記述」が、それ自体により、または他の記述等との組み合わせにより、社会通念上、一般人の判断力や理解力をもって、生存する具体的な人物との同一性を認めるに至ることができるものである場合には、当該「特異な記述」は、規則31条1号によって加工の対象となります[140]。

140　意見募集結果（規則・政令・概要）No.57

53 仮名加工情報の取扱いに関する義務

　仮名加工情報には、①個人情報である仮名加工情報と、②個人情報ではない仮名加工情報があり（【51】）、それぞれ取扱いに関する義務の内容が異なります。

1　個人情報である仮名加工情報の取扱いに関する義務等

　個人情報である仮名加工情報の取扱いに関する義務等の概要は、以下のとおりです。個人情報である仮名加工情報については、個人情報または個人データの取扱いに関するルールが及ぶものの、一部緩和され、仮名加工情報に特有の義務が課されます。

（1）利用目的による制限の緩和

　個人情報取扱事業者である仮名加工情報取扱事業者は、法令に基づく場合を除くほか、特定された利用目的の達成に必要な範囲を超えて、個人情報である仮名加工情報を取り扱うことができません（法41条3項）。

　すなわち、個人情報取扱事業者が仮名加工情報を作成したとき、作成元となった個人情報に関して特定されていた利用目的が、当該仮名加工情報の利用目的として引き継がれます（GL 加工情報編2−2−3−1−1※2、Q&A14−14）。

　そして、法令に基づく場合以外の場合において、特定された利用目的の達成に必要な範囲を超えて、個人情報である仮名加工情報を取り扱う場合には、あらかじめ利用目的を変更する必要があります。

　もっとも、仮名加工情報については、利用目的の変更の制限に関する法17条2項は適用されないため（法41条9項）、本人の同意を得ることなく、変更前の利用目的と関連性を有すると合理的に認められる範囲を超える利用目的の変更も認められます。

【51】で、仮名加工情報については利用目的の変更の制限を受けない（当初想定していない新たな目的での利用が可能）と説明したのは、このためです。

（２）利用目的の公表

　個人情報取扱事業者である仮名加工情報取扱事業者は、個人情報である仮名加工情報を取得した場合、あらかじめその利用目的を公表している場合を除き、速やかに、その利用目的を公表しなければなりません。また、利用目的の変更を行った場合にも、変更後の利用目的を公表する必要があります（法41条4項）。

　法21条は「本人に通知し、または公表」と規定しているところ、法41条4項では「公表」と読み替えられます。このため、個人情報取扱事業者が個人情報である仮名加工情報を取得した場合や、その利用目的を変更した場合などについては、本人への通知ではなく「公表」が必要となります。その際、それが仮名加工情報に係るものであることを明確に示す必要がありますが（Q&A14-15）、仮名加工情報に含まれる情報の項目を公表することまでは求められません（Q&A14-16）。

　なお【10】で説明したように、利用目的を公表することにより本人または第三者の生命、身体、財産その他の権利利益を害するおそれがある場合などについては、公表は不要とされています。

　また、個人情報取扱事業者が自ら保有する個人情報を加工して仮名加工情報を作成した場合については、当該仮名加工情報が個人情報にあたる場合であっても、個人情報である仮名加工情報の「取得」にはあたらないため、利用目的を改めて「公表」する必要はありません。

　これに対し、たとえば、仮名加工情報を作成した個人情報取扱事業者が、当該仮名加工情報及び当該仮名加工情報に係る削除情報等を、事業の承継に伴い他の事業者に提供した場合、提供を受けた事業者は、通常、当該仮名加工情報と当該削除情報等とを容易に照合でき、それによって特定の個人を識別できるため、個人情報に該当することから、この場合については、個人情

報である仮名加工情報の「取得」にあたり（GL加工情報編2-2-3-1-2）、利用目的の「公表」が必要となります。

（3）利用する必要がなくなった場合の消去

　個人情報取扱事業者である仮名加工情報取扱事業者は、保有する仮名加工情報である個人データについて利用する必要がなくなったとき、仮名加工情報である個人データ及び保有する削除情報等を遅滞なく消去する努力義務を負います（法41条5項前段）。

　利用する必要がなくなったときとは、たとえば、利用目的が達成され当該目的との関係では当該仮名加工情報である個人データを保有する合理的な理由が存在しなくなった場合や、利用目的が達成されなかったものの当該目的の前提となる事業自体が中止となり、当該事業の再開の見込みもない場合などです。

　「消去」には、当該仮名加工情報である個人データを削除することのほか、当該仮名加工情報を容易に照合できる他の情報と組み合わせても特定の個人を識別できないようにすること等を含むとされています（GL加工情報編2-2-3-2※1）。

（4）第三者提供の禁止等

　個人情報取扱事業者である仮名加工情報取扱事業者は、法令に基づく場合を除くほか、仮名加工情報である個人データを第三者に提供してはなりません（法41条6項）。仮名加工情報を作成する前に、当該個人情報の本人から同意を得ていたとしても、仮名加工情報を第三者提供することはできません（Q&A14-17）[141]。

【51】で、仮名加工情報は「内部での分析・利用であることが条件となる」と説明したのは、このためです。

141　なお、仮名加工情報の作成の元となった個人データについては、本人の同意を得て、第三者提供することは可能です（Q&A14-17）。

もっとも、委託、事業の承継、共同利用については、「第三者」にあたらないため、要件を満たす限り、仮名加工情報である個人データを提供することができます（法41条6項、法27条5項）。

　委託することに伴い仮名加工情報である個人データを提供する場合、提供する個人情報取扱事業者である仮名加工情報取扱事業者は、委託先に対する監督義務及び仮名加工情報である個人データの安全管理措置を講ずる義務の履行のため、委託先が提供を受けた仮名加工情報を取り扱う際に、法41条または法42条に違反する事態が生じることのないように、委託先に対し、提供する情報が仮名加工情報である旨を明示する必要があります（GL加工情報編2-2-3-3（1））。

　事業の承継に伴って仮名加工情報である個人データが提供される場合について、いわゆるデューデリジェンスの場合も含むこと、その際には、交渉が不調となった場合の措置など、相手方に安全管理措置を遵守させるために必要な契約を締結しなければならないとされていることは、事業の承継に伴い、個人データを提供する場合（【28】）と同様です（GL加工情報編2-2-3-3（2））。

　仮名加工情報である個人データを共同利用する場合については、まず、法27条5項3号の「本人に通知し、または本人が容易に知り得る状態に置いて」は「公表して」と、同条6項の「本人に通知し、または本人が容易に知り得る状態に置かなければ」は「公表しなければ」とそれぞれ読み替えられるため（法41条6項）、いずれも「公表」が必要となる点に注意が必要です。

　また、仮名加工情報については、利用目的の柔軟な変更が認められているため（法41条9項）、仮名加工情報である個人データの共同利用における利用する者の範囲や利用目的等は、作成元となった個人情報の取得の時点において通知または公表されていた利用目的の内容や取得の経緯等にかかわらず、設定することが認められています（GL加工情報編2-2-3-3（3））[142]。

142　このため、過去に取得した個人データについて、個人データとしては、本人の予測可能性を欠き、共同利用が難しい場合でも、仮名加工情報に加工することで、共同利用を行うことができる場合があります。

そして、一定の配慮の下に、いわゆる本人ごとの突合を行っての利用も可能であるとされています[143]（コラム63）。

（5）識別行為の禁止

　仮名加工情報取扱事業者が個人情報である仮名加工情報を取り扱う場合、仮名加工情報の作成の元となった個人情報の本人を識別する目的で、当該仮名加工情報を他の情報と照合してはなりません（法41条7項）。

　前述のとおり、仮名加工情報は、加工後の情報とそれ以外の他の情報を組み合わせることができる状態にあることを否定するものではなく、容易照合性の余地を残す加工で足りますが、あくまでも、それは加工レベルの話であり、仮名加工情報の作成後は、識別行為の禁止義務があるため、本人を識別するために仮名加工情報と他の情報を照合することはできません。

　「他の情報」に限定はなく、本人を識別する目的をもって行う行為であれば、個人情報、個人関連情報、仮名加工情報及び匿名加工情報を含む情報全般と照合する行為が禁止されます。また、どのような技術または手法を用いて照合するかも問いません（GL 加工情報編2－2－3－4※）。

　GL で示されている識別行為の該当例と非該当例は、以下のとおりです。

識別行為に当たる取扱いの事例	・保有する個人情報と仮名加工情報について、共通する記述等を選別してこれらを照合すること。 ・仮名加工情報を、当該仮名加工情報の作成の元となった個人情報と照合すること。
識別行為に当たらない取扱いの事例	・複数の仮名加工情報を組み合わせて統計情報を作成すること。 ・仮名加工情報を個人と関係のない情報(例:気象情報、交通情報、金融商品等の取引高)とともに傾向を統計的に分析すること。

　たとえば、委託により仮名加工情報を取り扱っていたところ、偶然に当該仮名加工情報の作成の元となった個人情報の本人を識別してしまった場合、

---

[143]　事務局レポート制度編50頁。

仮名加工情報の作成の元となった個人情報の本人を識別するために他の情報と照合しているとはいえない場合には、直ちに識別行為の禁止義務に違反するものではありませんが、再度同じような形で個人を識別することがないようにする必要があります。もっとも、取り扱う仮名加工情報に記述等を付加して特定の個人を識別する状態となった場合には、個人情報の不適正な取得となりますので、当該情報を速やかに削除することが望ましいとされています（Q&A14－21）。

（6）本人への連絡等の禁止

　仮名加工情報取扱事業者は、個人情報である仮名加工情報を取り扱う場合、仮名加工情報に含まれる連絡先を利用して、電話をかけたり、電磁的方法を用いて送信するなど、本人に連絡等を行うことが禁止されます（法41条8項）。

　電磁的方法には、ショートメールの送信、電子メールの送信に加え、SNSのメッセージ機能によりメッセージを送信する方法、Cookie ID を用いて受信する者を特定した上で、当該受信者に対して固有の内容のインターネット広告を表示する方法などがあたり（Q&A14－19）、いずれも他人に委託して行う場合を含みます（規則33条、GL 加工情報編2－2－3－5）。

　なお、仮名加工情報を用いて分析を行い、統計情報を作成した上で、当該統計情報により得られた傾向等を踏まえて、当該仮名加工情報の作成の元となった個人情報を用いて広告配信を行うことについては、広告配信を行うことが、加工前の個人情報について特定された利用目的の範囲内であるか、あるいは範囲外であっても事前に本人の同意を得た場合には可能です（Q&A14－20）。

（7）適用除外

　仮名加工情報（個人情報であるもの）、仮名加工情報である個人データ及び仮名加工情報である保有個人データの取扱いについては、利用目的の変更

（法17条２項）、漏えい等の報告等（法26条）、本人からの開示等の請求等（法32条から39条）の規定が適用されません（法41条９項）。

　もっとも、漏えい等の報告等及び本人からの開示等の請求等については、以下の点について、注意が必要です。

　まず、漏えい等の報告等に関して、氏名と仮IDの対応表等のように削除情報等が個人データに該当する場合において、当該削除情報等について漏えい等が発生し、それが法26条の要件を満たす場合には、同条に基づく報告及び本人通知が必要となります（GL加工情報編2−2−2−2※2）。

　削除情報等の漏えい等が発生したことに伴う個人情報保護委員会への報告及び本人への通知に際しては、本人の権利利益の保護を確保する観点から、当該削除情報等に紐づいて仮名加工情報が作成された旨や、当該仮名加工情報に含まれる情報の項目を含めることが望ましいとされています（佐脇28頁）。

　また、個別の事例ごとに判断する必要があるものの、例えば、氏名と仮IDの対応表等の削除情報等が漏えい等した場合には、削除情報等の安全管理措置を講ずる義務（法41条２項）や仮名加工情報である個人データの安全管理措置を講ずる義務（法23条）の履行の観点から、原則として、当該仮名加工情報に含まれる仮IDを振り直すこと等により仮名加工情報を新たに作り直す等の措置を講じることが必要となるとされています（GL加工情報編2−2−2−2※2）

　次に、開示等の請求等については、個人情報取扱事業者である仮名加工情報取扱事業者が仮名加工情報の作成の元となった保有個人データを引き続き保有している場合、当該保有個人データについては、法32条から法39条までの規定に基づく本人からの開示等の請求等の対象となりますので注意してください（GL加工情報編2−2−3−6※2）。

（8）その他の義務等

　仮名加工情報取扱事業者による仮名加工情報（個人情報であるもの）及び仮名加工情報である個人データの取扱いについては、前記（１）から（７）

に加え、通常の個人情報及び個人データと同様に、①不適正利用の禁止（法19条）、②適正取得（法20条1項）、③安全管理措置（法23条）、④従業者の監督（法24条）、⑤委託先の監督（法25条）、⑥苦情処理（法40条）の各義務が課されます。

③の安全管理措置について、GLでは、仮名加工情報には、識別行為の禁止義務や本人への連絡等の禁止義務が課されていることから、仮名加工情報を取り扱うに当たっては、それを取り扱う者が不適正な取扱いをすることがないように、仮名加工情報に該当することを明確に認識できるようにしておくことが重要であり、そのため、仮名加工情報を取り扱う者にとってその情報が仮名加工情報である旨が一見して明らかな状態にしておくことが望ましいとされています（GL加工情報編2-2-3-7）。

2　個人情報ではない仮名加工情報の取扱いに関する義務

個人情報ではない仮名加工情報の取扱いに関する義務等の概要は、以下のとおりです。個人情報ではない仮名加工情報については、「個人情報」ではないため、個人情報や個人データの取扱いに関するルールは及びませんが、必要最小限度の義務が課されます。

典型的には、他の事業者が作成した仮名加工情報を法令に基づき提供を受けた場合や、委託、事業の承継、共同利用により提供を受けた場合（法41条6項、法27条5項）に適用されます。

（1）第三者提供の禁止

仮名加工情報取扱事業者は、法令に基づく場合を除くほか、仮名加工情報（個人情報であるものを除く）を第三者に提供してはなりません（法42条1項、2項）。

もっとも、委託、事業の承継または共同利用により仮名加工情報の提供を受ける者は「第三者」にはあたらないため、これらの方法による場合は、仮

名加工情報を提供することができます（法42条2項により読み替えて準用される法27条5項各号）。

（2）識別行為や本人への連絡等の禁止（その他の義務）

　個人情報ではない仮名加工情報についても、仮名加工情報の作成に用いられた個人情報に係る本人を識別するために削除情報等を取得し、または当該仮名加工情報を他の情報と照合すること（識別行為）や、仮名加工情報に含まれる連絡先その他の情報を利用すること（本人への連絡等）は禁止されています（法42条3項、41条7項、8項）。

　その他、仮名加工情報取扱事業者による仮名加工情報の取扱いについては、①安全管理措置（法23条）、②従業者の監督（法24条）、③委託先の監督（法25条）、④苦情処理（法40条）の義務等が課されます（法42条3項）。

　なお、①安全管理措置について、個人情報である仮名加工情報については、「漏えい、滅失または毀損」を防止する安全管理措置が求められているのに対し、個人情報ではない仮名加工情報については、「漏えい」のみを防止する安全管理措置が求められます（法42条3項）。

コラム 63　識別行為の禁止と突合行為

　仮名加工情報の取扱いについては、それが個人情報であるかを問わず、識別行為が禁止されるため（法41条7項、42条3項）、いわゆる突合行為が識別行為の禁止に抵触しないかが問題となります。

　事務局レポート制度編33頁以下では、以下のとおり整理されています。

　まず、複数の仮名加工情報の作成後に、仮名加工情報同士を同一個人ごとに突合すること自体は、識別行為の禁止に反しないとされています。もっとも、複数の仮名加工情報の加工項目や加工レベルがそれぞれ異なる場合、各仮名加工情報を突合すると、突合後の仮名加工情報それ自体により特定の個人が識別できる程度に個人情報が復元されてしまう可能性があり、識別行為の禁止に抵触するおそれがあると指摘されています。

このような事態を回避するため、複数の仮名加工情報の作成後に、それら仮名加工情報同士を同一個人ごとに突合することが予定されている場合には、仮名加工情報同士を突合した時にどの程度特定の個人の識別につながる可能性があるかを予め想定して、作成元の個人情報のどの項目をどのようなレベルで加工するかについて統一した基準を定めておくことが望ましく、また、実際に仮名加工情報同士を突合する場合には、突合後に特定の個人の識別につながる事態を防ぐ観点から、突合前の仮名加工情報に含まれる情報の項目や、加工のレベルを確認することが重要であるとされています。

　また、仮名加工情報同士を突合することで識別禁止義務に抵触する可能性が高い場合には、加工前の個人情報を、特定の個人ごとに突合した上で、突合後に得られた個人情報を仮名加工情報に加工し、利用目的を変更して利用する方法も考えられ、仮名加工情報を作成する目的のみのために、異なる利用目的の複数の個人情報を個人情報の状態で突合を行うこと自体は、直ちに当該個人情報の目的外利用に該当するわけではないとされています（同34頁）。

　もっとも、突合後に得られたデータベースを構成する複数の個人情報については、誤って目的外利用に該当する取扱いがなされる可能性が高まるなどのリスクがあるため、当該データベースについては、仮名加工情報の作成後ただちに削除するなど、安全管理措置を講じることなどが指摘されています。

コラム64　共同利用により提供された仮名加工情報を突合する場合の注意点

　本文で説明したとおり、仮名加工情報である個人データを共同利用により他の事業者に提供することは可能です。

　そして、コラム63でみたとおり、共同利用により提供された仮名加工情報を特定の個人ごとに突合すること自体も否定はされていません。

　もっとも、共同利用により提供を受けた仮名加工情報と自己が保有する仮名加工情報に含まれる共通の記述等を選別して、仮名加工情報同士を特定の個人ごとに突合する場合、特定個人の情報が集積することで、特定の

個人を識別することができる状態となり、識別禁止義務に抵触する可能性があることが指摘されています。

　また、共同利用の場合は、単一事業者内で複数の仮名加工情報を突合する場合と異なり、仮名加工情報同士を突合した時に特定の個人を識別してしまうことのないよう、作成元の個人情報のどの項目をどのレベルで加工するかについて、あらかじめ統一した基準を定めておくことが容易でない場合があるとの指摘もあり、注意する必要があります。

54 学術研究機関等の特例等

1 学術研究機関等の特例

　学術研究を目的とする団体等の学術研究目的での個人情報等の取扱いについては、以前は一律に適用除外とされていましたが、学術研究分野を含めたGDPRの十分性認定への対応を目指し、令和3年改正により、適用除外は廃止され、義務ごとの例外規定として精緻化されました。

　具体的には、民間の学術研究機関にも、安全管理措置や本人の開示請求等への対応等が義務付けられる一方、利用目的の変更（法18条1項）や要配慮個人情報の取得（法20条2項）、さらには第三者提供の制限（法27条1項）といった研究データの利用や流通を直接制約し得る義務について、個別の例外規定が設けられました。

2 例外規定の具体的な内容

　例外規定の具体的な内容は、以下のとおりです。いずれも「個人の権利利益を不当に侵害するおそれがある場合を除く」という条件のもと、学術研究

機関等が学術研究目的で個人情報等を取り扱う場合に限り、例外的な取り扱いを認めるものです。

（1）利用目的による制限の例外規定

　利用目的による制限（法18条）については、以下のいずれかに該当する場合、学術研究目的で取り扱うことができます。

①個人情報取扱事業者が学術研究機関等である場合であって、個人情報を学術研究目的で取り扱う必要があるとき（当該個人情報を取り扱う目的の一部が学術研究目的である場合を含み、個人の権利利益を不当に侵害するおそれがある場合を除く）（法18条3項5号）

②学術研究機関等に個人データを提供する場合であって、当該学術研究機関等が当該個人データを学術研究目的で取り扱う必要があるとき（当該個人データを取り扱う目的の一部が学術研究目的である場合を含み、個人の権利利益を不当に侵害するおそれがある場合を除く）（同項6号）

（2）要配慮個人情報の取得制限の例外規定

　次に、要配慮個人情報の取得制限（法20条2項）については、以下のいずれかに該当する場合、適用が除外され、本人の同意を得ることなく、取得することができます。

①個人情報取扱事業者が学術研究機関等である場合であって、当該要配慮個人情報を学術研究目的で取り扱う必要があるとき（当該要配慮個人情報を取り扱う目的の一部が学術研究目的である場合を含み、個人の権利利益を不当に侵害するおそれがある場合を除く）（同項5号）

②学術研究機関等から当該要配慮個人情報を取得する場合であって、当該

要配慮個人情報を学術研究目的で取得する必要があるとき（当該要配慮個人情報を取得する目的の一部が学術研究目的である場合を含み、個人の権利利益を不当に侵害するおそれがある場合を除く）（当該個人情報取扱事業者と当該学術研究機関等が共同して学術研究を行う場合に限る）（同項6号）。

（3）第三者提供の制限（法27条1項）等の例外規定

第三者提供の制限（法27条1項）については、以下のいずれかに該当する場合、本人の同意を得ることなく提供することができます。

①個人情報取扱事業者が学術研究機関等である場合であって、当該個人データの提供が学術研究の成果の公表または教授のためやむを得ないとき（個人の権利利益を不当に侵害するおそれがある場合を除く）（同項5号）
②個人情報取扱事業者が学術研究機関等である場合であって、当該個人データを学術研究目的で提供する必要があるとき（当該個人データを提供する目的の一部が学術研究目的である場合を含み、個人の権利利益を不当に侵害するおそれがある場合を除く）（当該個人情報取扱事業者と当該第三者が共同して学術研究を行う場合に限る）（同項6号）
③第三者が学術研究機関等[144]である場合であって、当該第三者が当該個人データを学術研究目的で取り扱う必要があるとき（当該個人データを取り扱う目的の一部が学術研究目的である場合を含み、個人の権利利益を不当に侵害するおそれがある場合を除く）（同項7号）

144　国内の機関等のみを指し、海外の機関等は含みません。意見募集結果（GL外国提供編）別紙2-3（2021年10月29日公表）No.40

①と②は、提供元が学術研究機関等である場合、③は、提供先が学術研究機関等である場合です。このため、事業者は、大学の研究機関などから、個人データの提供要請を受けた場合、③に従って個人データを提供することができるかを検討することになります。

GL では、①の該当例として、顔面の皮膚病に関する医学論文において、症例に言及する場合であって、写真全体にモザイク処理を施す等の対応をすることにより当該論文による研究成果の公表の目的が達せられなくなるときや、実名で活動する特定の作家の作風を論ずる文学の講義において、当該作家の実名を含む出版履歴に言及する場合であって、作家の実名を伏せることにより当該講義による教授の目的が達せられなくなるときが挙げられています（GL 通則編3-6-1（5））。

なお、法27条1項各号のいずれかにあたる場合、越境移転規制（法28条1項）及び確認・記録義務（31条）の適用についても除外されるため、結果として、これらについても例外的な取り扱いができることになります。

3　学術研究機関等（主体要件）と学術研究目的（目的要件）

上記各規定は、学術研究機関等が学術研究目的で個人情報等を取り扱う場合に限り、例外的な取り扱いを認めるものです。

このため、そもそも取扱者が「学術研究機関等」に該当しない場合や、取扱者が学術研究機関等に該当する場合であっても、「学術研究目的」にあたらない場合（たとえば、入学試験の実施など）は、例外規定の適用を受けることはできません。

「学術」とは、人文・社会科学及び自然科学並びにそれらの応用の研究であり、あらゆる学問分野における研究活動及びその所産としての知識・方法の体系をいいます。具体的活動としての「学術研究」とは、新しい法則や原理の発見、分析や方法論の確立、新しい知識やその応用法の体系化、先端的な学問領域の開拓などをいいます（GL 通則編2-19）。

そして、「学術研究機関等」とは、大学その他の学術研究を目的とする機関若しくは団体またはそれらに属する者をいい（法16条8項）、国立・私立大学、公益法人等の研究所等の学術研究を主たる目的として活動する機関や学会がこれにあたります。「それらに属する者」とは、国立・私立大学の教員、公益法人等の研究所の研究員、学会の会員などをいいます（GL通則編2-18）。

たとえば、国立大学や私立大学の付属病院は「学術研究機関等」にあたり、これらの病院に所属する医師は「それらに属する者」にあたります。民間団体付属の研究機関等における研究活動についても、当該機関が学術研究を主たる目的とするものである場合には、「学術研究機関等」に該当します（GL通則編2-18）。

これに対し、製品開発を目的として個人情報を取り扱う場合は、当該活動は学術研究目的とは解されません（GL通則編2-18）。学術機関であっても、製品開発を目的として個人情報等を取り扱う場合は、「学術研究目的」とは解されません。製品開発と学術研究の目的が併存している場合には、主たる目的により判断されます。主たる目的が学術研究であるか否かは、当該機関の事業の実態を総合的に勘案して判断されます。

学術研究を目的としない公立病院や開業医が経営する病院・クリニックなどについては、通常、「学術研究機関等」にはあたりません。このため、医療機関との個人データの授受が、すべて第三者提供規制の例外にあたるわけではないことに注意が必要です[145]。

4　学術研究機関等の特例の注意点

学術研究機関等の特例に関する注意点としては、以下の点が挙げられます。

145　なお、Q&A 2-14も参照。

（1）その他のルールは、他の個人情報取扱事業者と同様に適用されること

　学術研究機関等の特例は、個人情報の利用、取得及び提供に関するルールのうち、研究データの利用や流通を直接制約し得る、個人情報の目的外利用の制限（法18条）、要配慮個人情報の取得（法20条2項）及び第三者提供の制限（法27条）に関して、学術研究機関等が学術研究目的で取り扱う必要がある場合について、本人または第三者の権利利益を不当に侵害するおそれがない場合に限り、例外的な（本人の同意を要しない）取扱いを許容するものです。このため、その他のルールについては、原則どおり適用されます。

　すなわち、個人情報の利用、取得及び提供に関するルールであっても、利用目的の特定（法17条）、不適正利用の禁止（法19条）、適正取得（法20条1項）、利用目的の通知（法21条）及びデータ内容の正確性の確保（法22条）については、他の個人情報取扱事業者と同様のルールが個人情報取扱事業者である学術研究機関等にも適用されます。

　また、個人データの安全管理措置に係る規律（法23条から法26条）、保有個人データの開示、訂正等及び利用停止等の請求に係る規律（法33条から法40条）、仮名加工情報取扱事業者等の義務（法第4章第3節）、匿名加工情報取扱事業者等の義務（同第4節）及び民間団体による個人情報の保護の推進に係る規定（同第5節）についても、他の個人情報取扱事業者と同様の規律が個人情報取扱事業者である学術研究機関等にも適用されます（GL通則編7-1）。

（2）共同研究を行う場合

　個人データを第三者に提供する場合には、原則として、あらかじめ本人の同意を得る必要がありますが（法27条1項柱書）、前述のとおり、学術研究機関等が共同研究を行う第三者（学術研究機関等であるか否かを問いません）に対して個人データを学術研究目的で提供する必要がある場合や（法27条1項6号）、個人情報取扱事業者が個人データを学術研究目的で取り扱う

必要がある学術研究機関等に対して提供する場合（同項7号）については、個人の権利利益を不当に侵害するおそれがない限り、本人の同意を得ずに個人データを提供することが認められています。

　もっとも、共同研究の目的が営利事業への転用に置かれているなど、必ずしも学術研究目的とはみなされない場合には、原則どおり、提供にあたってあらかじめ本人の同意を得る必要があります（Q&A11-6）。

　専ら製品開発の目的ではないとしても、将来的に営利事業への転用を目的とする研究である場合には、「学術研究目的」に該当しない可能性があります。

　令和4年11月には、複数の医療機関において、眼科手術の際に術野（患者の身体の一部を含む）を記録した手術動画を医療機器メーカーに対して提供していた事案について、個人情報保護委員会から医療機関及び医療機器メーカーに対し指導及び注意喚起が行われています。

　通常、医療機器メーカーは、学術研究を主たる目的とするものではないことから、「学術研究機関等」には該当せず、法27条1項7号の例外にはあたらない点に注意してください。

（3）自主規範策定等による体制整備の責務（法59条）

　学術研究機関等については、前記の特例が設けられている一方、学術研究目的で個人情報を取り扱う場合には、当該個人情報の取扱いについて、個人情報保護法を遵守するとともに、学術研究機関等についての特例が設けられているものも含め、安全管理措置、苦情処理等、個人情報等の適正な取扱いを確保するために必要な措置を自ら講じ、かつ、当該措置の内容を公表するよう努めなければならないとされています（法59条、GL通則編7-1）。

　そして、大学の自治（憲法23条）をはじめとする学術研究機関等の自律性を尊重する観点から、学術研究機関等が個人情報を利用した研究の適正な実施のための自主規範を単独または共同して策定・公表した場合、自主規範の内容が個人の権利利益の保護の観点から適切であり、その取扱いが当該自主規範にのっとっているときは、個人情報保護委員会は、原則として、その監

督権限を行使しないこととされています（GL 通則編7−2）。

（4）倫理指針

　学術研究目的での個人情報の取扱いについては、個人情報保護法や GL だけではなく、各種指針についても遵守することが求められます。

　一例として、医学系研究等に関する指針としては、以下のものが挙げられます。

- ・人を対象とする生命科学・医学系研究に関する倫理指針
- ・遺伝子治療等臨床研究に関する指針
- ・ヒト受精胚の作成を行う生殖補助医療研究に関する倫理指針
- ・ヒト受精胚に遺伝情報改変技術等を用いる研究に関する倫理指針
- ・ヒトＥＳ細胞の分配機関に関する指針
- ・ヒトＥＳ細胞の使用に関する指針
- ・ヒトｉＰＳ細胞又はヒト組織幹細胞からの生殖細胞の作成を行う研究に関する指針

　たとえば、「人を対象とする生命科学・医学系研究に関する倫理指針」では、研究を実施する際の試料や情報の取得・利用・提供に係るインフォームド・コンセント（IC）について、以下の５つの場面ごとに、必要となる具体的な手続を定めています（同指針第４章第８）。

- ・（1）新たに試料・情報を取得して研究を実施しようとする場合
- ・（2）自らの研究機関において保有している既存試料・情報を研究に用いる場合
- ・（3）他の研究機関に既存試料・情報を提供しようとする場合
- ・（4）既存試料・情報の提供のみを行う者の手続
- ・（5）既存試料・情報の提供を受けて研究を実施しようとする場合

このため、同指針が適用される研究（治験以外の臨床研究）を行う場合には、同指針で定められた手続を遵守する必要があります。

コラム65　研究成果を発表する際の注意点
〜プライバシー等への配慮も忘れずに〜

　個人データが含まれる研究成果を対外発表（学会や論文での成果公表、ウェブサイトでの公開）することは、個人データ等の第三者提供に当たり、原則として本人の同意が必要となります。

　「提供」とは、個人データ、保有個人データ、個人関連情報、仮名加工情報、または匿名加工情報を、自己以外の者が利用可能な状態に置くことをいい、物理的に提供されていない場合であっても、ネットワーク等を利用することにより利用できる状態にあれば（利用する権限が与えられていれば）、「提供」に当たるためです。

　もっとも、本文で説明したとおり、学術研究機関等が個人データを提供する場合であり、かつ、当該個人データの提供が学術研究の成果の公表または教授のためやむを得ない場合（個人の権利利益を不当に侵害するおそれがある場合を除く）は、第三者への個人データの提供に当たって、本人の同意は不要です（法27条1項5号）。

　但し、【55】で説明するとおり、個人情報保護法に違反しないことは、必ずしもプライバシーを侵害しないことを意味しない点に注意する必要があります。個人情報保護法を遵守している場合でも、プライバシー侵害などを理由に民事上の不法行為責任を負う可能性は残ります（たとえば、家庭裁判所の元調査官が実在する少年保護事件を題材とした論文を雑誌及び書籍に掲載し公表した行為について、プライバシー侵害の有無が争われた事案（結論としては侵害を否定）として、最二判令和2・10・9があります）。

　このため、学術研究機関等の例外規定を根拠に対外発表（第三者提供）をする場合でも、本人または第三者の権利利益の保護の観点から、提供する個人データの範囲を限定するなど、学術研究の目的に照らして可能な措置を講ずることが望ましいとされています（GL通則編3−6−1（5）※2）。

55 プライバシーについて

1　プライバシーの権利

　個人情報と似た概念として、プライバシーの権利があります。プライバシーが法的な権利、あるいは法的な利益として、人格権の1つとして保護されていることについては、異論はありません。

　もっとも、プライバシーとは何かを具体的に定義した法律はなく、また、いかなる行為がプライバシーを侵害するかについては、裁判を通じて争われ、議論が発展してきた経緯があるため、プライバシーの内容やその外延については、解釈に委ねられています。

　学説においても、一人にしてもらう権利から自己情報コントール権まで、様々な見解が主張されています。

　以下、代表的な裁判例から、みていくことにしましょう。

2　代表的な裁判例

（1）宴のあと事件（東京地判昭和39・9・28 下民集15巻9号 2317頁）

　プライバシーに関する代表的な裁判例としては、**宴のあと事件**が挙げられます。宴のあと事件とは、三島由紀夫が執筆したモデル小説において、元外務大臣の都知事選候補者と高級料亭を営む女将との男女関係を描写したことについて、プライバシー侵害の有無が争われた事案です。

　東京地裁は、「いわゆるプライバシー権は私生活をみだりに公開されないという法的保障ないし権利として理解される」としたうえで、

- 私生活上の事実または私生活上の事実らしく受け取られるおそれのある事柄であること（**私事性**）
- 一般人の感受性を基準にして当該私人の立場に立った場合、公開を欲しないであろうと認められる事柄であること（**秘匿性**）
- 一般の人々に未だ知られていない事柄であること（**非公知性**）

の各要件を満たす場合には、プライバシーの対象となり、侵害行為は、民法上の不法行為を構成し、被害者に対し損害賠償責任を負うと判示しました。

　同判決は、古い裁判例ではあるものの、現在でもプライバシーと表現の自由が衝突する事案等において言及されることがあり、実務に影響を与えています。

（2）早稲田大学江沢民事件（最判平15・9・12 民集57巻8号973頁）

　もっとも、比較的最近の最高裁判決の中には、宴のあと事件判決とは異なる内容を判示しているものもあります。

　たとえば、早稲田大学が当時の中国国家主席（江沢民）の講演会に参加した者の氏名、学籍番号、住所及び電話番号を記載した名簿の写しを、参加者の同意を得ることなく、警視庁からの警備要請に応じて提出したことについて、プライバシー侵害にあたるかが争われた事案（**早稲田大学江沢民事件**）があります。最高裁は、名簿に記載された氏名、学籍番号、住所及び電話番号という個人情報について、「秘匿されるべき必要性が必ずしも高いものではない」と指摘しつつ、「本人が、自己が欲しない他者にはみだりにこれを開示されたくないと考えることは自然なことであり、そのことへの期待は保護されるべき」としたうえで、これらの情報も「プライバシーに係る情報として法的保護の対象となる」ことを認めました。そして、早稲田大学が名簿の写しを警察に提出した行為について、「任意に提供したプライバシーに係

る情報の適切な管理についての合理的な期待を裏切るもの」とし、プライバシー侵害を理由とする不法行為の成立を認めました。

この判例では、氏名や住所といった公知性のある情報についても、プライバシー侵害の対象となるとされた点や、不特定多数に対する開示（公表）ではなく、特定の者（自己が欲しない他者）に対する開示についてもプライバシー侵害を認めた点が特徴といえます[146]。

3 個人情報とプライバシーの関係

個人情報保護法では、「プライバシー」という文言自体は使われていませんが、プライバシーの保護を含めた「個人の権利利益」の保護を目的としていると考えられています。

また、たとえば、「犯罪予防や安全確保のためのカメラ画像利用に関する有識者検討会報告書」（2023年3月）では、不適正利用の禁止や適正取得義務違反になるかを検討するにあたり、プライバシー侵害等の不法行為の成否を評価するに当たり考慮される要素は考慮されるべきであるとされており（報告書37頁）、個人情報保護法の解釈に際し、プライバシーの保護を含め、解釈する場合もあります。

その一方で、プライバシーは、以前は、私生活上の平穏と捉えられていましたが、情報技術の発展に伴い、自分の情報をコントロールする権利、あるいは個人が自立して生きていくための手段としての権利として捉える見解なども有力になってきており、たとえば、リプロダクション（避妊や中絶など）を含む私的生活領域における自己決定権のように個人情報とは直接の関係性のない内容も含まれます。

個人情報とプライバシーの関係については様々な議論がありますが、実務

146　なお、ベネッセの個人情報漏洩事件では、最高裁において、早稲田大学江沢民事件を引用のうえ、プライバシー侵害が認められるとともに、その後の差戻審においては、個人情報を利用する他人の範囲を本人が自らコントロールできない事態が生じていること自体が具体的な損害であると判示されています（大阪高判令和元・11・20判時2448号28頁）。

的には、下記の図のとおり、両者は密接に関係しており、重複する部分はあるものの、法的には別の概念・制度であることを理解しておくことが大切です。

個人情報保護法により
守られるべき範囲

プライバシー保護の観点で
配慮すべき範囲

総務省・経済産業省の「DX 時代における企業のプライバシーガバナンスガイドブック ver1.3」14頁

　まず、個人情報とプライバシーとは、あくまで法的には別の概念・制度であるため、重複する部分についても、個人情報保護法に違反しないことは、必ずしもプライバシーを侵害しないことを意味するものではありません（反対に、個人情報保護法に違反することが、直ちにプライバシー侵害となるわけでもありません）[147]。

　たとえば、令和3年9月には、JR東日本が駅構内において顔認識技術を利用して、出所者や仮出所者の一部について、顔写真と照合し検知する仕組みを導入しようとしたところ、報道を機に炎上し、検知システムの稼働を中止したという事案が起きています。

　報道によると、JR東日本は、事前に個人情報保護委員会事務局に相談したうえで、法令に則った措置を講じたうえで導入したようですが、情報の取扱いについての不透明さやプライバシー侵害への懸念から、炎上してしまいました。

　この事案からもわかるように、個人情報保護法を遵守していたとしても、プライバシーの観点から社会的に受容されない情報やデータの利活用があり

147　もっとも、個人情報保護法に違反することは、プライバシー侵害を理由とする不法行為の成否を判断する際、考慮事由にはなり得ると考えられます。

得ます。このため、重複する部分（実際には実務上問題となる多くのケースで重複します）については、事業者としては、個人情報とプライバシーの双方の視点から検討することが求められます。

　また、個人情報としては保護の対象とはならない個人に関する情報（たとえば、特定の個人を識別できない位置情報[148]など）についても、プライバシー保護の観点から配慮すべき範囲の情報については、適切な配慮をしないと、個人情報保護法上は問題がなくても、プライバシー侵害を理由に損害賠償請求や差止請求を受ける可能性があります。

　このように、事業者としては、個人情報やプライバシーに関する情報・データを取り扱う際には、個人情報保護法を遵守し、個人情報の保護を図るとともに、プライバシーに含まれ得る情報については、別途、その要保護性や侵害の態様・程度等を考慮して、配慮をすることが求められます。

　そして、実際にビジネスを始めた後に、個人情報保護法に違反する事実を指摘されたり、あるいは、プライバシー保護に欠けるなどと炎上してしまうと、ビジネス自体が中止に追い込まれることもありますし、ビジネススキームを構築し直し、再スタートをするにしてもコストと時間を要します。

　このため、実務的には、ビジネススキームを企画・設計する段階から、あらかじめ個人情報及びプライバシーに配慮し、事後的な対応コスト、さらにはレピュテーションの低下を回避することが重要です。

4　プライバシー・バイ・デザインとは？

　プライバシーに配慮したビジネススキームを作る際に参考となるものとして、**プライバシー・バイ・デザイン**（**Privacy by Design：PbD**）という考え方があります。

　プライバシー・バイ・デザインとは、ビジネスや組織の中でプライバシー

148　個人関連情報として、個人関連情報の第三者提供規制を受けることについては、【46】。

原則	内容
事前的/予防的	・事後的でなく事前的であり、救済策的でなく予防的であること。プライバシー侵害が発生する前に、それを予防することを目的とする。プライバシー・バイ・デザインのアプローチは、受け身ではなく先見的にプライバシー保護を考え、対応することが特徴である。
初期設定としてのプライバシー	・プライバシー保護は、初期設定で有効化されていること。これは、プライバシー・バイ・デフォルトともいわれる。プライバシー保護の仕組みは、システムに最初から組み込まれる。そして、パーソナルデータは、個人が何もしなくてもプライバシーが保護される。個人は、個別に設定を変更するといった措置は不要である。
デザインに組み込む	・プライバシー保護の仕組みが、事業やシステムのデザイン及び構造に組み込まれること。事後的に、付加機能として追加するものではない。プライバシー保護の仕組みは、事業やシステムにおいて不可欠な、中心的な機能である。
ゼロサムではなくポジティブサム	・プライバシー保護の仕組みを設けることによって、利便性を損なうなどトレードオフの関係を作ってしまうゼロサムアプローチではなく、全ての機能に対して正当な利益及び目標を収めるポジティブサムアプローチを目指すこと。企業にとって、プライバシーを尊重することで、様々な形のインセンティブ(例えば、顧客満足度の向上、より良い評判、商業的な利益など)が考えられる。
徹底したセキュリティ	・データはライフサイクル全般にわたって保護されること。プライバシーに係る情報は生成される段階から廃棄される段階まで、常に強固なセキュリティによって守られなければならない。全てのデータは、データライフサイクル管理の下に安全に保持され、プロセス終了時には確実に破棄されること。
可視性/透明性	・プライバシー保護の仕組みと運用は、可視化され透明性が確保されること。どのような事業または技術が関係しようとも、プライバシー保護の仕組みが機能することを、全ての関係者に保証する。この際、システムの構成及び機能は、利用者及び提供者に一様に、可視化され、検証できるようにする。
利用者のプライバシーの尊重	・利用者のプライバシーを最大限に尊重し、個人を主体に考えること。事業の設計者及び管理者に対し、プライバシー保護を実現するための強力かつ標準的な手段と、適切な通知及び権限付与を簡単に実現できるオプション手段を提供し、利用者個人の利益を最大限に維持する。

総務省・経済産業省の「DX 時代における企業のプライバシーガバナンスガイドブック ver1.3」
(2023年4月)58〜59頁

問題が発生する都度、対処療法的に対応を考えるのではなく、あらかじめプライバシーを保護する仕組みをビジネスモデルや技術、組織の構築の最初の段階で組み込むべきであるという考え方をいい、7つの基本原則からなります。

　プライバシー・バイ・デザインは、プライバシー情報を扱うあらゆる側面において、プライバシー情報が適切に取り扱われる環境を設計段階で検討し、あらかじめ作り込もうというものです。GDPRにおいても、その考え方が明文化されており（同25条）、プライバシーの保護に関するグローバルスタンダードの1つといえ、国際的にも重視されています。

　以下、プライバシー・バイ・デザインを実践する手段として、**プライバシー影響評価**（Privacy Impact Assessment=PIA）と、**プライバシーガバナンス**について、概要を取り上げます。

5　プライバシー影響評価

　プライバシー・バイ・デザインを実践するための評価手法の一つが、プライバシー影響評価（Privacy Impact Assessment：PIA）です。

　プライバシー影響評価（PIA）とは、個人情報等の収集を伴う事業の開始や変更の際に、プライバシー等の個人の権利利益の侵害リスクを低減・回避するために、事前に影響を評価するリスク管理手法をいいます。

　PIAについては、個人情報保護法の令和2年改正の際、義務化することも検討されましたが、法文化自体は見送られました。

　もっとも、PIAは、GDPRにおいては「データ保護影響評価」として明記され、民間事業者に対して一定の場合に実施が義務付けられており（同35条1項）、国際的なスタンダードになりつつあります。

　このような背景もあり、個人情報保護委員会は、「PIAの取り組みの促進について－PIAの意義と実践手順に沿った留意点－」（2021年6月30日）を公表し、民間の自主的な取り組みを促進しています。

同資料では、PIA の効果（意義）として、①消費者をはじめとする利害関係者からの信頼性の獲得、②事業のトータルコストの削減、③従業者の教育を含む事業者のガバナンス向上を挙げたうえで、PIA の実施手順の一例として、以下のプロセスを紹介しています。

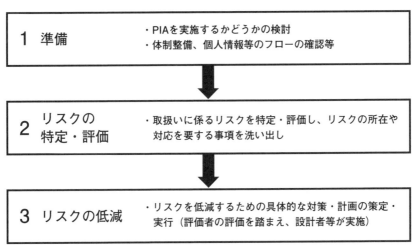

同資料9頁別表2

　実施する際の留意点等については、同資料を参照いただくとして、ここでは、以下の点を指摘しておきます。

　まず、実施の手法は、事業の規模、性質や個人情報等の内容等によって様々であり、事業者自身において最適な方法を検討していくことが重要とされています（同資料8頁）。

　このため、必ずしも同資料に記載された方法・手順に従わなければならないものではなく、同資料を参考に事業者が自社における個人情報等の取扱いの実情を踏まえ、主体的に最適な方法を検討することが求められます。

　次に、PIA は、前述のとおり、事業の企画・設計段階から個人情報やプライバシー等の保護の観点を考慮するプロセスを事業のサイクルに組み込む

ものですが、実務的には、企画・設計段階だけでなく、サービス開始後も、定期的にリスクの特定・評価と必要に応じたリスクを低減するための措置について検討を行うことが重要です。

個人情報やプライバシーを取り巻く環境は日々変化しており、企画・設計の段階では適法と考えられていた行為が、一つの事件等をきっかけとして、以後、法令に抵触する可能性が指摘されたり、プライバシー侵害のリスクが生じることもあり得ます。

過去には、個人情報保護法の解釈が明確ではなかった点について、法改正ではなく、Q&A の改訂という形で個人情報保護委員会の解釈が事後的に示された論点もあります。

このため、事前の企画・設計段階だけではなく、サービス開始後においても、個人情報保護法の解釈の変更や消費者のプライバシー意識の変化などを踏まえ、定期的にリスク評価を行い、必要な範囲でアップデートしていくことが大切です。

3点目として、透明性の確保、さらには説明責任の確保の観点からは、PIA の結果を公表することも重要です。プライバシーの保護について、ユーザーからの信頼を得るためにも、公表をできる範囲でわかりやすく公表をしていくことが望まれます。

6　プライバシーガバナンス

過去の炎上事例においては、情報やデータの取扱い自体は適法であっても、消費者やユーザーなど外部から見た場合の取扱いの不透明さや、不信感・不安感などを原因として炎上し、企業としての社会的信用を失ってしまった事例もあります。

このため、消費者やユーザーの信頼を確保する観点からは、組織全体としてリスク管理を含めたプライバシー問題に取り組むためのガバナンス体制を構築し、プライバシー保護の仕組みと運用の可視性・透明性を確保したうえ

で、必要に応じて消費者さらにはステークホルダーとコミュニケーションをとることが、データの利活用を伴うビジネスを進めるうえでは大切です。

　その際には、総務省及び経済産業省が公表をしている「**DX 時代における企業のプライバシーガバナンスガイドブック ver1.3**」（2023年4月）が参考になります。

　ガイドブックでは、プライバシー保護とデータ利活用を二項対立ではなく、プライバシーに配慮しながらデータ利活用のメリットを最大化していくという視点で捉えたうえで（同20頁）、企業のプライバシーガバナンスを、経営者が積極的にプライバシー問題への取り組みにコミットし、組織全体でプライバシー問題に取り組むための体制を構築し、それを機能させることと位置付けています。そして、プライバシーガバナンスの実現のため、**経営者が取り組むべき3要件と5つの実施施策**を示しています。

【経営者が取り組むべき3要件】

プライバシーガバナンスに係る姿勢の明文化	・経営者は、プライバシー問題への取り組みを経営上の重要事項のひとつと認識し、プライバシー保護の軸となる基本的な考え方や姿勢を明文化し、それぞれの企業理念の下、組織内外に知らしめることが必要。
プライバシー保護責任者の氏名	・経営者は、組織全体のプライバシー問題への対応の責任者を担当幹部（プライバシー保護責任者）として指名し、経営者が明文化した姿勢の内容を、その実現に必要な権限を与え責任範囲を明確にして遂行させることが必要。
プライバシーへの取り組みに対するリソースの投入	・経営者は、明文化した姿勢の実践のため、必要十分な経営資源（ヒト・モノ・カネ）を投入し、また必要なリソースが継続的に投入され、取り組み自体の継続性を高めることが必要。

【5つの実施施策】

体制の構築	・プライバシー保護責任者の下、プライバシー保護組織を設けることが望ましい。 ・プライバシー保護組織を設けることで、社内の新規事業部門との密なコミュニケーションの醸成や、社外有識者などからの関連情報の収集、多角的な対応策の検討を遂行することができる。
運用ルールの策定と周知	・プライバシー保護への取り組みの運用が徹底されるためのルールを、プライバシー保護責任者の責任の下、組織内で策定しておくことが重要。
企業内のプライバシーに係る文化の醸成	・企業に所属する従業員一人一人が、一個人や一消費者として当たり前のようにプライバシーに関する問題意識を持ち、消費者や社会と向き合った丁寧な対応をしておく状態が望ましい。
消費者とのコミュニケーション	・消費者や社会の受け止めの変化を常に把握するとともに、平時の取り組みや、実際の問題発生時の対応について、消費者に対して積極的に分かりやすく説明を行うことも信頼確保のために重要。
その他のステークホルダーとのコミュニケーション	・企業がイノベーション創出や、プライバシーリスクマネジメントにいかに能動的に取り組んでいるのかを、ステークホルダーに対して積極的に説明し、信頼を確保していくことが重要。

　最近では、社会全体としてデジタルフォーメンション（DX）が進む中、企業に対するプライバシー保護への要請・期待も日々高まっています。たとえば、経済産業省・総務省の「プライバシーガバナンスに関するアンケート結果（速報版）」（2021年10月）によると、消費者の73.6％は、プライバシー保護に関して高い関心を示しており、消費者の88.5％は、類似商品の選択の際に、企業のプライバシーへの取り組みを考慮しているとされています。このことからも、企業には、ガイドブックで示されているように、プライバシーに配慮しながらデータの利活用のメリットを最大化していく、そのための対応策を多角的に検討していくという姿勢が求められているといえます。

　また、個人情報保護委員会による「個人情報の保護に関する基本方針」（令和4年4月1日一部変更）においても、「データガバナンス体制の構築」が指摘されるとともに、事前評価のためPIA（プライバシー影響評価）の手法を用いることや、CPO（最高プライバシー責任者）やDPO（データ保護責任者）などの個人データの取扱いに関する責任者を設置することの有効性

も指摘されており（同基本方針1（2）④）[149]、ガバナンス体制の構築は、今後ますます重要になっていくものと思われます。

コストやリソース等の問題もあり、その重要性は認識しつつも、手が回っていない企業も多いのが実情だと思いますが、はじめから100点を目指すのではなく、たとえば、体制の構築について、各部門のメンバーや外部の専門家を構成員とする簡易なプライバシーリスクのチェックのための会議体等を組織し、新規事業に関する稟議の過程に組み込むなど、出来るところからはじめてみるだけでも有用です。

プライバシーガバナンスの構築を企業価値を向上させる、あるいは競争力を高めるための前向きな取り組みと位置付けたうえで、経営層のリーダーシップの下に、主体的に取り組むことが期待されています。

コラム66　経済安全保障を踏まえたデータガバナンス

LINE事件（コラム27）では、ユーザーのデータの一部が中国からアクセス可能だったとして、報道を機に大きな批判を浴び、結果として、外的環境の把握や越境移転規制における情報提供義務の拡充など、個人情報保護法の改正につながりました。

最近では、米中間の政治的な緊張関係等を背景として、経済安全保障についての問題意識も高まっており、特にグローバルに展開している企業においては、各国の経済安全保障に関する法令や政策にも目を向けつつ、自社のデータをどのように保護するか、経済安全保障も視野に入れたデータガバナンス体制の構築が課題となりつつあります（**ガバメントアクセス**や**データ・ローカライゼーション**については、コラム25）。

まだ議論が始まったばかりで、実務上確立された手法があるわけでもなく、各社手探りで進めているのが実情だと思いますが、①取扱いデータの棚卸しとデータフロー・保存場所の可視化（広義のデータマッピング）、②

149　個人情報保護委員会からは、2023年11月に「個人データの取扱いに関する責任者・責任部署の設置に関する事例集」が公表されています。

海外を含めた適用法令の整理、③リスクの洗い出しと現状の実施状況（運用）との Fit & Gap 分析を含めたリスクの評価、④リスクを踏まえた差分への対応（安全管理のルール作り）という流れで検討を進めていることが多いように思われます。

　実際に検討を進める際には、リソースが限られた中で対応をせざるを得ないケースも多いため、いわゆるリスクベースアプローチにより、優先順位を付したうえで、対応をしていくことが有益です。

　なお、経済安全保障を視野に入れたデータガバナンスの観点からは、海外のクラウドサービスの利用についても、検討が必要となる場合があります。ガバメントアクセスやデータ・ローカライゼーションの問題はもちろん、係争時の管轄等も国外となることが多く、データの保全に影響があるためです。海外のクラウドサービスの利用に消極的な指摘として、たとえば「教育情報セキュリティポリシーに関するガイドライン」（文部科学省、令和 4 年 3 月一部改訂）などがあります。

56 特定分野ガイドライン等の概要と 金融 GL の主な特徴

1　特定分野ガイドライン等の概要

　個人情報保護委員会は、「個人情報の保護に関する法律についてのガイドライン（GL）」として、民間部門に向けて「通則編」、「外国にある第三者への提供編」、「第三者提供時の確認・記録義務編」、「仮名加工情報・匿名加工情報編」、「認定個人情報保護団体編」の 5 つの GL を公表するとともに、GL の内容を解説する Q&A を公表しています。

　これらの GL 及び Q&A は、すべての事業分野に共通して適用されますが、

これらに加えて、金融、情報通信、医療の３つの関連分野については、個人情報等の性質や利用方法、さらには各業法等による規律の特殊性を踏まえ、以下のとおり、個別のガイドライン（**特定分野ガイドライン**）等が公表されています。

金融	・金融分野における個人情報保護に関するガイドライン ・金融分野における個人情報保護に関するガイドラインの安全管理措置等についての実務指針 ・金融機関における個人情報保護に関するQ&A
	・信用分野における個人情報保護に関するガイドライン
	・債権管理回収分野における個人情報保護に関するガイドライン
情報通信	・電気通信事業における個人情報保護に関するガイドライン及び同解説
	・放送受信者等の個人情報保護に関するガイドライン及び同解説
	・郵便事業分野における個人情報保護に関するガイドライン及び同解説
	・信書便事業分野における個人情報保護に関するガイドライン及び同解説
医療	・医療・介護関係事業者における個人情報の適切な取扱いのためのガイダンス及びQ&A
	・健康保険組合等における個人情報の適切な取扱いのためのガイダンス及び同事例集（Q&A）。
	・国民健康保険組合における個人情報の適切な取扱いのためのガイダンス
	・国民健康保険団体連合会等における個人情報の適切な取扱いのためのガイダンス
	・経済産業分野のうち個人遺伝情報を用いた事業分野における個人情報保護ガイドライン

また、定義上は、特定分野ガイドラインに含まれないものの、たとえば、医学研究における倫理指針である「人を対象とする生命科学・医学系研究に関する倫理指針」や「人を対象とする生命科学・医学系研究に関する倫理指針ガイダンス（令和４年６月６日）」など、実務上重要な指針もあります。その他、加盟は各事業者の任意ですが、加盟した場合には、対象事業者とし

て認定個人情報保護団体が定める個人情報保護指針等も遵守することになります。

2 特定分野ガイドライン等の注意点

　これらの特定分野ガイドライン等では、各分野に特有の事情に配慮した特別のルールが定められたり、個人情報等の取扱いについて、共通GLよりも厳しい（上乗せした）ルール・措置が定められていることがあります。

　たとえば、金融GLでは、後述のとおり、「機微（センシティブ）情報」という概念が定められ、要配慮個人情報よりも厳しい取扱いが求められるなどしています。また、放送GLでは、視聴履歴の取扱い等について定められるなどしています。

　このため、事業者としては、自社の事業に適用される特定分野ガイドラインがないかを確認したうえで、適用される特定分野ガイドラインがある場合には、当該ガイドラインの内容についても遵守することが求められます。

　また、たとえば、放送事業者が行うインターネットを通じた動画配信サービス等については、電気通信事業として行われる場合（電気通信役務に該当する場合）は、電気通信GLが適用されるとともに、放送受信者等の個人情報を利用する場合には、放送GLも併せて適用されることになるなど、複数の特定分野ガイドラインが重複して適用されることもありますので注意が必要です。

　以下、参考として、金融関連分野GLの全体像（適用関係）と、金融GLのいくつかの特徴的な点について、みていくことにします。

3 金融関連分野GLの全体像（適用関係）と金融GLの主な特徴

（1）金融関連分野GLの全体像

まず、金融関連分野では、個人情報保護法6条及び8条に基づき、各ガイドラインが定められています。これらは、各金融関連分野の個人情報取扱事業者及び個人関連情報取扱事業者に適用され、各ガイドラインに記載のない事項については、共通GLが適用されることになります。

　また、金融及び信用分野においては、業法上の認定自主規制団体（日本証券業協会など）や、認定個人情報保護団体（たとえば、全国銀行個人情報保護協議会や一般社団法人信託協会など）が設置されていることも多く、各ガイドラインに加え、これらの団体が定める自主規制等についても留意する必要があります。

GL	対象事業者
・金融分野における個人情報保護に関するガイドライン（金融GL）	・金融分野における個人情報取扱事業者
・金融分野における個人情報保護に関するガイドラインの安全管理措置等についての実務指針（金融実務指針）	
・信用分野における個人情報保護に関するガイドライン	・与信事業者
・債権管理回収分野における個人情報保護に関するガイドライン	・債権回収会社(サービサー法3条の営業許可を受けた会社)

（2）金融GLの特徴

　金融GL及び金融実務指針では、共通GLを基礎としたうえで、金融機関が取り扱う情報の性質や利用方法に鑑み、個人情報等の取扱いに関して、金融分野における個人情報取扱事業者に対し厳格な措置が求められる事項等を規定しています。

　以下、与信事業に際しての利用目的についての本人の同意、書面による同

意取得、機微（センシティブ）情報の取扱い、漏えい等の報告等の4つについて、みていくことにします。

ア　与信事業に際しての利用目的についての本人の同意と分離記載

　個人情報保護法上は、利用目的を特定し、本人に対し通知等をすれば、要配慮個人情報を除き、本人の同意を得ることなく個人情報を取得することができますが、金融GLにおいては、金融分野における個人情報取扱事業者が、与信事業に際して、個人情報を取得する場合について、利用目的について本人の同意を得ることとされています[150]。

　そして、契約書等における利用目的は他の契約条項等と明確に分離して記載することとされています（同2条2項）。

イ　書面による同意取得

　また、金融分野における個人情報取扱事業者は、利用目的による制限（法18条）、第三者提供の制限（同27条1項）、外国にある第三者への提供の制限（同28条1項）、個人関連情報の第三者提供の制限等（同31条1項1号）に定める本人の同意を得る場合には、原則として、書面によることとされています（金融GL3条）。

　そして、事業者があらかじめ作成された同意書面を用いる場合には、文字の大きさ及び文章の表現を変えること等により、個人情報の取扱いに関する条項が他と明確に区別され、本人に理解されることが望ましく、または、あらかじめ作成された同意書面に確認欄を設け本人がチェックを行うことなど、本人の意思が明確に反映できる方法により確認を行うことが望ましいとされています（金融GL3条）。

　共通GLでは、本人の同意について、事業の性質及び個人情報の取扱状況

150　なお、与信事業に際して、個人情報を個人信用情報機関に提供する場合についても、その旨を利用目的に明示しなければならず、明示した利用目的について本人の同意を得ることとされています（同3項）。

に応じ、本人が同意に係る判断を行うために必要と考えられる合理的かつ適切な方法によらなければならないとされるにとどまり（同2－16）、必ずしも書面によることが求められるわけではありませんが、金融GLでは、原則として書面によることとされています。

　なお、書面は、電磁的記録を含み、電磁的記録は、電磁的方式で作られる記録をいうため、インターネットの画面上で顧客に同意欄をクリックさせる方法なども「書面」にあたります（金融GLQ&A問Ⅵ－3）。

ウ　機微（センシティブ）情報の取扱い

　次に、金融GLでは、要配慮個人情報を包含する「機微情報」という概念についても規定されています。

　機微情報とは、要配慮個人情報並びに労働組合への加盟、門地、本籍地、保健医療及び性生活（これらのうち要配慮個人情報に該当するものを除く）に関する情報[151]をいい、機微情報の取得、利用または第三者提供は、原則として禁止されています（金融GL5条1項本文。なお、例外は同項各号）。

　そして、例外的に、機微情報を取得、利用または第三者提供する場合には、例外として定められた事由を逸脱した取得、利用または第三者提供を行うことのないよう、特に慎重に取り扱うこととされるとともに（同2項）、個人情報の保護に関する法令等に従い適切に対応しなければならないこととされています（同3項）。

　また、機微情報の取扱いについて、実務指針では、機微情報の取得・入力段階、利用・加工段階、保管・保存段階、移送・送信段階、消去・廃棄段階の各段階に規程を整備したうえで、取扱者の必要最小限の限定に関する事項や、必要最小限の者に限定したアクセス権限の設定及びアクセス制御の実施に関する事項等を定めることとされています（実務指針別添2・8－1以

151　なお、本人、国の機関等、地方公共団体、学術研究機関等、法57条1項各号に掲げる者もしくは規則6条各号に掲げる者より公開されているもの、または、本人を目視し、もしくは撮影することにより取得するその外形上明らかなものを除きます。

下）。

エ　漏えい等の報告等の上乗せ

　金融 GL では、金融機関が取り扱う情報の性質やその取扱方法の特殊性等に鑑み、漏えい等について、①個人情報保護法に基づく報告に加え、②各業法に基づく報告と③金融 GL に基づく報告が上積みされています。

　まず、①金融分野における個人情報取扱事業者は、個人情報保護法上の報告対象事態（規則 7 条各号）を知ったときは、GL 通則編3-5-3に従って、個人情報保護委員会等に報告を行う必要があります（金融 GL11条 1 項前段。なお、報告先については、金融 GLQ&A 問 V - 3 を参照）。

　また、②金融分野における個人情報取扱事業者は、各業法（銀行法13条の3の2第1項、同法施行規則13条の6の5の2等）に基づき、その取り扱う個人顧客に関する「個人データ」の漏えい等が発生し、または発生したおそれがある事態を知ったときは、監督当局に報告を行う必要があります（金融 GL 第11条 1 項後段）。この場合、漏えい等が発生し、または発生したおそれがある個人顧客に関する個人データについて「高度な暗号化その他の個人の権利利益を保護するために必要な措置」が講じられている場合であっても、各業法に基づく報告を行う必要がありますので、注意が必要です（金融 GLQ&A 問 V-2）。

　加えて、金融分野における個人情報取扱事業者は、前記②にあたらない、その取り扱う個人情報、仮名加工情報に係る削除情報等[152]または匿名加工情報に係る加工方法等の情報の漏えいが発生し、または発生したおそれがある事態を知ったときは、前記②に準じて監督当局に報告する努力義務が課されています。

　まとめると、以下の表のとおりです。

---

[152]　法41条 1 項の規定により行われた加工の方法に関する情報にあっては、その情報を用いて仮名加工情報の作成に用いられた個人情報を復元することができるものに限ります。

規定	対象となる情報	対象事業者	位置づけ
① 個人情報保護法に基づく報告（金融GL第11条1項前段）	個人データ（個人情報保護法施行規則7条各号の報告対象事態が生じたとき）	個人情報取扱事業者	報告義務
② 各業法に基づく報告（金融GL第11条1項後段）	個人顧客に関する個人データ	各業法の適用を受ける全ての金融機関	報告義務
③ 金融GLに基づく報告（①②を除く）（同GL第11条2項）	・個人情報 ・仮名加工情報に係る削除情報等 ・匿名加工情報に係る加工情報等（ただし、個人顧客に関する個人データを除く）	金融分野における個人情報取扱事業者	報告の努力義務

（金融 GLQ&A 問 V-2表1を基に加筆）

　このように、特定分野ガイドラインでは、個人情報等の性質や利用方法、さらには各業法等による規律の特殊性を踏まえ、特別のルールが定められたり、共通 GL よりも厳しい（上乗せした）ルール・措置が定められたりすることがあるため、適用される特定分野ガイドライン等がある場合には、必ず参照をすることが求められます。

■参考文献

宇賀克也「新・個人情報保護法の逐条解説」（有斐閣、2021年）

園部逸夫・藤原靜雄編「個人情報保護法の解説〔第三次改訂版〕」（ぎょうせい、2022年）

石井夏生利・曽我部真裕・森亮二編「個人情報保護法コンメンタール」（勁草書房、2021年）

高橋滋・斎藤誠・上村進編「条解行政情報関連三法〔第2版〕」（弘文堂、2023年）

宇賀克也・宍戸常寿・髙野祥一「自治体職員のための2021年改正個人情報保護法解説」（第一法規、2021年）

冨安泰一郎・中田響「一問一答 令和3年改正個人情報保護法」（商事法務、2021年）

佐脇紀代志「一問一答 令和2年改正個人情報保護法」（商事法務、2021年）

板倉陽一郎・齋藤邦史「金融機関の個人情報保護の実務」（経済法令研究会、2023年）

【著者】

持田 大輔 （DAISUKE MOCHIDA）

1981年生まれ。弁護士（第一東京弁護士会。五常総合法律事務所）。
会社法や個人情報保護法を中心に企業法務全般に従事。

主な著書・論文として、『出版をめぐる法的課題』（共著、日本評論社、2015年）、『デジタル証拠の法律実務Q&A』（共著、日本加除出版、2015年）、『データ戦略と法律 攻めのビジネスQ&A〔改訂版〕』（共著、日経BP、2021年）、「不採算事業から撤退しない旨の経営判断と取締役の善管注意義務違反」（国際商事法務、2019年）、「行政処分後の取締役の内部管理体制整備義務」（国際商事法務、2021年）など。

民間事業者向け
わかりやすい個人情報保護法ガイド

2024年6月20日　初版第1刷発行

著　者	持　田　大　輔	
発行者	延　對　寺　哲	
発行所	株式会社 ビジネス教育出版社	

〒102-0074　東京都千代田区九段南 4 - 7 - 13
TEL 03（3221）5361（代表）／FAX 03（3222）7878
E-mail ▶ info@bks.co.jp　URL ▶ https：//www.bks.co.jp

印刷・製本／ダイヤモンド・グラフィック社
ブックカバーデザイン／飯田理湖　本文デザイン・DTP／ダイヤモンド・グラフィック社
落丁・乱丁はお取替えします。

ISBN978-4-8283-1038-1